·本书由白马湖优秀出版物出版资助·

投资者与东道国
争端解决机制的改革模式研究

肖灵敏 ◎ 著

RESEARCH ON REFORM PATTERN
OF INVESTOR-STATE
DISPUTE SETTLEMENT MECHANISM

中国政法大学出版社

2020·北京

声　明　1. 版权所有，侵权必究。
　　　　2. 如有缺页、倒装问题，由出版社负责退换。

图书在版编目（CIP）数据

投资者与东道国争端解决机制的改革模式研究/肖灵敏著.—北京：中国政法大学出版社，2020.12
ISBN 978-7-5620-8054-1

Ⅰ.①投… Ⅱ.①肖… Ⅲ.①国际投资－国际争端－研究 Ⅳ.①D996.4

中国版本图书馆CIP数据核字(2020)第241221号

出　版　者	中国政法大学出版社
地　　　址	北京市海淀区西土城路25号
邮寄地址	北京100088信箱8034分箱　邮编100088
网　　　址	http://www.cuplpress.com（网络实名：中国政法大学出版社）
电　　　话	010-58908289(编辑部) 58908334(邮购部)
承　　　印	北京九州迅驰传媒文化有限公司
开　　　本	720mm×960mm　1/16
印　　　张	15
字　　　数	255千字
版　　　次	2020年12月第1版
印　　　次	2020年12月第1次印刷
定　　　价	60.00元

序 言　PREFACE

投资者与东道国争端解决机制，用来解决投资者与东道国之间因直接投资而引起的法律争端，是国际投资法中的一项重要制度。该项制度最初是依据《关于解决国家与他国国民之间投资争端公约》而设立的，旨在通过界定投资者和东道国各自的权利来确定外国投资的监管领域，由国际投资争端解决中心来具体运作。后来，该项制度被主要资本输出国利用，成为一种纠正资本输入国国内法治缺陷的工具。

近几十年来，投资者与东道国争端解决机制在国际投资仲裁实践中出现了正当性危机。特别是在 2008 年全球金融危机之后，该项制度饱受诟病。作为主要资本输入国的发展中国家对该制度的运作方式表示不满，纷纷要求提高投资者与东道国争端解决程序的透明度，增加投资者与东道国争端解决机制的合法性，维护资本输入国的监管权力，削弱作为外国投资者的跨国公司干预东道国政策事务的能力，避免该项制度沦为发达国家影响发展中国家的工具。

肖灵敏博士的这本著作着重研究了投资者与东道国争端解决机制的改革模式。作者从改革模式的角度，探讨了投资者与东道国争端解决机制改革的理论和实践及其完善。作者评析了投资者与东道国争端解决机制的三种主要改革模式的优势和不足，分析了这三种改革模式对中国的影响和启示。作者归纳和分析了最新国际投资协定的改革动态和各国提出的改革意见，论证了未来投资者与东道国争端解决机制多边化的改革趋势，提出了在该趋势下国际投资仲裁程序的完善措施和我国的应对之策。

肖灵敏博士的这本著作是在其博士论文的基础上进一步修改而成的。该著作有三个方面的特色：一是对现行投资者与东道国争端解决机制的三种主要改革模式的创新与不足进行了评析，弥补了学术界对投资者与东道国争端解决机制改革系统性研究的不足；二是论证了未来投资者与东道国争端解决机制改革的多边化走向，为深入研究投资者与东道国争端解决机制的改革提供了基础；三是提出了我国应对投资者与东道国争端解决机制多边化改革的建议。

我衷心祝贺肖灵敏博士的著作付梓，我也期待她继续对国际法的教学和科研进行积极探索，以取得更大的成绩！

是为序。

华东政法大学　王虎华教授
2020 年 11 月 20 日
于上海

缩略语

序号	缩略词	全称	中译名
1	BIT	Bilateral Investment Treaty	双边投资协定
2	CETA	EU-Canada Comprehensive Economic and Trade Agreement	欧盟-加拿大全面经济贸易协定
3	CFIA	Cooperation and Facilitation Investment Agreement	合作与便利投资协定
4	CIL	Customary International Law	习惯国际法
5	CIDS	Center for International Dispute Settlement	国际争端解决中心
6	CPTPP	Comprehensive and Progressive Agreement for Trans-Pacific Partnership	全面和进步的跨太平洋伙伴关系协定
7	CRCICA	Cairo Regional Centre for International Commercial Arbitration	开罗地区国际商事仲裁中心
8	ECT	Energy Charter Treaty	能源宪章条约
9	EFTA	European Free Trade Association	欧洲自由贸易联盟
10	EPA	Economic Partnership Agreement	经济伙伴关系协定
11	EUSFTA	EU-Singapore Free Trade Agreement	欧盟-新加坡自由贸易协定
12	EUSIPA	EU-Singapore Investment Protection Agreement	欧盟-新加坡投资保护协定
13	EVFTA	EU-Vietnam Free Trade Agreement	欧盟-越南自由贸易协定
14	EVIPA	EU-Vietnam Investment Protection Agreement	欧盟-越南投资保护协定

续表

序号	缩略词	全称	中译名
15	FET	Fair and Equitable Treatment	公平公正待遇
16	FTA	Free Trade Agreement	自由贸易协定
17	ICC	ICC International Court of Arbitration	国际商会仲裁院
18	ICS	Investment Court System	投资法院制度
19	ICSID	International Centre for Settlement of Investment Disputes	国际投资争端解决中心
20	IIA	International Investment Agreement	国际投资协定
21	IPA	Investment Protection Agreement	投资保护协定
22	ISDS	Investor-State Dispute Settlement	投资者与东道国争端解决
23	JEEPA	Japan-EU Economic Partnership Agreement	日本-欧盟经济伙伴关系协定
24	KLRCA	Kuala Lumpur Regional Centre for Arbitration	吉隆坡区域仲裁中心
25	MAI	Multilateral Agreement on Investment	多边投资协定
26	MFN	Most-Favored-Nation Treatment	最惠国待遇
27	MIC	Multilateral Investment Court	多边投资法庭
28	NAFTA	North American Free Trade Agreement	北美自由贸易协定
29	OECD	Organization for Economic Co-operation and Development	经济合作与发展组织
30	PCA	Permanent Court of Arbitration	常设仲裁法院
31	RCEP	Regional Comprehensive Economic Partnership Agreement	区域全面经济伙伴关系协定
32	SCC	Arbitration Institute of the Stockholm Chamber of Commerce	斯德哥尔摩商会仲裁院
33	SSDS	State-state Dispute Settlement	国家-国家争端解决
34	TIP	Treaty with Investment Provision	有投资条款的协定
35	TPP	Trans-Pacific Partnership Agreement	跨太平洋伙伴关系协定

续表

序号	缩略词	全 称	中译名
36	TTIP	Transatlantic Trade and Investment Partnership Agreement	跨大西洋贸易和投资伙伴关系
37	UNASUR	the Union of South American Nations	南美国家联盟
38	UNCTAD	United Nation Conference on Trade and Development	联合国贸易和发展会议
39	UNCITRAL	United Nations Commission on International Trade Law	联合国国际贸易法委员会
40	USA	United States of America	美国
41	USMCA	United States – Mexico – Canada Agreement	美国-墨西哥-加拿大协定
42	WIR	World Investment Report	世界投资报告
43	WTO	World Trade Organization	世界贸易组织

目 录
CONTENTS

序　言 …………………………………………………………… 1

缩略语 …………………………………………………………… 3

导　论 …………………………………………………………… 1
　　一、研究背景与研究价值 …………………………………… 1
　　二、文献综述 ………………………………………………… 4
　　三、本书结构 ………………………………………………… 13

第一章　投资者与东道国争端解决机制的改革现状 ………… 19
　　第一节　投资者与东道国争端解决机制的改革背景 ……… 20
　　　　一、投资者与东道国争端解决的法律框架 …………… 21
　　　　二、投资者与东道国争端解决的程序缺陷 …………… 34
　　第二节　投资者与东道国争端解决机制的改革缘由 ……… 42
　　　　一、ISDS 机制改革的表面原因 ………………………… 42
　　　　二、ISDS 机制改革的实质原因 ………………………… 46
　　第三节　投资者与东道国争端解决机制的改革进程 ……… 48
　　　　一、IIAs 中改革条款的发展变化 ……………………… 48
　　　　二、现行 ISDS 机制的改革模式 ………………………… 56

第二章　投资者与东道国争端解决机制的渐进式改革 ……… 61
　　第一节　渐进式改革及其主要观点 ………………………… 61
　　　　一、渐进式改革的缘起与发展 ………………………… 61

二、渐进式改革的主要观点及其风险 ………………………… 64
第二节　美国渐进式改革的主要内容与评析 …………………… 66
一、美国渐进式改革的历史沿革 ……………………………… 66
二、美国渐进式改革的主要内容 ……………………………… 75
三、对美国渐进式改革的评价 ………………………………… 79
第三节　美国渐进式改革对中国的影响与启示 ………………… 82
一、中国和美国 IIAs 中的 ISDS 规则与实践 ………………… 82
二、美国渐进式改革对中国的影响 …………………………… 87
三、美国渐进式改革对中国的启示 …………………………… 89

第三章　投资者与东道国争端解决机制的系统式改革 …………… 96
第一节　系统式改革及其主要观点 ……………………………… 96
一、系统式改革的缘起与发展 ………………………………… 96
二、系统式改革的主要观点及其问题 ………………………… 98
第二节　欧盟系统式改革的主要内容与评析 …………………… 101
一、欧盟系统式改革的历史沿革 ……………………………… 102
二、欧盟系统式改革的主要内容 ……………………………… 107
三、对欧盟系统式改革的评价 ………………………………… 112
第三节　欧盟系统式改革对中国的影响与启示 ………………… 120
一、中国与欧盟成员国 BITs 中的 ISDS 规则与实践 ………… 120
二、欧盟系统式改革对中国的影响 …………………………… 122
三、欧盟系统式改革对中国的启示 …………………………… 124

第四章　投资者与东道国争端解决机制的范式改革 ……………… 128
第一节　范式改革及其主要观点 ………………………………… 128
一、范式改革的缘起与发展 …………………………………… 129
二、范式改革的主要观点及其困惑 …………………………… 132

第二节 南非范式改革的主要内容与评析 ………………… 133
一、南非范式改革的历史沿革 ………………………… 134
二、南非范式改革的主要内容 ………………………… 136
三、对南非范式改革的评价 …………………………… 138

第三节 南非范式改革对中国的影响与启示 ……………… 141
一、中国与南非的投资仲裁规则与实践 ……………… 141
二、南非范式改革对中国的影响 ……………………… 146
三、南非范式改革对中国的启示 ……………………… 148

第五章 投资者与东道国争端解决机制的改革趋向 ………… 150

第一节 新国际投资协定中 ISDS 条款的改革 ……………… 150
一、新 IIAs 中 ISDS 的改革内容与改革方式 ………… 151
二、ISDS 条款改革面临的挑战与风险 ………………… 156
三、应对 ISDS 改革风险与挑战的政策选择 …………… 160

第二节 投资者与东道国争端解决机制改革的多边化 ……… 162
一、ISDS 机制改革的多边化走向 ……………………… 163
二、ISDS 机制多边化的程序完善 ……………………… 174

第三节 投资者与东道国争端解决机制多边化的中国应对 … 181
一、ISDS 机制多边化对中国的影响 …………………… 181
二、ISDS 机制多边化的中国对策 ……………………… 190

结　语 …………………………………………………………… 205
参考文献 ………………………………………………………… 208
后　记 …………………………………………………………… 226

Introduction
导 论

一、研究背景与研究价值

(一) 研究背景

投资者与东道国争端解决（ISDS）机制是和平解决投资者与东道国之间因直接投资而引起的法律争端的重要制度，在国际投资法中的地位最引人注目。[1] ISDS 的形式以国际仲裁为主，辅之以协商、调解等其他解决方式。ISDS 程序通常根据《关于解决国家与他国国民之间投资争端公约》（Convention on the Settlement of Investment Disputes between States and Nationals of Other States，以下简称《华盛顿公约》）[2] 进行，国际投资争端解决中心（ICSID）是目前世界上能够解决外国投资者与东道国政府之间所产生的投资争端的主要的国际性仲裁机构之一。ICSID 是唯一致力于解决国际投资争端的全球机构，[3] 管理根据 ICSID 公约、ICSID 附加便利以及其他规则 [如联合国国际贸易法委员会的仲裁规则（UNCITRAL Arbitration Rules，以下简称"UNCITRAL 仲裁规则"）] 进行的案件。[4] 截至 2020 年 1 月 1 日，根据国际投资协定（IIAs）提起的已知 ISDS 案件总数达到 1023 起。[5] 截至 2020 年 11 月 5 日，ICSID 登记了 819 起仲裁案件。[6] ICSID 虽然开创了各争端方都能接受且相对中立的国

---

[1] 参见韩立余主编：《国际投资法》，中国人民大学出版社 2018 年版，第 192 页。

[2] 《华盛顿公约》于 1966 年 10 月 14 日生效。

[3] 2020 ICSID Annual Report, p. iii, at https://icsid.worldbank.org/sites/default/files/publications/ICSID_AR20_CRA_Web.pdf, Nov. 5, 2020.

[4] Overview of ICSID Cases, at https://icsid.worldbank.org/cases, Aug. 10, 2019.

[5] Investor-State Dispute Settlement Cases Pass the 1,000 Mark: Cases and Outcomes in 2019, p. 1, at https://unctad.org/system/files/official-document/diaepcbinf2020d6.pdf, Nov. 5, 2020.

[6] Search Cases of ICSID Cases, at https://icsid.worldbank.org/cases/case-database, Nov. 5, 2020.

际仲裁服务,但究其本质仍是发达国家和发展中国家妥协的产物。ISDS 机制在 ICSID 仲裁实践中出现了正当性危机,[1]主要表现在以下三个方面:其一,仲裁庭对投资条约规则解释的不确定性导致了 ICSID 仲裁裁决之间缺乏一致性[2]和合法性[3];其二,ICSID 存在过分偏袒保护私人投资者利益、漠视东道国利益的倾向,[4]导致国家当事人对整个国际投资仲裁机制产生怀疑和不信任;其三,仲裁程序方面也存在诸如程序拖延、费用昂贵、缺乏透明度和缺乏公共监督机制等问题。[5]

学术界对 ISDS 机制的态度不一。支持 ISDS 机制的学者称赞 ISDS 仲裁是中立和有效的解决争端的手段。批评者则声称,ISDS 机制保护跨国公司不受东道国法律制度的监督,反而增强了它们干预东道国政策事务的能力。[6] ISDS 机制常常被指责削弱了发展中国家的经济利益,并可能会通过抑制东道国政府应就具有公共重要性的问题(如健康、环境保护和人权)制定法律的能力而退化为资本输出国(发达国家)手中的权力、影响和控制的工具。[7]各国政府呼吁仲裁机构提高 ISDS 程序的透明度,并为民间社会的参与提供开放空间。这反映了在面对日益激烈的争辩时增加 ISDS 机制合法性的愿望。[8]

进入 21 世纪后,ISDS 机制的改革成为新一代 IIAs 的瞩目焦点。迄今为

---

[1] 关于"正当性危机"的含义,学界并没有统一定义。本书采用学者陈安和蔡从燕的说法,对其进行如下表述:国际投资仲裁下面临的正当性危机,是指解决国际投资争端的仲裁机制以及仲裁裁决的效力并不能使国际法主体得到信服和执行。参见陈安主编:《国际投资法的新发展与中国双边投资条约的新实践》,复旦大学出版社 2007 年版,第 165、270~271 页;另参见蔡从燕:《国际投资仲裁的商事化与"去商事化"》,载《现代法学》2011 年第 1 期,第 161 页。

[2] 参见刘笋:《国际投资仲裁裁决的不一致性问题及其解决》,载《法商研究》2009 年第 6 期,第 139 页。

[3] Joshua Karton, "Lessons from International Uniform Law", in Jean E. Kalicki, Anna Joubin-Bret (eds.), *Reshaping the Investor-State Dispute Settlement System*: *Journeys for the 21st Century*, Leiden: Koninklijke Brill NV, 2015, p. 48.

[4] 参见余劲松:《国际投资条约仲裁中投资者与东道国权益保护平衡问题研究》,载《中国法学》2011 年第 2 期,第 132 页。

[5] 参见郭玉军:《论国际投资条约仲裁的正当性缺失及其矫正》,载《法学家》2011 年第 3 期,第 145 页。

[6] Julia Calvert, "Civil Society and Investor-State Dispute Settlement: Assessing the Social Dimensions of Investment Disputes in Latin America", *New Political Economy*, 23 (2018), p. 46.

[7] Umair Ghori, "Investment Court System or 'Regional' Dispute Settlement? — The Uncertain Future of Investor-State Dispute Settlement", *Bond Law Review*, 30 (2018), p. 83.

[8] Julia Calvert, "Civil Society and Investor-State Dispute Settlement: Assessing the Social Dimensions of Investment Disputes in Latin America", *New Political Economy*, 23 (2018), p. 46.

止，在IIAs改革实践中出现了三个针对ISDS问题的替代解决方案。第一种替代解决方案是遵循欧盟关于建立投资法院制度（ICS）作为常设机构的提议，以解决外国投资者与东道国政府之间的争端。第二种替代解决方案是考虑联合国国际贸易法委员会（UNCITRAL）在通过采用《联合国投资者与国家间基于条约仲裁的透明度公约》（United Nations Convention on Transparency in Treaty-based Investor-State Arbitration，以下简称《毛里求斯公约》）方法改革ISDS机制方面所做的工作。第三种替代解决方案是建立由南美国家联盟（UNASUR）国家提出的基于区域集团的方法。[1]有学者将现行ISDS机制的改革分为三个主要模式，即渐进式改革（Incremental Reform）、系统式改革（Systemic Reform）和范式改革（Paradigmatic Reform）。当然这三种改革模式是理想的模型，并非包罗万象。采取改革行动的国家可以在两种或两种以上的模式之间采取中间立场。例如，一些国家可能会支持半系统式改革，一些国家可能采取诸如在用尽国内补救办法的情况下可利用国际机制的半范式改革。这些改革战略并非相互排斥的，改革者可以在不同的条约内或在不同的条约之间采取多种办法，例如，赞同对一些条约进行渐进式改革，而对另一些条约则进行更为深远的改革。改革战略也可能相互影响，例如，系统式改革的现实可能性将增加抵制ISDS机制变革的利益相关者的压力，使其至少接受渐进式改革。[2]

ISDS机制的改革实践使投资者-国家仲裁的合法性得到了一定程度的改善，但各国还没有探求在哪些方面进行改革的汇合。在此背景下，UNCITRAL授权第三工作组分三个阶段调查ISDS机制的可能改革。许多国家和政府间国际组织都积极参与讨论，但意见不一。关于ISDS机制改革的未来走向如何？中国将如何应对？本书将进行重点探讨。

（二）研究价值

1. 理论价值

（1）对现行ISDS机制存在的程序问题提出整体改革的思路，弥补了相关

---

[1] Umair Ghori, "Investment Court System or 'Regional' Dispute Settlement?——The Uncertain Future of Investor-State Dispute Settlement", *Bond Law Review*, 30 (2018), p. 83.

[2] Anthea Roberts, "Incremental, Systemic, and Paradigmatic Reform of Investor-State Arbitration", *The American Journal of International Law*, 112 (2018), pp. 413-414.

理论研究的不足。投资者与东道国争端逐渐增多，学界普遍认识到ISDS机制存在诸多问题，应予以改革，但大多数研究是从ISDS机制存在的主要程序问题进行研究，对具体问题提出具体解决方法，欠缺整体改革的思路。本书对IIAs的改革实践进行的是系统研究，并提出了整体改革现行ISDS机制程序缺陷的方法。

（2）对ISDS机制改革模式进行系统性实证研究，拓展了相关理论研究思路。目前学界对ISDS机制改革的各种思路和方法不胜枚举，但是大多侧重于对ISDS机制的某一种改革模式的研究，很少全面分析不同的ISDS机制改革模式。虽然已有极少数学者进行了较全面的分析，但缺乏系统性和深入性，也欠缺从实证角度探讨哪种改革模式更符合国际投资实践的需要。

（3）提出了中国在ISDS机制改革多边化趋势下的应对之策，创新了相关研究理论。本书根据最新IIAs的改革走向，以及各国和政府间国际组织对ISDS机制的可能改革提出的建议和意见，预测未来ISDS机制将呈现多边改革趋势，并提出了中国的应对之策，对相关理论研究具有抛砖引玉的作用。

2. 实践价值

（1）运用利益平衡理论，分析目前ISDS机制三种主要改革模式（即美国渐进式改革、欧盟系统式改革和南非范式改革）的创新与不足之处，为中国与美国、欧盟、南非等国家和政府间国际组织正在进行的IIAs中ISDS条款的谈判或修改提供参考价值。

（2）针对现行ISDS机制的正当性危机，按照事前预防、事中响应和事后解决的逻辑，根据最新IIAs的改革趋势和各国对ISDS机制的改革实践，提出在ISDS机制改革多边化趋势下解决其程序缺陷的建议，对促进投资者与东道国争端解决的有序开展、提高争端解决的效率具有重要的现实意义。

（3）根据将来ISDS机制改革的多边化走向和中国国情，提出中国改革ISDS机制的相应对策，对中国修改完善现行IIAs中的ISDS条款和建立健全"一带一路"倡议下的ISDS机制具有重要的借鉴意义。

二、文献综述

ISDS机制自产生以来对解决投资者与东道国争端发挥了重要作用。大多数IIAs中规定了ISDS条款，但依据《华盛顿公约》建立的ICSID仲裁机制在实施过程中出现了正当性危机。21世纪伊始阿根廷国际投资仲裁危机的出现，引发了理论界和实务界对ISDS机制存废问题的探讨。欧洲议会反对在投资协定中并入ISDS机制。ISDS机制也遭到了环保社团、人权组织、劳动组织以及南非、巴西、澳大利亚和部分拉丁美洲国家（如委内瑞拉、厄瓜多尔和玻利维亚等）的反对，但欧盟委员会和理事会同意在签订新的投资协定时对ISDS机制进行改革。美国、中国、欧盟、南非等国家以及UNCITRAL、ICSID、经济合作与发展组织（OECD）和联合国贸易和发展会议（UNCTAD）等政府间国际组织都在探讨ISDS机制的改革。现行ISDS机制的改革问题已成为国际投资法理论研究的热点问题，也是世界各国与政府间国际组织进行IIAs谈判的焦点问题。

（一）国外研究概况

国外学者们对ISDS机制的态度可分为批评和改革两种意见。随着新一代IIAs的缔结，学者们普遍意识到ISDS机制存在较大的调整可能性，应予以改革。但关于如何改革ISDS机制，目前观点不一。

1. 关于ISDS机制的存废问题

关于ISDS机制的存废问题，国外理论界有两种不同的观点。极少数学者认为ISDS机制不是好的解决投资争端的方法，应予以排除。例如，古斯·范·哈滕（Gus Van Harten）和戴维·施耐德曼（David Schneiderman）等学者认为，目前的投资条约仲裁不是公正、独立和平衡的解决投资争端的方法。[1] 利昂·E. 特拉克曼（Leon E. Trakman）认为，类似澳大利亚、美国这种具有相似历史文化背景及紧密政治经济联系的国家，应更多运用国内司法程序保护本国市场，排除适用国际仲裁程序。[2] 凯拉·蒂恩哈拉（Kyla Tienhaara）提出了三种改革贸易和投资协定的选择，其认为，一种更简单的选择是在贸易和投资协议中排除ISDS条款，因为完全没有任何证据表明，为外国投资者提

---

［1］ Gus Van Harten, David Schneiderman, "Public Statement on the International Investment Regime", https://bilaterals.org/? public-statement-on-the&lang=en, June 28, 2020, p. 2.

［2］ Leon E. Trakman, "Investor State Arbitration or Local Courts: Will Australia Set a New Trend?", *Journal of World Trade*, 46 (2012), p. 120.

供比国内投资者更多的合法权利具有任何公共利益。[1]

大多数学者支持 ISDS 机制的改革。例如，迈克尔·诺兰（Michael Nolan）认为，针对各方对 ISDS 机制的批评，各国将改革 ISDS 机制，但该制度将仍然是国际贸易条约中的关键部分。[2]艾米莉·奥斯曼斯基（Emily Osmanski）认为，尽管 ISDS 和 ICS 存在缺陷，但由于外国投资每天都在增长，因此有必要在 ISDS 和 ICS 之间找到折衷方案，因为它们是目前可用的最佳替代方案。[3]凯瑟琳·罗杰斯（Catherine Rogers）认为，现在许多针对 ISDS 机制的批评意见只是实际上重复了最初针对世界贸易组织（WTO）及其决策者的批评。[4]乔斯特·鲍韦林（Joost Pauwelyn）和弗雷亚·贝滕斯（Freya Baetens）也提出了类似的观点。而且乔斯特·鲍韦林还指出，WTO 争端解决机制并不优于 ISDS 机制，乔治·塞塞多蒂（Giorgio Sacerdoti）和唐纳德·麦克雷（Donald McRae）都持此观点。[5]

2. 关于 ISDS 机制的改革问题

关于 ISDS 机制的改革问题，学者们从不同的角度进行了探讨。

（1）少数学者较全面地分析了 ISDS 机制的三种改革模式。少数学者对 ISDS 机制的三种改革模式（即渐进式改革、系统式改革和范式改革）进行了初步的理论评析，但学者们对支持哪种模式又有不同的看法。例如，乌迈尔·戈里（Umair Ghori）认为，在短期内欧盟主导的 ICS 更有可能成为下一个 ISDS 规范。[6]安西娅·罗伯茨（Anthea Roberts）认为，由于不同的主要国家支持不同的改革选择，因此目前的改革努力很可能会导致多种模式并存的多

---

[1] Kyla Tienhaara, "Regulatory Chill in a Warming World: The Threat to Climate Policy Posed by Investor-State Dispute Settlement", *Transnational Environmental Law*, 7 (2018), p. 250.

[2] Michael Nolan, "Challenges to the Credibility Investor-State Arbitration System", *American University Business Law Review*, 5 (2015), p. 444.

[3] Emily Osmanski, "Investor-State Dispute Settlement: Is There a Better Alternative?", *Brooklyn Journal of Internaional Law*, 43 (2018), p. 664.

[4] Catherine A. Rogers, "Apparent Dichotomies, Covert Similarities: A Response to Joost Pauwelyn", *American Journal of International Law (Unbound)*, 109 (2016), pp. 294, 298.

[5] Joost Pauwelyn, "The Relative Success of WTO Dispute Settlement and What Planet Would the EU Investment Court System Be On? A Rejoinder to AJIL Unbound Comments", *American Journal of International Law (Unbound)*, 109 (2016), p. 316.

[6] Umair Ghori, "Investment Court System or 'Regional' Dispute Settlement? — The Uncertain Future of Investor-State Dispute Settlement", *Bond Law Review*, 30 (2018), p. 117.

元化结果。[1]

（2）多数学者深入探讨了 ISDS 机制的某一种改革模式。首先，较多学者研究了系统式改革，即欧盟针对 ISDS 机制提出的 ICS，但研究的侧重点有所不同，主要从 ICS 的可行性和合理性、ICS 裁决的可执行性、ICS 的优势与弊端等方面进行论证和分析。例如，斯齐拉尔·加斯帕尔-斯齐拉吉（Szilárd Gáspár-Szilágyi）从欧盟法院的角度评估了 ICS 在《跨大西洋贸易和投资伙伴关系》（TTIP）下的可行性。[2]罗伯·豪斯（Rob Howse）认为，ICS 解决现有 ISDS 机制具体问题所具有的许多特征是合理的。[3]奥古斯特·雷尼施（August Reinisch）认为，根据 1958 年《承认及执行外国仲裁裁决公约》（以下简称《纽约公约》），ICS 裁决应被视为可强制执行的裁决。[4]吉赛尔·乌韦拉（Gisèle Uwera）认为，若不能解决欧盟法律秩序的自主权与 ISDS 机制之间的兼容性问题，则欧盟在国际投资协议中加入 ISDS 机制是考虑不周的。[5]费尔南多·迪亚斯·西蒙斯（Fernando Dias Simões）认为，ICS 在解决仲裁员多重身份问题上所采取的方法具有潜在优势，但也存在弊端，对整个投资仲裁制度具有潜在影响。[6]

其次，较多学者研究了渐进式改革（即对 ICSID 仲裁机制的改良），从设立上诉机制、统一解释委员会或重新界定仲裁员的独立性和公正性等不同的角度探讨 ICSID 仲裁机制的改革问题。在过去的十几年中，人们越来越多地讨论一个新的或者更好的"上诉机制"（以避免与 WTO 产生混淆），以审查投

---

〔1〕 Anthea Roberts, "Incremental, Systemic, and Paradigmatic Reform of Investor-State Arbitration", *The American Journal of International Law*, 112 (2018), p. 431.

〔2〕 Szilárd Gáspár-Szilágyi, "A Standing Investment Court under TTIP from the Perspective of the Court of Justice of the European Union", *The Journal of World Investment & Trade*, 17 (2016), p. 1.

〔3〕 Rob Howse, "Designing a Multilateral Investment Court: Issues and Options", *Yearbook of European Law*, 36 (2017), p. 236.

〔4〕 August Reinisch, "Will the EU's Proposal Concerning an Investment Court System for CETA and TTIP Lead to Enforceable Awards? — The Limits of Modifying the ICSID Convention and the Nature of Investment Arbitration", *Journal of International Economic Law*, 19 (2016), p. 761.

〔5〕 Gisèle Uwera, "Investor-State Dispute Settlement (ISDS) in Future EU Investment in Future EU-Related Agreements: Is the Autonomy of the EU Legal Order an Obstacle", *The Law and Practice of International Courts and Tribunals*, 15 (2016), p. 150.

〔6〕 Fernando Dias Simões, "Hold on to Your Hat! Issue Conflicts in the Investment Court System", *The Law and Practice of International Courts and Tribunals*, 17 (2018), p. 116.

资者与国家之间的仲裁裁决。例如，威廉·H. 努尔三世（William H. Knull Ⅲ）和诺亚·D. 鲁宾斯（Noah D. Rubins）认为，建立投资纠纷的内部上诉程序对高风险和复杂的仲裁具有作用。[1]苏珊·D. 弗兰克（Susan D. Franck）认为，投资者与东道国之间仲裁裁决的数量不断增加，除采取其他措施外，要求上诉法院阻止不一致的裁决。[2]大卫·A. 甘茨（David A. Gantz）建议设立投资上诉机制，并认为一个结构良好、人员配备齐全的上诉机制可以通过提高一致性和撤销偶尔的错误裁决来改进投资仲裁的判例。[3] 而哈森·赫辛·穆罕默德（Hazem Hussien Mohamed）建议，通过建立统一解释委员会来恢复 ICSID 投资仲裁的一致性、确定性和可预测性。[4]玛丽亚·妮可·克莱斯（Maria Nicole Cleis）认为，为了保持 ICSID 仲裁机制的重要地位，至关重要的是，优先考虑仲裁员的独立性和公正性是该机制合法性的基础，并提出应采取平衡解决方案，重新界定 ICSID 仲裁员所需的独立性和公正性。[5]

最后，有些学者研究了范式改革（即南非等国家采取国内法庭代替国际仲裁庭解决投资者与东道国间争端的做法）的特点及其所存在的问题。例如，恩格拉·C. 施莱默（Engela C. Schlemmer）认为，南非寻求以国内立法保护以及在国内法院进行调解和争端解决来取代投资条约和投资者-国家仲裁的改革模式，存在有待解决的问题。[6]M. 索纳拉贾（M. Sornarajah）认为，在金砖四国所采取的改革 ISDS 机制的所有方法中，南非是最有希望的，因为它将投资保护置于南非宪法的目标和南非法院程序之下。[7]

（3）少数学者从其他角度研究了 ISDS 机制的改革。少数学者提出了改革

---

〔1〕 William H. Knull Ⅲ & Noah D. Rubins, "Betting the Farm on International Arbitration: Is it Time to Offer an Appeal Option", *American Review of International Arbitration*, 11 (2000), p. 531.

〔2〕 Susan D. Franck, "The Legitimacy Crisis in Investment Treaty Arbitration: Privatizing Public International Law Through Inconsistent Decisions", *Fordham Law Review*, 73 (2005), p. 1521.

〔3〕 David A. Gantz, "An Appellate Mechanism for Review of Arbitral Decisions in Investor-State Disputes: Prospects and Challenges", *Vanderbilt Journal of Transnational Law*, 39 (2006), p. 74.

〔4〕 Hazem Hussien Mohamed, *Restoring Consistency, Certainty and Predictability to ICSID Investment Arbitration through the Establishment of the Uniform Interpretative Board*, Michigan: ProQuest LLC, 2013, p. iv.

〔5〕 Maria Nicole Cleis, *The Independence and Impartiality of ICSID Arbitrators: Current Case Law, Alternative Approaches, and Improvement Suggestions ICSID*, Leiden: Brill Nijhoff, 2017, p. 255.

〔6〕 Engela C. Schlemmer, "Dispute Settlement in Investment-Related Matters: South Africa and the BRICS", *American Journal of International Law*, 112 (2018), p. 212.

〔7〕 M. Sornarajah, "The Unworkability of 'Balanced Treaties' and the Importance of Diversity of Approach Among the BRICS", *American Journal of International Law*, 112 (2018), p. 227.

ISDS 机制的其他途径：建立多边投资法院或区域性投资法院；引入调解改善 ISDS 机制的程序问题等。例如，卡蒂亚·法赫·戈麦斯（Katia Fach Gómez）在其所发表的论文中假设未来建立多边投资法院来代替 ICSID 机制，并认为在多边投资法院背景下需要采用一系列多样性决策，使多样性与独立和公正原则之间的联系贯穿始终。[1] 马修·哈珀德（Matthew Happold）和雷尔拉·拉多维奇（Relja Radović）认为，西非经共体法院作为一个投资法庭，虽然没有被认为是比国际仲裁法庭更好的法庭，但与国内法院相比具有相当大的优势。[2] 斯蒂芬·W. 西尔（Stephan W. Schill）认为，目前对 ISDS 机制的批评是不明智的，并且改革该制度的尝试是错误的，提出引入调解来改善和补充当前 ISDS 机制中明显的程序问题。[3]

（二）国内研究概况

1. 关于 ISDS 机制的存废问题

关于 ISDS 机制的存废问题，中国学者一般支持 ISDS 机制继续保留。例如，余劲松认为，ISDS 机制是一把双刃剑，对于东道国关于外资的管理、社会和环境的管理、公共资源的利用等都可能产生挑战并带来深远的影响。因此，我国应积极推动该机制的改革和完善，[4] "应改进与完善投资条约仲裁的程序规则，使其能够满足投资者与东道国间投资争端解决的需要。"[5] 黄德明、杨帆认为，中国应当积极参与 ISDS 机制改革，并在将来的双边投资协定中推广改革成果。[6]

2. 关于 ISDS 机制的改革问题

虽然我国很多学者都在研究 ISDS 机制的改革问题，但几乎没有学者全面

---

[1] Katia Fach Gómez, "Diversity and the Principle of Independence and Impartiality in the Future Multilateral Investment Court", *The Law and Practice of International Courts and Tribunals*, 17（2018）, p. 97.

[2] Matthew Happold, Relja Radović, "The ECOWAS Court of Justice as an Investment Tribunal", *Journal of World Investment & Trade*, 19（2018）, p. 95.

[3] Stephan W. Schill, "Investor-State Dispute Settlement Reform at UNCITRAL: A Looming Constitutional Moment?", *Journal of World Investment & Trade*, 19（2018）, p. 1.

[4] 参见余劲松、詹晓宁：《论投资者与东道国间争端解决机制及其影响》，载《中国法学》2005 年第 5 期，第 175 页。

[5] 余劲松：《国际投资条约仲裁中投资者与东道国权益保护平衡问题研究》，载《中国法学》2011 年第 2 期，第 132 页。

[6] 参见黄德明、杨帆：《试析欧盟各机构对 ISDS 机制的态度及对中欧投资谈判的影响》，载《东北农业大学学报（社会科学版）》2015 年第 3 期，第 44 页。

论及 ISDS 机制的三种改革模式，讨论最多的是欧盟提出的 ICS，少数学者讨论了 ISDS 机制的多边和双边改革，还有少数学者从其他角度探讨了 ISDS 机制的改革。

（1）多数学者从不同角度研究了 ICS。学者们从 ICS 的优点与不足、合法性问题以及 ICS 与 ICSID 的差异等不同角度进行了探讨。例如，邓婷婷认为，投资法庭制度具有强化国家规制权、加强裁判的合法性与公正性、确保裁判一致性与增强透明度等优点，但也面临关于投资法庭成员的相关规制有待细致化和科学化、上诉机制规则设计不合理、裁判的性质和执行问题存疑、与国内法院的关系有待澄清以及投资法庭制度规定碎片化等挑战。[1] 杨帆认为，ICS 能否应用于实践取决于其具体规则与欧盟法律秩序的兼容性，[2] 其所作裁决能否得到有效执行取决于它未来能否实现多边化，而它的存在可能依然与欧盟法律秩序的要求不符。[3] 欧阳新认为，ICS 与 ICSID 机制存在的巨大差异，为中国将来在缔结中欧投资条约时就投资争端解决机制方面的谈判提供建议。[4]

（2）少数学者讨论了关于 ISDS 机制的多边和双边改革。董静然认为，我国的"一带一路"投资者-国家争端解决机制的多边结构发展，并不一定拘泥于欧盟的以双边 ICS 的广泛建立为基础，而是可以由"一带一路"沿线的几个能够达成一致意见的核心国家，先行建立区域内协调统一的国际投资法庭制度，在此基础上再谋求开放的多边投资争端体系的构建，[5] 并认为，"'一带一路'国际投资规则的构建不应仅局限于'一带一路'沿线地区，更应该为未来的多边投资规则构建提出中国方案。"[6] 王军杰、石林认为，我国与沿

---

[1] 参见邓婷婷：《中欧双边投资条约中的投资者-国家争端解决机制——以欧盟投资法庭制度为视角》，载《政治与法律》2017 年第 4 期，第 99 页。

[2] 参见杨帆：《试析欧盟法律秩序自主性对国际争端解决机制的影响——兼评投资法庭机制在欧盟的合法性》，载《时代法学》2017 年第 2 期，第 114 页。

[3] 参见杨帆：《试析投资者-国家争端解决机制当代改革的欧盟模式——以欧盟 TTIP 建议案中常设投资法院机制为例》，载《国际经济法学刊》2016 年第 3 期，第 99 页。

[4] 参见欧阳新：《试论欧盟新设投资法庭制度及对中国的影响——兼与 ICSID 仲裁机制比较分析》，载《广东外语外贸大学学报》2017 年第 4 期，第 12 页。

[5] 参见董静然：《"一带一路"倡议下投资者-国家争端解决机制研究——基于欧盟国际投资法庭制度的考察》，载《江苏社会科学》2018 年第 1 期，第 179 页。

[6] 董静然：《双边投资协定与多边投资规则构建的互动研究》，载《国际经济法学刊》2018 年第 3 期，第 67 页。

线国家间的双边投资条约,大多以"岔路口条款"确立了"投资者-东道国"争端解决路径,但该解决路径难以适应保护我国沿线投资者利益的现实需求,我国可牵头设立"一带一路国际投资争端解决法庭",构建契合该区域的多元化争端解决机制,继续引领该区域投资法规则的建构。[1]

(3) 少数学者从其他角度探讨ISDS机制的改革。有些学者从IIAs的角度分析了ISDS机制的改革问题。肖军认为,《欧盟-加拿大全面经济贸易协定》(CETA) 中的ISDS机制比《中华人民共和国政府和加拿大政府关于促进和相互保护投资的协定》(以下简称"中国-加拿大BIT")中的ISDS机制更加复杂、更加全面,包含若干以往投资条约所没有的新规则,其中多数创新可为中国-欧盟BIT(以下简称"中欧BIT")所采纳。[2] 梁咏结合国际投资争端解决中的涉华案例分析认为,今后我国在新签署或更新双边投资协定(BITs)时应高度关注ISDS机制,坚持单一BIT范本原则,将不可仲裁事项中纳入例外条款,适度强化中外BITs对东道国法律的补充和纠正作用,相对缩小用尽行政复议程序的争端范围。[3]

有些学者研究了中国及其他金砖国家对ISDS机制的改革。例如,卢进勇、余劲松、齐春生等学者认为,随着国际上越来越多的投资争议被提交国际仲裁解决,以及中国所签署的双边投资保护协定中普遍接受以国际仲裁解决投资争议,中国应进一步加强对ICSID等仲裁机制、仲裁规则和仲裁案例的研究。[4] 陈慧萍认为,中国创新ISDS机制的三种主要形式分别是外商投资仲裁机构、国际商事法庭和联合仲裁中心,并认为这些新的改革很可能成功。[5] 蔡从燕认为,一些金砖国家(印度、南非以及某种程度上的巴西)最近的投资条约政策已经从一种过于保护外国投资者的不平衡做法转变为过于

---

[1] 参见王军杰、石林:《论"一带一路"沿线"投资者-东道国"争端解决的路径与机制》,载《西南民族大学学报(人文社科版)》2018年第6期,第99页。

[2] 参见肖军:《中欧BIT的投资者-东道国争端解决——基于中加BIT与CETA的比较分析》,载《西安电子科技大学学报(社会科学版)》2015年第2期,第76页。

[3] 参见梁咏:《国际投资仲裁中的涉华案例研究——中国经验和完善建议》,载《国际法研究》2017年第5期,第98页。

[4] 参见卢进勇、余劲松、齐春生主编:《国际投资条约与协定新论》,人民出版社2007年版,第269页。

[5] Chen Huiping, "China's Innovative ISDS Mechanisms and Their Implications", *American Journal of International Law*, 112 (2018), p. 211.

保护东道国的另一种做法,很可能会被诸如欧盟、美国和中国等主要国家拒绝。[1]

有些学者研究了 ISDS 机制的合法性危机的解决。例如,石慧认为,ISDS 仲裁机制改革的近期议程确定为以 ICSID 为适当场所进行程序性改革和统一化改革。[2] 余海鸥从全球行政法的视角对 ISDS 制度的合法性进行了检视,认为解决合法性危机,应加强投资仲裁机制的透明度,并建立合并仲裁制度和上诉机制。[3]

还有学者系统研究了新一代 IIAs 规则体系的改革趋势。孙英哲认为,新一代 IIAs 的实体条款不断细化和完善,程序条款逐渐形成以投资法院机制为核心的投资争端解决机制,整体向着保障东道国监管权力和多边化的方向发展。[4]

总之,国内外学者对 ISDS 机制的态度可以被简单划分为批评和改革:一方面,学者们认识到 ISDS 机制存在诸多问题;另一方面,随着新一代 IIAs 的缔结,学者们普遍意识到 ISDS 机制存在较大的调整可能性,ISDS 机制改革成了学术界的共识。学者们最关切的是究竟以传统临时投资仲裁制度为基础进行改革,还是以常设投资法院制度为基础进行改革。由美国领导并完成主要规则设计的《跨太平洋伙伴关系协定》(TPP)是前者的代表,由欧盟参与或主导签署的 CETA,《欧盟-越南自由贸易协定》(EVFTA),《欧盟-越南投资保护协定》(EVIPA)以及《欧盟-新加坡投资保护协定》(EUSIPA)是后者的代表。在临时仲裁庭和常设投资法院制度之争的基本问题以外,学者们对根本安全例外、公平公正待遇等实体问题以及仲裁员管理、透明度、调解等程序问题进行了较为充分的研究,但专门针对《全面和进步的跨太平洋伙伴关系协定》(CPTPP),《美国-墨西哥-加拿大协定》(USMCA)、CETA、EVFTA、

---

[1] Cai Congyan, "Balanced Investment Treaties and the BRICS", *American Journal of International Law*, 112 (2018), p. 217.

[2] 参见石慧:《以条约为基础的投资者与国家间仲裁机制的评判》,华东政法学院 2007 年博士学位论文,第 157 页。

[3] 参见余海鸥:《全球行政法视野下投资仲裁机制(ISDS)的合法性研究》,武汉大学 2015 年博士学位论文,第 152 页。

[4] 参见孙英哲:《新一代国际投资协定 ISDS 改革研究》,对外经济贸易大学 2018 年博士学位论文,第 110 页。

EVIPA、EUSIPA、《日本-欧盟经济伙伴关系协定》（JEEPA）等新一代投资协定项下 ISDS 机制改革模式的研究缺乏系统性，特别是缺乏对新一代 IIAs 项下 ISDS 机制的改革趋势和中国应对之策的研究。这将是本书重点研究的问题。

三、本书结构

本书将通过分析 ISDS 机制的改革现状和改革模式、新一代 IIAs 中 ISDS 条款的改革特点、各国与政府间国际组织对 ISDS 机制的改革意见和学术界的相关理论观点，论证 ISDS 机制改革模式的未来走向和中国的应对之策，除导言和结语外，本书将分五章进行论述。

第一章论述了 ISDS 机制的改革现状。首先阐述 ISDS 的法律框架；其次分析 ISDS 机制的改革缘由；最后论述 ISDS 机制的改革进程。目前 ISDS 的法律框架主要包括国际投资协定、国际投资仲裁规则和国内相关立法。虽然 IIAs 与国家投资法律制度之间存在结构和背景差异，但它们之间的某些特征相对一致。ISDS 机制的特征主要是，使用依据 ICSID 仲裁规则、UNCITRAL 仲裁规则、常设仲裁法院（PCA）仲裁规则或者其他仲裁机构的仲裁规则设立的仲裁庭解决投资者与东道国之间的争端。BITs 和自由贸易协定（FTAs）包含的争议解决条款，通常要求仲裁作为 ISDS 的首选方法。随着国际投资仲裁实践的发展，ISDS 仲裁机制的缺陷凸显出来。例如，仲裁裁决缺乏一致性和纠错机制、仲裁员缺乏独立性和公正性、仲裁机构与仲裁员的选择存在弊端、费用负担和时间成本畸高、程序缺乏透明度等，这些导致了 ISDS 机制的正当性危机。因此，理论界和实务界都在探讨 ISDS 机制的改革问题。引起 ISDS 机制改革的原因是多方面的，表面原因在于各国寻求 ISDS 机制的改进方法，美国、德国等欧美国家试图维护其优势地位，而根本原因则在于克服投资仲裁源于商事仲裁所固有的缺陷以促进投资争端解决的公正性、维护投资者与东道国的利益平衡。自 2012 年以来，IIAs 的改革经历了三个阶段，2018 年之后缔结的 IIAs 中改革导向条款和改革内容较之前的 IIAs 发生了变化。针对 ISDS 机制的正当性危机，国际投资协定的实践改革和理论探讨主要集中在是否应当设立一个常设的投资仲裁法庭和规定上诉机制的问题上，从而出现了改良派、改革派、革命派和中间派等不同的派别和观点。尽管每个派别有些内部差异，但此区分大体反映了这轮 ISDS 机制改革进程中的国际现状。目前在国际投资协定改革实践中出现了三种主要的 ISDS 机制改革模式，即以美国为代表的渐进式改革、以欧盟为代表的系统式改革和以南非为代表的范式改革。

　　第二章论述 ISDS 机制的渐进式改革。首先阐述渐进式改革的缘起与发展及其改革者的主要观点；其次论述以美国为代表的渐进式改革的主要内容，并对美国渐进式改革进行评价；最后着重分析美国渐进式改革对中国的影响与启示。渐进式改革者认为对现行 ISDS 机制的批评过于夸张，并认为投资者-国家仲裁仍然是最佳选择。因此，他们赞成保留现有的 ISDS 机制，但会采取适度的改革措施来解决特定的问题。例如，美国、智利、日本和俄罗斯联邦等国家已经采取了与渐进式改革相一致的支持投资者-国家仲裁立场。美国对 ISDS 机制的渐进式改革体现在美国 BIT 范本、美国签署的 BITs 以及其他有投资条款的协定（TIPs）中。美国 BIT 范本中 ISDS 条款改革的主要内容涉及争端的解决方式、仲裁的前置条件、仲裁的上诉机制与争端解决的透明度等。美国主导但退出的 TPP 的投资章节与美国 2012 年 BIT 范本的投资章节非常相似，略有变化。美国签署的 FTAs 中尽管少数没有规定 ISDS 机制，但大多数都规定了 ISDS 机制，并对 ISDS 机制进行了改良，增加了投资仲裁透明度和法庭之友的规定，提出设立上诉机制的可能性。美国签署批准的《北美自由贸易协定》（NAFTA）首次以专章形式对 ISDS 机制予以详细规范，有效地处理了投资者与东道国之间的投资争端。它赋予投资者对东道国政府提出赔偿请求的最终决定权，但这一点也是引起极大争议的部分。NAFTA 的修订版本 USMCA，与其前身 NAFTA 相比，采取了更有限的 ISDS 机制。中国与美国正在进行 BIT 谈判，两国在法治水平和文化传统上的差异以及在投资领域和投资事项上关注点的不同，决定了两国在投资争端解决方式的选择上必然存在争议。如何通过谈判、转换思路、创新方法以及采用待遇例外条款、冲突条款等立法技术，达到求同存异，一直是中美双方共同的目标。中国在与美国进行 BIT 的 ISDS 条款谈判时，应考虑以下几点：首先，关于投资争端的解决方式。鉴于中国与美国各自签署的 IIAs 都规定了协商、仲裁等方式，因此中美两国最终在进行 ISDS 条款谈判时都会采取这两种方式。虽然中美两国签署的 IIAs 对用尽当地救济的方式规定不同，但综合考虑中国双向投资大国的身份，规定用尽当地救济条款更符合中国的自身利益。鉴于美国曾出现过排斥 ICSID 仲裁管辖的态度和立场，规定用尽当地救济条款对于美国的立场而言虽然会有一定的排斥心理，但也是有可能实现的。其次，关于仲裁的前置条件。虽然中美两国各自签署的 IIAs 也不尽相同，但对于中美 BIT 谈判争议较大的仲裁管辖的范围，中国应注意保持其与中国签订的投资协定所规定的可仲裁事项的一致性，可脱离美国的 BIT 范本，将投资合同争议事项从可仲裁事项中删除在客观上是行得通的。同时为避免仲裁庭的扩大解释，还应明确表明最惠国待遇（MFN）条款不适用于争端解决条款。再次，关于仲裁的上诉机制和仲裁程序的透明度要求，中美两国在进行 BIT 谈判时可能会涉及。中国要谨慎评估仲裁上诉机制的设立和较高的透明度要求所导致的风险，提前做好上诉机制的规则设计和上诉机构成员的培养，尽快完善中国国内相关保密法律和政策。最后，面对 USMCA 中"毒丸条款"（poison pill clause）体现出来的对中国的封锁，中国应当更加坚定地维护全球多边经贸体制，在国际经济贸易与政治的格局和形势面前保持清醒的头脑和自信，利用自身优势，从多边、区域和双边层面妥善化解美国单边主义对中国的威胁和打压。

第三章论述 ISDS 机制的系统式改革。首先阐述系统式改革的缘起与发展及其改革者的主要观点；其次论述以欧盟为代表的系统式改革的主要内容，并对欧盟系统式改革进行评价；最后着重分析欧盟系统式改革对中国的影响与启示。系统式改革者虽然认为保留投资者直接在国际层面上索赔的权利是有好处的，但他们仍将投资者-国家仲裁视为一个处理此类索赔的有着严重缺陷的机制。他们支持更为显著的系统式改革。以欧盟为代表的系统式改革者认为 ISDS 机制威胁到主权国家通过立法实现合法公共政策目的的能力，因此提出建立 ICS。例如，CETA，欧盟委员会发布的 TTIP 投资保护与争端解决建议文本（以下简称"TTIP 建议文本"），欧盟与越南签署的 EVFTA 和 EVIPA，以及欧盟与新加坡签署的 EUSIPA 都规定了 ICS。2016 年修改的 CETA 以全新的 ICS 取代了 2014 年版本中的改良式投资仲裁机制。这是欧盟对 ISDS 机制司法化的最新尝试，在程序规则方面以法院机制为参照，建立包括上诉法庭的 ICS。CETA 建立的 ICS 并非是一个自给自足的机制，而是投资仲裁机制与投资法庭机制的混合。TTIP 建议文本的投资章节拟建立起一套类似于 WTO 争端解决机制的准司法化机制。CETA、EVFTA、EVIPA 和 EUSIPA

都纳入了调解机制。此外,欧盟与日本签署的JEEPA的投资章节旨在减少投资面临的歧视性障碍,它取消了传统上投资者可以因政策改变要求全额补偿的公平公正待遇条款和征收保护条款,其法律框架更像是典型的WTO架构。欧盟系统式改革模式虽然具有加强裁决的合法性与公正性、增强裁决一致性、提高程序的透明度和强化国家规制权等优点,但同时也存在上诉法庭机制规则设计不合理、法官选任机制不科学、程序的透明度规定不充分、东道国规制权模糊、多边争端解决条款不完善、法律适用和执行机制不健全等缺陷。欧盟系统式改革模式将对中欧BIT的谈判、中国与欧盟成员的BIT的重签、中国法律政策以及中国国内组织及其海外投资者带来重要影响。从欧盟成员与中国现有的BITs实践以及欧盟与发展中国家进行投资协定谈判坚持纳入ISDS机制的立场来看,欧盟极有可能在中欧BIT谈判中提出建立ICS的建议。中国可以参与ICS的规则设定,在以下几方面予以审慎考虑:其一,在中欧BIT谈判时应强调上诉法庭机制与先例制度的衔接适用;其二,应大力培养投资法庭的中国常设法官;其三,应谨慎评估高透明度所导致的风险,完善《中华人民共和国保守国家秘密法》;其四,明确东道国规制权条款,谨慎确定裁判范围;其五,应对ICS的多边化事先作出相应的具体制度设计,以消除ICS对中国及其海外投资者所带来的负面影响,使得未来的ISDS机制朝着符合中国利益的方向发展。

  第四章论述ISDS机制的范式改革。首先阐述范式改革的缘起与发展及其改革者的主要观点;其次论述以南非为代表的范式改革的主要内容,并对南非范式改革进行评价;最后着重分析南非范式改革对中国的影响与启示。范式改革者认为现行ISDS机制不可逆转的缺陷之处需要被全盘替代。他们反对投资者使用仲裁庭或国际法庭向国家提出国际索赔。他们采用了多种备选方案,如国内法院、政府巡查员和国家-国家仲裁。印度和南非坚持在用尽当地救济之前提下有限度地接受投资仲裁。现在只有南非制定了一种办法,即范式改革,将外国投资争端诉诸南非法律和法院,以保障其政府为其人民的目标服务的能力。早期南非签署的投资协定接受投资仲裁解决投资者与东道国之间的争端,但在晚近签订的经贸协定中基本没有ISDS条款,保留的仲裁条款多限于解决缔约国之间的争端。在经历了第一次以条约为基础的投资争端解决的失败后,南非寻求以国内立法保护以及在国内法院进行调解和争端解决来取代投资条约和投资者-国家仲裁。2015年出台的南非《促进和保护投资法案》(Promotion and Protection of Investment Bill)将成为保护南非外国投资的唯一基础。南非法院根据南非法律解决投资者与东道国之间的争端，类似于卡尔沃主义的情况和新自由国际经济秩序文件所支持的情况。南非范式改革对于保护其本国投资者和国家利益来说具有优势，但它仍存在三个有待解决的问题：其一，外国投资者在提起国内诉讼时，是否仍然能够依靠国际法的保护？其二，如果是这样，南非宪法作为国内法是否会取代国际法下的任何有关承诺？其三，南非改革ISDS机制的新做法是否符合国际法？因此，南非宪法和2015年《促进和保护投资法案》对上述问题的解决可能充满不确定性。中国与南非都属于金砖国家，但其投资仲裁立场存在差异，存在差异的主要原因在于两国的经济发展定位以及对国家主义的态度不同。中国已经步入全面接受国际投资仲裁管辖的时代，而南非坚持在用尽当地救济之前提下有限度地接受投资仲裁。中国与南非为了促进经济发展采取了诸多吸引外资的政策，但两国分处不同的地理区域，拥有不同的政治、经济、文化传统与法律制度，这不利于两国之间资本的相互流动，也导致了相互间的深层合作面临着挑战。在中国-南非BIT存在被终止或更新的可能时，明智的做法可能是，两国根据互惠原则，就保护投资者的一般原则达成协议。结合中国用尽当地救济的条约实践，虑及中国企业向金砖伙伴国家投资的潜力，不妨可从用尽当地救济的方式和时限着手来应对南非投资争端条款的新变化，同时也应考虑合理限制用尽当地救济的最长时间。

第五章论述ISDS机制的改革趋向。首先阐述最新IIAs中ISDS条款的改革；其次分析ISDS机制改革的多边化走向；最后论述ISDS机制多边化的中国应对之策。如今，国际资本快速流动，不论是在理论层面还是在实践层面，抑或是在国际立法和国内立法层面，都在探讨ISDS机制的改革问题及其未来的发展走向。2018年、2019年签署的新IIAs中ISDS条款的改革呈现出多边化趋势，但也面临着风险与挑战，各国应作出相应的政策选择。UNCITRAL第三工作组组织的对ISDS机制改革问题的探讨主要从程序方面进行，很多国家和政府间国际组织提交了关于ISDS机制可能改革方案的意见，其中多数意见支持多边化改革。学术界多数观点也支持ISDS机制的多边化改革。因此，ISDS机制的改革将来很有可能采取多边模式。囿于篇幅，本书仅对ISDS机制改革多边化趋势下的程序完善提出建议,即应从以下方面采取整体办法,进行系统完善:拟订《择入公约》,增进仲裁裁决的一致性和可预见性;提高仲裁员的资格要求;健全仲裁机构和仲裁员的选择机制;控制 ISDS 案件仲裁的费用和时间;引入程序透明度标准和法庭之友;明确规定第三方出资和反请求,以期解决 ISDS 机制的正当性危机。在 ISDS 机制改革的多边化趋势下,中国正处在国际投资规则变革的重大战略机遇期,根据本国国情,在与其他国家和政府间国际组织进行 ISDS 条款谈判时,宜采取半系统式的改革模式。该模式在中国具有必要性和可行性。实施该模式可采取如下总体路径:以可持续发展为目标,坚持投资者与东道国利益平衡原则,设立开放性的 ISDS 机制,从双边到区域到多边逐渐推进,以期更好地维护本国及其投资者的利益。

总之,国际投资法正面临着新旧 IIAs 的交替与革新,许多新缔结的 IIAs 以可持续发展为导向进行变革,在保护投资者权益的同时保留东道国的管制权,并致力于推动负责任的投资和改善 ISDS 机制。UNCITRAL 正组织各国和政府间国际组织探讨现行 ISDS 机制的可能改革,中国也积极参与其中。为促进与世界各国的经贸交流,中国应当顺应国际规则发展趋势,继续支持多边规则治理,作为双向投资大国,应在国际投资规则制定中争取话语权。

第一章
投资者与东道国争端解决机制的改革现状

ISDS 机制是诸多 IIAs[1]中采取的一种争端解决机制,为外国投资者提供进入国际仲裁庭以解决投资争端的权利。[2]其主要特征是,使用为解决投资者与东道国之间的争端而根据 UNCITRAL、ICSID 或者其他仲裁机构的仲裁规则而专门设立的仲裁庭。[3]自 1987 年首起基于条约的 ISDS 案件发生以来,截至 2019 年 12 月 31 日,ICSID 根据《华盛顿公约》和 ICSID 附加便利规则登记了 745 个案例。[4]这是由于投资者与东道国在国际法上地位不平等,在追求投资自由化与维护国家规制权的利益角逐下,国际投资争端[5]频发。因而,以大型跨国公司为主的利益相关者和以政府人士为主的主权维护者对

---

[1] IIAs 是指任何双边或多边条约,包括通常被称为自由贸易协定、经济一体化协定、贸易和投资框架或合作协定的任何条约或双边投资条约,其中载有关于保护投资或投资者的规定,以及投资者对该投资条约缔约方诉诸仲裁的权利。See Article 1, United Nations Convention on Transparency in Treaty-based Investor-State Arbitration, at https://uncitral.un.org/sites/uncitral.un.org/files/media-documents/uncitral/en/transparency-convention-e.pdf, Sep. 8, 2018.

[2] Australian Government Department of Foreign Affairs and Trade, Investor-state dispute settlement (ISDS), at https://dfat.gov.au/trade/investment/Pages/investor-state-dispute-settlement.aspx, Aug. 15, 2019.

[3] 《A/CN.9/917—争议解决领域今后可能开展的工作:投资人与国家间争议解决领域的改革》,第 5~6 页,载 https://undocs.org/zh/A/CN.9/917,最近访问日期:2019 年 8 月 10 日。

[4] The ICSID Caseload Statistics (2020-1 Edition), p.7, at https://icsid.worldbank.org/sites/default/files/publications/Caseload%20Statistics/en/The%20ICSID%20Caseload%20Statistics%20%202020-1%20Edition%29%20ENG.pdf, Nov. 7, 2020.

[5] 从广义上说,国际投资争端是指关于或涉及外国投资的所有形式的争端,主要包括三类:第一类争端是指国家与国家之间的争端;第二类争端是指国家与投资者之间的争端;第三类争端是指合营企业、共同开发或其他合资活动中不同投资合作方之间发生的投资争端。从狭义上说,国际投资争端仅指国家与投资者之间发生的争端,这一类投资争端最为复杂,也难以处理,一般由双边投资条约单独处理。参见单文华:《欧盟对华投资的法律框架:解构与建构》,蔡从燕译,北京大学出版社 2007 年版,第 188~189 页。除非另有说明,本书中国际投资争端是指投资者与东道国之间由于直接投资而产生的法律争端。这种争端在性质上属于混合争端,即争端的一方是作为私人的外国投资者,而另一方是行使公权力的国家。参见韩立余主编:《国际投资法》,中国人民大学出版社 2018 年版,第 192 页。

ISDS 机制的功能创新和制度改革一直呼声不断。多年来在 ISDS 方面发挥重要作用的 ICSID 是否应实施改革举措，近年来也引发理论界和实务界诸多关注。[1]诸多政府间国际组织正在探讨 ISDS 机制的改革，[2]各国政府在进行 IIAs 的谈判、签署、修改、废止时也多会涉及 ISDS 机制的改革问题，并在实践中出现了不同的改革模式。

第一节　投资者与东道国争端解决机制的改革背景

在国际贸易和投资中，投资者与东道国之间可能发生争端，解决国际投资争端的方式是多种多样的。以往，人们对强权国家使用武力保护海外投资及回收未偿还的贷款并不陌生。在很长一段时间，国际法将这种争端转换为国家-国家争端解决（SSDS）进行处理，主要通过外交保护途径解决。另外，还通过 WTO 仲裁等机制将投资者与东道国间争端转入到国家与国家间争端解决框架内进行。这两种解决方式的逻辑都是只承认国家在全球体系中的角色，投资者作为私人只能处于依附于国家的地位，不能作为独立的主体进入全球体系。[3]国际投资争端通常通过和平方式解决。这些和平方式包括法律方式（如仲裁与审判）和非法律方式（如谈判、调解及调停等）。[4]其中，ISDS 机制相较于 SSDS 机制的最主要优点是保护与促进外国投资，为投资者保护自身利益提供了机会和平台。[5]在许多国家投资法和 IIAs 中，此类条款涉及解决投资争端的两种或多种不同方法。这些方法包括争端各方之间的直接谈判，以期通过友好方式解决争端；诉诸通常在任何情况下对争端具有管辖权的地方法院或行政机构；以及在第三方协助下解决争端的包括调解和仲裁在内的其他方法。在这些不同的方法中，国家投资法和 IIAs 通常最重视仲裁，这反

---

〔1〕参见石静霞、马兰：《〈跨太平洋伙伴关系协定〉（TPP）投资章节核心规则解析》，载《国家行政学院学报》2016 年第 1 期，第 81 页。

〔2〕例如，PCA、ICSID、OECD、UNCTAD、欧盟等政府间国际组织都向 UNCITRAL 提交了关于 ISDS 机制改革的评论意见。

〔3〕参见高臻：《饱受争议的 ISDS 机制》，载《21 世纪经济报道》2015 年 11 月 5 日，第 4 版。

〔4〕参见单文华：《欧盟对华投资的法律框架：解构与建构》，蔡从燕译，北京大学出版社 2007 年版，第 189 页。

〔5〕参见廖凡：《投资者-国家争端解决机制的新发展》，载《江西社会科学》2017 年第 10 期，第 200 页。

第一章　投资者与东道国争端解决机制的改革现状

映了国际社会的立场，认为仲裁已成为争端各方无法通过直接谈判解决投资纠纷时的首选手段。[1]囿于篇幅，本书主要讨论 ISDS 法律方式中的仲裁。ISDS 机制基于《华盛顿公约》的生效[2]而确立，《华盛顿公约》的争端解决模式以仲裁为基础，[3]对通过非政治途径解决投资者与东道国之间的争端起到了重要作用，但由于 ICSID 仲裁本身固有的缺陷，导致了 ISDS 机制的正当性危机，ISDS 机制正面临着改革。

一、投资者与东道国争端解决的法律框架

现行 ISDS 机制从表面上看是由欧洲发达国家倡导推进产生的。20 世纪 70 年代，美国主导和签署的 BITs 中开始加入 ISDS 相关条款。随后，越来越多的 IIAs 开始效仿这一做法。随着 20 世纪 90 年代冷战的结束和全球化的发展，ISDS 机制得到了越来越多的应用。[4]现在除了以《华盛顿公约》为代表的多边投资规则以外，区域自由贸易协定[5]、区域投资协定[6]、双边自由贸易协定[7]的投资章节和双边投资协定[8]也纷纷确立起了自己的 ISDS 机制。[9]然而，委内瑞拉、厄瓜多尔和玻利维亚等极少数国家退出了《华盛顿公约》，还有少数国家未签署《华盛顿公约》，这些国家依据自己的国内法解决国际投资争端。因此，可以说，现在已建立起处理投资争端的法律框架，

---

[1] Antonio R. Parra, "Provisions on the Settlement of Investment Disputes in Modern Investment Laws, Bilateral Investment Treaties and Multilateral Instruments on Investment", *ICSID Review*, 12（1997）, p. 288.

[2] 《华盛顿公约》于 1966 年 10 月 14 日生效。迄今为止，《华盛顿公约》有 163 个签署方和缔约方，其中批准方有 154 个，签署方有 9 个，缔约方有 43 个，签名方有 47 个。See Database of ICSID Member States, https://icsid.worldbank.org/en/Pages/about/Database-of-Member-States.aspx, Sep. 14, 2019.

[3] 《A/CN.9/WG.III/WP.145—投资人与国家间争议解决领域可能的改革—欧洲联盟提交的意见书》，第 4 页，载 https://undocs.org/zh/A/CN.9/WG.III/WP.145，最后访问日期：2019 年 8 月 10 日。

[4] 参见高臻：《饱受争议的 ISDS 机制》，载《21 世纪经济报道》2015 年 11 月 5 日，第 4 版。

[5] 如《北美自由贸易协定》（NAFTA）。

[6] 例如，2009 年 8 月 15 日中国与东盟 10 国的经贸部长共同签署的《中华人民共和国政府与东南亚国家联盟成员国政府全面经济合作框架协议投资协议》（以下简称"中国-东盟投资协议"），其中包括缔约方和投资者之间争端的解决。

[7] 如《欧盟-加拿大全面经济贸易协定》（CETA）、《欧盟-越南自由贸易协定》（EVFTA）、《欧盟-新加坡自由贸易协定》（EUSFTA）。

[8] 如《中华人民共和国政府和南非共和国政府关于相互鼓励和保护投资协定》（以下简称"中国-南非 BIT"，1998 年 4 月 1 日生效）。

[9] 参见刘瑛：《投资者-东道国争端解决机制海外研究综述》，载《国外社会科学》2018 年第 6 期，第 13 页。

这不同于20世纪60年代中期,当时刚设立ICSID,投资仲裁框架还在形成当中。目前ISDS机制的法律框架主要包括IIAs、国际仲裁规则和国家投资法。

(一) IIAs中的ISDS规则

截至2019年年底,IIAs总数达到3284项,有效终止349项,其中至少有2654项IIAs生效。[1]这些多边投资协定、区域贸易和投资协定以及BITs的大多数都包含了ISDS规则。

1. ISDS多边规则

ISDS多边规则主要体现在《多边投资协定(草案)》(以下简称"MAI草案")、《华盛顿公约》、《毛里求斯公约》和《能源宪章条约》(ECT)等多边条约中。

MAI草案是由经合组织着手起草并组织谈判的一份协议。由于在20世纪90年代举行MAI谈判的时机并不成熟,因此,MAI谈判注定是一次失败的谈判,这也间接证明任何多边规则的制定都不会顺风顺水,WTO如此,MAI草案也如此。但每一次失败都是有意义的探索,能够为未来提供宝贵的借鉴经验。它作为目前为止世界上投资自由化程度最高、投资保护标准最高的国际协议文本,有以下创新之处:其一,规定了宽泛的投资定义、投资者定义和适用范围。其二,综合了目前国际投资争端解决的两种方式:SSDS机制和ISDS机制。[2]

《华盛顿公约》为ISDS仲裁程序提供了法律框架,主要的程序规定载于该公约第四章至第七章,其中规定的调解程序和仲裁程序是相互独立的,分别由调解委员会和仲裁庭进行。由于调解本身没有约束力,仲裁因此成为ICSID所提供的解决投资争端的最为有效的办法。ICSID作为实施《华盛顿公约》的常设性机构,主要负责为每一项争端所组建的独立的调解委员会和仲裁庭提供制度与程序框架。调解和仲裁在适用上没有特殊的规定,当事人可以只申请调解,或者先行调解后不成再申请仲裁,在选择争端解决方式上较为灵活。

《毛里求斯公约》适用于根据2014年4月1日之前缔结的投资条约进行

---

[1] The Changing IIA Landscape: New Treaties and Recent Policy Developments, p. 1, at https://unctad.org/system/files/official-document/diaepcbinf2020d4.pdf, Nov. 5, 2020.

[2] 参见叶兴平、王作辉、闫洪师:《多边国际投资立法:经验、现状与展望》,光明日报出版社2008年版,第95~97页。

的投资者与国家或地区经济一体化组织之间的仲裁。[1]该公约的影响虽然从实质上来看相当简单,即在缔约国均批准了该公约且未作保留的情况下,该公约适用于这些缔约国内的所有投资仲裁,包括 ICSID 规则下的投资仲裁。从程序角度来看,与《毛里求斯公约》最相关的经验是选择参加或决定退出程序。很多条约有其自身的透明度条款,但《毛里求斯公约》适用的程序,亦会补充 ICSID 仲裁规则关于透明度的规定。对于很多国家而言,无论是支持还是反对《毛里求斯公约》,该公约关于程序透明度的规定是值得关注的。

ECT 是目前能源领域唯一一个具有法律拘束力的能够同时覆盖投资保护和贸易的多边协定,[2]目前已有 55 个成员签署了 ECT。争端解决机制是 ECT 的基石,该条约第 26 条规定了缔约方与投资者间争端的解决程序,仲裁庭解决争议时都应适用 ECT 条约本身和可适用的国际法规则和原则。第 26 条将 ICSID 仲裁和国际商事仲裁这两种不同类型的仲裁提供给投资者选择。然而,对于同一投资,ICSID 仲裁和国际商事仲裁却不一定都会给予保护。在目前依 ECT 提起的 30 起案件中,绝大多数案件还是被提交到了 ICSID 审理。虽然 ICSID 对于投资的界定还存在不确定性,但 ICSID 仍然是 ECT 案件投资者所偏爱的机构。[3]

2. ISDS 区域规则

区域性投资贸易协定根据其 ISDS 规则的变化主要分为老一代和新一代。老一代区域性投资贸易协定主要以 NAFTA、TPP 为代表,而新一代区域性投资贸易协定主要是在老一代的基础上修改或重新签订,如 USMCA、CPTPP 等。

(1) 从 NAFTA 到 USMCA 的 ISDS 规则变化。NAFTA 是 20 世纪以来达成的诸多区域性投资贸易协定中最成功的典范。[4]在投资争端解决方面,NAFTA 第 11 章第一次用专章详细规定了 ISDS 机制。其创新之处在于:规定了两个发达国家间关于直接求偿的投资保护和每个求偿案件需成立由不同仲裁

---

[1] Article 1, United Nations Convention on Transparency in Treaty-Based Investor-State Arbitration, at https://uncitral.un.org/sites/uncitral.un.org/files/media-documents/uncitral/en/transparency-convention-e.pdf, Sep. 8, 2018.

[2] 参见白中红:《〈能源宪章条约〉争端解决机制研究》,武汉大学出版社 2012 年版,第 3 页。

[3] 参见白中红:《〈能源宪章条约〉争端解决机制研究》,武汉大学出版社 2012 年版,第 83 页。

[4] 参见王学东:《从〈北美自由贸易协定〉到〈美墨加协定〉:缘起、发展、争论与替代》,载《拉丁美洲研究》2019 年第 1 期,第 19 页。

员组成的临时仲裁庭。它还赋予投资者对东道国政府提出赔偿请求的最终决定权。例如，金属复合公司诉墨西哥合众国案（Metalclad Corporation v. United Mexican States）[1]是依据 NAFTA 引发的 ISDS 案件。[2]该案仲裁庭认为，墨西哥已经间接没收了金属复合公司的投资，却没有为对金属复合公司投资的没收提供补偿，违反了 NAFTA 第 1110 条（征收和补偿）。[3]故可以说 NAFTA 第 11 章具有突出贡献，其通过有影响的先例指导了投资者-国家争端解决法庭。[4]但由于其中的 ISDS 仲裁机制中引入了他方特别是国际组织的参与，导致 NAFTA 实际上背离了区域主义。

USMCA 是以 NAFTA 为基础修改制定的，最终签署的投资章节（第 14 章）对三国之间原有的 ISDS 规定进行了根本改变。美国与加拿大之间完全取消 ISDS 机制。加拿大与墨西哥之间则转而适用其他相关条约（如 CPTPP）所规定的 ISDS 机制。美国与墨西哥之间继续适用 ISDS 机制，但较之前受到重大限制：其一，允许提交仲裁的合格投资争端仅限于违反准入后国民待遇和最惠国待遇以及直接征收所导致的且无法通过磋商和谈判解决的争端。[5]其二，投资者的程序性权利都较以往更为受限：原告投资者须先向被告东道国的有管辖权的法院或行政法庭提起诉讼，并获得终审判决或自起诉之日起满 30 个月，才能提起 ISDS 仲裁。[6]由此可知，USMCA 偏离了 NAFTA 达成以来的发展趋势。[7]

（2）从 TPP 到 CPTPP 的 ISDS 规则变化。TPP 经过了美国等 12 个国家[8] 5 年的磋商，才终于在 2016 年达成文本。TPP 最终文本第 9 章第 B 节

---

[1] Metalclad Corporation v. United Mexican States, ICSID Case No. ARB (AF) /97/1, at https://icsid.worldbank.org/cases/case-database/case-detail? CaseNo=ARB (AF) /97/1, Nov. 5, 2020.

[2] Arturo B. Tamayo, "The New Federalism in Mexico and Foreign Economic Policy: An Alternative Two-Level Game Analysis of the Metalclad Case", *Latin American Politics and Society*, 43 (2001), pp. 67-90.

[3] Award (English) of Metalclad v. Mexico, p. 30, at https://www.italaw.com/sites/default/files/case-documents/ita0510.pdf, Jan. 10, 2019.

[4] Collins C. Ajibo, "The Role of Regional Courts in the Development of International Investment Law: The Case of NAFTA Chapter 11 Dispute Settlement Framework and EctHR", *Law and Development Review*, 11 (2018), p. 77.

[5] USMCA 附件 14-D，第 14.D.3 条。

[6] USMCA 附件 14-D，第 14.D.3（2）、14.D.5（1）条。

[7] 参见廖凡：《从〈美墨加协定〉看美式单边主义及其应对》，载《拉丁美洲研究》2019 年第 1 期，第 47~48 页。

[8] 这 12 个国家分别是美国、日本、加拿大、澳大利亚、新加坡、智利、新西兰、马来西亚、秘鲁、文莱、越南、墨西哥。参见《由 11 个国家签署 CPTPP 正式生效》，载 http://www.qbjrxs.com/news/2018/1231/60412.html，最后访问日期：2019 年 8 月 30 日。

规定了投资者与东道国争端解决。TPP 没有将投资争端解决类型分为绝大多数 BITs 中所分的 SSDS 与 ISDS 两种，而只规定了 ISDS。[1]TPP 第 9 章第 B 节规定了 ISDS 的方式，包括仲裁、协商谈判、斡旋、调停或调解等。[2]该章节规定了投资仲裁庭的组成、仲裁程序规则和听证程序：除非争议双方另有约定，仲裁庭应由三名仲裁员组成，其中一名仲裁员由争议双方各自指定，第三名仲裁员为首席仲裁员，由争议双方协议指定。[3]要求被申请人应在收到意向通知、仲裁通知、诉状和摘要、仲裁庭裁决等相关仲裁文件后立即将其发送给无争议的当事方，并向公众公开。法庭应进行公开听证。[4]TPP 第 9 章附件规定了投资仲裁依据的规则：索赔人可依据《华盛顿公约》、ICSID 仲裁规则、ICSID 附加便利规则、UNCITRAL 仲裁规则，或者争端双方达成一致的其他仲裁机构的仲裁规则提起仲裁。[5]

与 TPP 相比，CPTPP 在 ISDS 机制方面变化比较大。CPTPP 第 9 章（投资）允许成员方通过冻结条款[6]和换文或互惠协定等方式进一步限制可以提交投资仲裁的争端范围。具体而言，ISDS 条款在三个方面的规定有所收窄：其一，ISDS 不再适用于投资者保护；其二，与东道国政府签订合同的任何缔约国自然人投资者都不再能够通过 ISDS 向东道国政府提起诉讼；[7]其三，第 9 章不适用于当事方在第 11 章（金融服务）所涵盖的范围内采取或维持的措施。[8]CPTPP 这样的变化反映出全球范围内投资争端解决机制正处于大变革中。没有美国参与的 CPTPP 的成功签署也说明了国际投资立法已经由 21 世纪初的美国主导向多元化路径发展。

（3）其他区域性协定中 ISDS 规则的变化。2006 年美国同中美洲五国及多米尼加签署的《美国-多米尼加-中美洲自由贸易协定》（U.S.-Dominican

---

[1] 参见张正怡：《论晚近区域协定中投资争端解决机制的创新及其启示——以 TPP、TTIP、CETA 为例》，载《国际商务（对外经济贸易大学学报）》2018 年第 3 期，第 147 页。
[2] TPP 第 9.18、9.19 条。
[3] TPP 第 9.22 条。
[4] TPP 第 9.24 条。
[5] TPP 附件 9-L，第 9-L.A 条。
[6] 冻结条款主要涉及投资协定和投资授权。也就是说，与 CPTPP 第 9.1 条定义条款中"投资协议"和"投资授权"有关的条款均被暂停适用。
[7] CPTPP 第 9.1 条。
[8] CPTPP 第 9.3.3 条。

Republic-Central America Free Trade Agrument)生效,该协定第 20 章第 20.1 条强调用协商方式解决投资争端。[1] 在 2017 年签署的《南方共同市场内部投资便利化议定书》(The Intra-MERCOSUR Investment Protocol)取消了诉诸仲裁的做法,依赖该议定书的投资者必须通过国内司法途径或通过现有的国与国之间的争端解决办法来寻求赔偿。南美洲国家联盟试图建立投资争端解决中心,目的是建立调解和仲裁框架防止国际投资争端,以友好解决争端。拉丁美洲国家在投资争端案件中占很大数量,将启动设立国际投资法咨询中心,协助各国管理投资者与东道国间的争端并提供法律援助。[2]

3. BITs 中的 ISDS 规则

BITs 已成为规范外国直接投资的主要法律文书,BITs 的数量不断增加。截至 2020 年 11 月 7 日,全球共有 2901 个 BITs,其中生效的有 2342 个。[3]尽管 BITs 很受欢迎,但关于 BITs 中 ISDS 规定的作用的争论仍在继续。

(1)BITs 中国际投资争端解决的形式。大多数 BITs 包括两种形式的国际争端解决机制:SSDS 和 ISDS(表 1-1)。ISDS 条款在 BITs 中的作用备受争议。支持者认为 ISDS 条款是 BITs 的必要组成部分,因为它允许投资者使用独立于当地的财产权保护机制来维护其权利。相比之下,批评者们质疑,ISDS 条款的这些优势是否真的超过了与这些条款相关的政策自主权的丧失。实际上,一些国家甚至重新考虑了他们对 ISDS 机制的立场,并开始退出其包含有 ISDS 条款的 BITs。南非共和国便是一个突出的例子,[4]南非正逐步取消其已签署的含有 ISDS 条款的 BITs。

据表 1-1 可知,约 99% 的 BITs 包括 SSDS 和 ISDS 条款,约 71% 的 BITs 涵盖与投资有关的任何争议,约 91% 的 BITs 规定的同意仲裁是在争议发生之前作出的。关于现有的仲裁机构,可能有多种选择,约 64% 的 BITs 允许选择

―――――――――

[1] 参见胡洋:《〈美国-多米尼加-中美洲自由贸易协定〉若干法律问题研究——以"中美贸易"为视角》,载《牡丹江大学学报》2019 年第 7 期,第 84 页。

[2]《A/CN.9/WG.III/WP.160——多米尼加共和国政府提交的投资人与国家间争端解决制度改革闭会期间区域会议概要》,第 3 页,载 https://undocs.org/zh/A/CN.9/WG.III/WP.160,最后访问日期:2019 年 8 月 30 日。

[3] International Investment Agreements Navigator, at https://investmentpolicy.unctad.org/investment-dispute-settlement, Nov. 7, 2020.

[4] Michael Frenkel, Benedikt Walter, "Do Bilateral Investment Treaties Attract Foreign Direct Investment? The Role of International Dispute Settlement Provisions", *The World Economy*, 42 (2019), p.1316.

UNCITRAL，约85%的BITs允许选择ICSID，约63%的BITs允许选择东道国国内法院，只有约3.7%的BITs允许采取临时或过渡措施。[1]

表1-1 BITs中国际争端解决条款概述[2]

BIT规定的类型	BIT的个数
国家与国家间争端（SSDS）	
包括SSDS的BIT	2555
不包括SSDS的BIT	16
投资者与国家间争端（ISDS）	
包括ISDS的BIT	2555
不包括ISDS的BIT	16
索赔范围	
只包括条约争端	491
包括任何与投资有关的争端	1838
不能分类	242
同意仲裁	
逐案同意仲裁	242
规定事先同意	2329
仲裁机构：UNCITRAL	
条约允许争端提交到UNCITRAL	1633
条约不允许争端提交到UNCITRAL	938
仲裁机构：东道国国内法院	
条约允许争端提交到东道国国内法院	1614
条约不允许争端提交到东道国国内法院	957
规定的措施	

---

[1] Michael Frenkel, Benedikt Walter, "Do Bilateral Investment Treaties Attract Foreign Direct Investment? The Role of International Dispute Settlement Provisions", *The World Economy*, 42 (2019), p. 1322.

[2] Michael Frenkel, Benedikt Walter, "Do Bilateral Investment Treaties Attract Foreign Direct Investment? The Role of International Dispute Settlement Provisions", *The World Economy*, 42 (2019), p. 1322.

续表

BIT规定的类型	BIT的个数
允许采取临时措施	95
不允许采取临时措施	2476

注：表中编写的是2571个BITs的国际争端解决条款。

（2）BITs中ISDS仲裁条款的类型。许多BITs规定中立的仲裁作为解决外国投资争端的方法。BITs规定仲裁义务的条款有几种不同类型。最低级别的BITs仅指导当事人进行仲裁，以此作为解决外国投资交易引起的争端的一种方式。在这些条约中，只规定仲裁方式作为解决争端的方法，而不以任何方式规定争端任何一方强制提交仲裁的义务。最高级别的BITs使外国投资者有权单方面向ICSID仲裁院提起诉讼。最近，其他仲裁院也被用于投资仲裁。[1]BITs中存在此类条款是为确保对外国投资者的保护而采取的重要步骤，使外国投资者能够直接获得解决其与东道国之间可能发生的争端的中立机构。当然，不同条约没有统一的仲裁模式或仲裁承诺。许多ISDS条款的表面相似性具有欺骗性。[2]

Broches对BITs中的四种仲裁条款进行了区分。第一种类型仅表明争端"经双方同意后，应由ICSID提交仲裁"。在争端发生后，争端双方如果没有达成同意仲裁的协议，这样的条款并不构成对仲裁的同意。第二种类型要求"同意考虑ICSID的调解或仲裁请求"，并不构成同意，但根据Broches的说法，这可能意味着"不得无理拒绝同意的义务"。第三类条款要求东道国"同意国民要求调解或仲裁任何由投资产生的争端"，拒绝同意可能构成违反国际义务，但该条款本身并不构成ICSID的管辖权。第四类条款通过事先同意在ICSID建立管辖权，通常见于英国缔结的BITs。[3]自亚洲农产品有限公司诉斯里兰卡共和国［Asian Agricultural Products Ltd. (AAPL) v. Republic of Sri Lanka］案[4]

---

〔1〕 PCA和SCC是其他仲裁院。

〔2〕 M. Sornarajah, *The International Law on Foreign Investment*, Cambridge: Cambridge University Press, 2017, p. 254.

〔3〕 M. Sornarajah, *The International Law on Foreign Investment*, Cambridge: Cambridge University Press, 2017, p. 256.

〔4〕 AAPL v. Sri Lanka (ICSID Case No. ARB/87/3), at https://investmentpolicy.unctad.org/investment-dispute-settlement/country/198/sri-lanka, Aug. 8, 2019.

以来，有几起案件[1]的管辖权已由ICSID仲裁庭根据投资条约的规定行使。现在，ICSID已成为投资条约仲裁的常规机构，并因此大幅增加了ICSID仲裁的数量。这也表明，大部分BITs属于Broches提到的第四类。

（3）BITs中ISDS条款的作用与变化。BITs中更强有力的国际投资争端解决规定，确实与对外国直接投资活动的积极影响有关。国际投资争端解决规定确实在外国直接投资中起着至关重要的作用——增强BITs的效果。国际投资争端解决规定的规则越严格，投资者据此维护其权利的可能性越大，BITs在吸引外国直接投资方面的效力就越高。此外，似乎有一些证据表明，BITs的存在已经吸引了外国投资者。估计，BITs平均会使来自各自伙伴国的外国直接投资流入量增加21%。[2]

主要资本输出国的BITs通常分为第一代和第二代（即BIT1.0和BIT2.0）。前者往往对国家主权保护不足，对投资者的保护更大；而后者则对国家主权保护更久远，并在这两个保护目标之间取得更大的平衡。1994年阿根廷-美国BIT的例子是BIT1.0模式，而2004年和2012年的美国BIT范本是典型的BIT2.0模式。当然，并非所有国家都遵循相同的轨迹，中国就是一个例子。包括美国和中国在内的许多大国在最近的条约实践中都趋向于这种BIT2.0模式。[3]

从条约的制定来看，当今新的IIAs大都包括以可持续发展为导向的改革内容——维持监管权的同时继续给予保护、倡导负责任的投资并改进投资争端解决制度。通过对不同时期的BITs中ISDS的某些改革方案进行比较可知，新BITs采取的改革方案比旧BITs更多（表1-2）。

---

[1] AMT v. Zaire (ICSID Case No. ARB/93/1), at https://investmentpolicy.unctad.org/investment-dispute-settlement/country/56/congo-democratic-republic-of-the, Aug. 10, 2019; Československá Obchodni Banka v. Slovakia (ICSID Case No. ARB/97/4), at https://investmentpolicy.unctad.org/investment-dispute-settlement/country/191/slovakia, Aug. 10, 2019.

[2] Michael Frenkel, Benedikt Walter, "Do Bilateral Investment Treaties Attract Foreign Direct Investment? The Role of International Dispute Settlement Provisions", *The World Economy*, 42 (2019), p. 1335.

[3] Anthea Roberts, "Clash of Paradigms: Actors and Analogies Shaping the Investment Treaty System", *American Journal of International Law*, 107 (2013), p. 45.

表 1-2　IIAs 中列入的 ISDS 的某些方案——新旧 BITs 对比[1]

条约条款 ISDS 的某些方案	旧 BITs (1959—2010 年)(2432)	新 BITs (2011—2016 年)(110)
限制诉诸 ISDS 的条约条款，或者排除其中的政策领域	8%	29%
限制提交申请的期限	5%	40%

数据来源：联合国贸易和发展会议（UNCTAD），《国际投资协定测绘项目》。

(二) 国际仲裁规则

根据一些国际投资协定中设立的专门仲裁机构可知，ISDS 机制的具体运行平台有很多，如 ICSID、ICSID 附加便利仲裁[2]、PCA[3]、ICC、SCC、CRCICA、KLRCA 和 UNCITRAL 特设法庭等，其中最具代表性的是 ICSID。[4] 这些仲裁机构都设有自己的仲裁规则。下面主要介绍在 ISDS 案件中适用较多的 ICSID 和 UNCITRAL 的国际仲裁规则。

1. ICSID 仲裁规则与附加便利规则

ICSID 仲裁规则[5]和附加便利规则[6]修订后更重视仲裁员的独立性、允许非当事方参加听证会（除非任何一方当事方反对）和提高仲裁的透明度。例如，ICSID 仲裁规则第 6 条要求，仲裁员在第一次仲裁庭开庭前签署一份关

---

[1]《A/CN.9/918/Add.7—投资人与国家间争端解决框架—意见汇编》，第 13 页，载 https://undocs.org/zh/A/CN.9/918/Add.7，最后访问日期：2018 年 8 月 30 日。

[2] ICSID 附加便利仲裁创立于 1978 年。不满足《华盛顿公约》关于属人管辖权和属物管辖权要求的争端不能提交 ICSID 调解或仲裁；一些这样的争端可以根据附加便利规则解决，如果：①只有投资争端的一方是《华盛顿公约》的缔约方或其国民，②附加便利争端解决不是《华盛顿公约》下的争端解决，因此，该公约关于承认及执行的规则不适用；如果 ICSID 对争端有管辖权，则排除了附加便利规则争端解决。参见韩立余主编：《国际投资法》，中国人民大学出版社 2018 年版，第 201 页。

[3] 目前在 PCA 登记的有 3 个国家间诉讼案件，108 个投资者-国家仲裁案件，54 个涉及国家或其他公共实体的基于合同的案件，以及 2 个其他争端。See PCA, at https://pca-cpa.org/cn/cases/, Jun. 15, 2019.

[4] 韩立余主编：《国际投资法》，中国人民大学出版社 2018 年版，第 197 页。

[5] ICSID 仲裁规则自 1968 年 1 月 1 日起生效，经过了 3 次修改后，于 2006 年 4 月 10 日生效。See ICSID Convention Arbitration Rules, at https://icsid.worldbank.org/en/Pages/icsiddocs/ICSID-Convention-Arbitration-Rules.aspx, Aug. 30, 2019.

[6] ICSID 附加便利规则于 1978 年通过，不具有普遍约束力。它为《华盛顿公约》适用范围以外的某些争议提供仲裁、调解和事实调查服务，经过了两次修改后，于 2006 年 4 月 10 日生效。See ICSID Additional Facility Rules, at https://icsid.worldbank.org/en/Pages/icsiddocs/ICSID-Additional-Facility-Rules.aspx, Oct. 2, 2019.

于不得接受来自任何来源的关于诉讼程序的任何指示或赔偿和声明,声明还附有仲裁员过去和现在与当事人的专业、业务和其他关系(如有)的声明。ICSID 仲裁规则修改后,要求仲裁员签署的声明还包括可能引起对该仲裁员独立判断的可靠性产生怀疑的任何其他情况,扩大了仲裁员的披露要求,还延长了披露的时间。修改符合各方利益和对程序的良好管理,以便保证仲裁员独立判断的可靠性。对 ICSID 仲裁规则第 6 条的修正是朝着更透明的程序迈出的重要一步,ICSID 附加便利规则第 13 条第 2 款的相应规定也做了类似的修正。[1]在实践中,ICSID 最终负责确定要发表的案件摘录的内容,确保不包括有关各方的保密信息。[2]

ICSID 于 2016 年 10 月启动当前仲裁规则的修正进程,这标志着 ICSID 规则的第四次更新,是迄今为止最广泛的审查。总体目标是现代化和简化规则,同时还利用信息技术来减少 ICSID 程序的环境影响。

2. UNCITRAL 仲裁规则与透明度规则

UNCITRAL 仲裁规则于 1977 年由联合国第 31 次大会正式通过,适用于国家与私人间的投资争端仲裁、多方仲裁、第三人加入仲裁程序、仲裁员的指定、仲裁员责任的豁免、仲裁费用的控制等问题。[3]在 20 世纪 30 年代,PCA 第一次受理了私营实体对国家提起的仲裁,即美国广播公司诉中国案(Radio Corporation of America v. China)。[4]该案开创了 PCA 参与私人当事方与国家之间争端的先例。[5]UNCITRAL 仲裁规则在 2010 年修订之后进一步澄清,当事人可请求 PCA 秘书长直接担任指定机构,并确立了 PCA 在审查仲裁员费用方面的职责。[6]PCA 秘书长已根据 680 多项指派指定机构或担任指定机构的请

---

[1] Aurélia Antonietti, "The 2006 Amendments to the ICSID Rules and Regulations and the Additional Facility Rules", *ICSID Review — Foreign Investment Law Journal*, 21 (2006), p. 431.

[2] Aurélia Antonietti, "The 2006 Amendments to the ICSID Rules and Regulations and the Additional Facility Rules", *ICSID Review — Foreign Investment Law Journal*, 21 (2006), p. 442.

[3] UNCITRAL Arbitration Rules (1976), at https://uncitral.un.org/sites/uncitral.un.org/files/media-documents/uncitral/en/arb-rules.pdf, Jun. 14, 2019.

[4] Radio Corporation of America v. China (PCA, 1934-01), at https://pca-cpa.org/cn/cases/16/, Jan. 10, 2019.

[5] 《A/CN.9/WG.III/WP.143—投资人与国家间争议解决领域可能的改革—国际政府间国际组织的评论意见》,第 6 页,载 https://undocs.org/en/A/CN.9/WG.III/WP.143,最后访问日期:2019 年 8 月 30 日。

[6] UNCITRAL Arbitration Rule (as revised in 2010), at https://uncitral.un.org/sites/uncitral.un.org/files/media-documents/uncitral/en/arb-rules-revised-2010-e.pdf, Sep. 10, 2018.

求采取了行动。PCA 收到的指定机构请求几乎有 40% 涉及基于条约的投资仲裁程序。此类请求一般涉及仲裁员的指定或者要求仲裁员回避的决定。三个机构（即国际清算银行仲裁庭、厄立特里亚-埃塞俄比亚索赔委员会和伊朗-美国索赔法庭）都采用了 UNCITRAL 仲裁规则的程序规则，从而证明该规则成为常设法庭或混合机制的程序框架的潜在可能性。[1]

2013 年通过的《UNCITRAL 投资者与国家间基于条约仲裁透明度规则》（以下简称"UNCITRAL 透明度规则"）[2]是一套程序规则，确保透明地进行投资者与东道国间基于条约的仲裁。UNCITRAL 透明度规则已被纳入 2014 年 4 月 1 日以后订立的许多投资条约。此外，一些投资条约为其条款中的仲裁程序引入了透明度要素。透明度是每个国家在谈判投资条约时或在具体案件中作为被申请国应予考虑的问题。[3]

（三）国内相关立法中的 ISDS 规则

对许多发展中国家和转型期国家来说，投资法是外国投资国内监管框架的核心。UNCTAD 投资法导航仪显示，至少有 109 个国家有这样的法律。所有这些国家几乎都是发展中国家（91 个）或转型期经济体（13 个），而在发达国家，外国直接投资的关键条款可以在各种其他法律中找到。在投资法中，64%（71 部法律）适用于外国和国内投资者，而其他法律只针对外国投资者（40 部）。亚洲国家更有可能制定外国投资法，而非洲大多数国家已经制定了涵盖外国和国内投资者的投资法。大多数现行的投资法都是在 1989 年以后通过的，特别是在 20 世纪 90 年代（冷战结束后），许多国家（39 个）接受了新的投资法。[4]

ISDS 条款不太常见但仍然存在于国家投资法中。据统计，在 111 部国家投资法中有 66 部规定了 ISDS 条款（约占 59%）（66 部法律中只有 24 部规定

---

〔1〕《A/CN. 9/WG. III/WP. 143—投资人与国家间争议解决领域可能的改革—国际政府间国际组织的评论意见》，第 6 页，载 https://undocs. org/en/A/CN. 9/WG. III/WP. 143，最后访问日期：2019 年 8 月 30 日。

〔2〕UNCITRAL Rules on Transparency in Treaty-based Investor-State Arbitration, at https://uncitral. un. org/sites/uncitral. un. org/files/media-documents/uncitral/en/rules-on-transparency-e. pdf, Sep. 10, 2018.

〔3〕《A/CN. 9/930/Rev. 1—第三工作组（投资人与国家间争议解决制度改革）第三十四届会议工作报告第一部分》，第 12 页，载 https://undocs. org/zh/A/CN. 9/930/Rev. 1，最后访问日期：2019 年 8 月 10 日。

〔4〕World Investment Report, 2018, p. 106, at https://unctad. org/en/PublicationsLibrary/wir2018_ en. pdf, Aug. 20, 2019.

了预先同意），77%的非洲国家法律中包含 ISDS 条款，70%的转型国家的法律中有 ISDS 条款。[1]加入《华盛顿公约》的国家的国内投资法一般没有明确规定 ISDS 条款，也不与 ISDS 机制相冲突。例如，《中华人民共和国仲裁法》没有 ISDS 条款；《中华人民共和国外商投资法》虽然没有 ISDS 条款，但确立了与中国签署的 BITs 和 FTAs 一样的适用于国际贸易和投资领域的透明度原则。[2]没有加入《华盛顿公约》的一些国家在国内法中规定了 ISDS 条款。例如，南非于 2015 年颁布的《促进和保护投资法案》将投资保护纳入南非宪法的目标和南非法院的诉讼程序。[3]根据该法，外国投资者的争端将由当地法院处理。

（四）IIAs 与国家投资法律机制之间的差异

各国的投资政策制度通常既有国家层面，也有国际层面。虽然各国投资政策在国家层面和国际层面经常存在有意的分歧，但从可持续发展的角度来看，它们应以最大化协同作用的方式相互作用。塑造这种互动需要对所涉法律文件的不同目标、功能和性质有充分的了解。各国努力创造可持续发展导向的投资政策体制相互支持的关键任务是，加强国家和国际投资决策者之间的合作，改善互动并确保两个政策制度之间的相互促进（包括确定可从一个政策制度转移到另一个政策制度的经验教训）。

在评估促进国家和国际政策层面之间协同增效的最佳方法时，重要的是要认识到关键的结构和背景差异。这些差异主要涉及：国家和国际两种政策制度的背景和性质、总体目的和范围、发展过程和演变。IIAs 被认为是管理外国投资的主要国际文件，它们在相对明确的范围内运作。国家投资法律机制包括许多与投资有关的法律，其中国家投资法是一个重要因素。国家投资法律机制很复杂，因国家而异。然而，虽然各国国家投资法律机制的范围和内容存在显著差异，但它们之间的某些特征相对一致，有些特征包含类似于

---

〔1〕 World Investment Report, 2018, p. 107, at https://unctad.org/en/PublicationsLibrary/wir2018_en.pdf, Aug. 20, 2019.

〔2〕 陈咏梅、何圳申：《中国外商投资法的变革及其与国际协定的协调》，载《国际商务研究》2019 年第 6 期，第 51、54 页。

〔3〕 M. Sornarajah, "The Unworkability of 'Balanced Treaties' and the Importance of Diversity of Approach Among the BRICS", *American Journal of International Law*, 112（2018），p. 226.

IIAs 的规定（表 1-3）。[1]

表 1-3　国际投资协议和国家投资法律机制：结构和背景差异[2]

不同之处	国际投资协议	国家投资法律机制
背景和性质	由 BITs 和 TIPs[3] 组成，被认为是管理外国投资的主要国际文件。	由广泛的投资相关法律、法规和政策体系组成；可能将国家投资法作为投资政策框架的重要组成部分。
目的和范围	向特定母国的外国投资者提供（实质性和程序性）保护，这可能超出国内水平。	涵盖来自任何国家的外国投资者，也可能涵盖国内投资者；可以提供保护，但也可以包括其他要素，如促进、便利、准入、自由化或监管。
发展过程	作为国际谈判过程的结果而采用，这通常涉及商谈能力。	一个国家相对自主地采用，并依赖于内部政治和立法程序。
以可持续发展目标为导向的演变	就以可持续发展为导向的 IIAs 改革进行全球辩论；展示许多国家对 IIAs 的改革方式（基于 UNCTAD 一揽子改革方案）。	以可持续发展目标为导向的政策改革的一些核心要素（如环境法）；其他因素（如国家投资法）较少受到可持续发展目标的影响。

资料来源：UNCTAD。

二、投资者与东道国争端解决的程序缺陷

ISDS 案件中的被申请国不仅包括那些被认为法律制度有问题、司法机构也许不那么独立的国家，还包括发达国家。一些仲裁庭对东道国政府的内部政策及其立法的有效性作出了裁决，包括在有关国家的国内法院没有管辖权

---

〔1〕 World Investment Report 2018, pp. 105-106, at https://unctad.org/en/PublicationsLibrary/wir2018_en.pdf, Aug. 20, 2019.

〔2〕 World Investment Report 2018, p. 105, at https://unctad.org/en/PublicationsLibrary/wir2018_en.pdf, Aug. 20, 2019.

〔3〕 根据 UNCTAD 的界定，TIPs 指除 BIT 之外的包含投资保护、投资促进或投资合作规则的国际协定。TIPs 包括自由贸易协定、经济伙伴关系协定和贸易与投资框架协定等，且缔约方可为两个以上。See UNCTAD, *World Investment Report 2016: Investor Nationality: Policy Challenges*, United Nations Publication, 2016, p. 102.

或将被迫考虑政府宪法义务的情况下。[1]仲裁庭对东道国监管权的过度干预最近招致世界各地越来越多的强烈批评。[2]仲裁庭对投资条约条款的扩大解释、裁定过高的损害赔偿额以及仲裁员所谓的偏见,招致了委内瑞拉、厄瓜多尔、玻利维亚和南非等国家对投资者-国家仲裁的强烈反对。[3]

学者们也对投资者-国家仲裁提出了批评。有学者认为投资者-国家仲裁会产生"寒蝉效应"。[4]有学者指出,ISDS条款中多数规定了"岔路口条款",但投资者"去当地化"的倾向使他们普遍选择国际争端解决机构,而国际争端解决机构的选择却使国家政策的制定落入几个国际仲裁员的手中,从而导致这一机制缺乏政治上的正当性。[5]有学者认为ICSID对发展中国家持有偏见。[6]还有学者指出,投资仲裁是一个"不公平、不独立且不平衡的方法",因此不应当信赖这一方法。[7]学者们还认为,ISDS机制存在仲裁缺乏透明度、仲裁裁决缺乏一致性[8]以及仲裁员存在职业利益冲突[9]等问题。此外,律师事务所、仲裁员和金融家在国际投资仲裁中的逐利行为更受到了揭露和批判。但是归根结底,受到质疑的是授予投资者挑战主权国家采取投资措施的权利及投资争端解决仲裁的正当性。

受UNCITRAL委托研究的国际争端解决中心(CIDS)报告提出,当前的

---

[1] Engela C. Schlemmer, "Dispute Settlement in Investment-Related Matters: South Africa and the BRICS", *The American Journal of International Law*, 112 (2018), p. 213.

[2] 《A/CN. 9/917——争议解决领域今后可能开展的工作:投资人与国家间争议解决领域的改革》,第4页,载https://undocs.org/zh/A/CN.9/917,最后访问日期:2019年8月10日。

[3] M. Sornarajah, *The International Law on Foreign Investment*, Cambridge: Cambridge University Press, 2017, p. 257.

[4] Kyla Tienhaara, "Regulatory Chill and the Threat of Arbitration: A View from Political Science", in Chester Brown and Kate Miles (eds.), *Evolution in Investment Treaty Law and Arbitration*, Cambridge: Cambridge University Press, 2011, p. 606.

[5] Gus Van Harten, *Investment Treaty Arbitration and Public Law*, Oxford: Oxford University Press, 2007, p. 146.

[6] Christian Tietje et al., "Once and Forever? The Legal Effects of a Denunciation of ICSID", *Transnational Dispute Management*, 6 (2008), p. 5.

[7] Gus Van Harten et al., "Public Statement on the International Investment Regime", August 31, 2010, at http://tinyurl.com/37b2ktl. 转引自韩立余主编:《国际投资法》,中国人民大学出版社2018年版,第202页。

[8] Michael Waibel, "Two World of Necessity in ICSID Arbitration: CMS and LG&E", *Leiden Journal of International Law*, 20 (2007), p. 637.

[9] 即在此案中做仲裁员而在其他未决案件中做律师。See Philippe Sands, "Conflict and Conflicts in Investment Treaty Arbitration: Ethical Standards for Counsel", in Chester Brown and Kate Miles (eds.), *Evolution in Investment Treaty Law and Arbitration*, Cambridge: Cambridge University Press, 2011, p. 19.

国际投资仲裁体系遭遇的批评主要体现在五个方面。[1] OCED 的研究报告归纳得更细致一些，认为争议存在于七个方面。[2] 一般来说，ICSID 仲裁机制的程序缺陷主要表现在以下几个方面：以审理某一特定案件所组成的仲裁庭（又称"特设仲裁庭"）所作决定为基础的制度缺乏一致性和纠错机制；指定仲裁员的方法及其对仲裁员独立性和公正性的影响；仲裁的费用和时间成本高；程序缺乏透明度；第三方出资问题。[3]

（一）仲裁裁决缺乏一致性与可预见性

造成现有 ISDS 案件裁决缺乏一致性与可预见性的原因是多方面的。

首先，目前基础投资条约的分散性以及投资者与东道国仲裁的临时性使各个仲裁庭被赋予解释投资条约的任务，而临时仲裁庭并非总是以一致的方式适用关于条约解释的国际规则和习惯国际法，这造成仲裁结果缺乏一致性和可预见性。仲裁庭制定的特设章程，也有可能会影响仲裁结果，因为仲裁员会重复参与，或者试图重复参与，故需要一个每次发生争端都要任命新仲裁员的制度。现行投资仲裁规则主要提供的是临时仲裁庭的仲裁程序，不同案件可能由不同的仲裁员进行审理，一裁终局，投资、投资者、最惠国待遇是否延伸适用至争端解决事项等重要问题在不同案件中存在明显乃至根本性分歧。[4] 目前仲裁庭在几乎所有的这些重要法律问题上都存在完全对立的裁定。[5] 根

---

[1] 这五个方面为：仲裁员指定（独立性和公正性担忧）、缺乏一致性、缺乏纠错机制、期限和成本以及透明度。参见北辞：《对 UNCITRAL 投资仲裁规则改革的展望》，载 https://mp.weixin.qq.com/s/5hd4MufJMrocTT7KDCDgVQ，最后访问日期：2019 年 8 月 20 日。

[2] 这七个方面为：成本、违反投资协定的救济（现金和临时措施等）、仲裁裁决的执行、第三方资助、仲裁员指定、滥用条约（滥用诉讼平台）、缺乏一致性。参见北辞：《对 UNCITRAL 投资仲裁规则改革的展望》，载 https://mp.weixin.qq.com/s/5hd4MufJMrocTT7KDCDgVQ，最后访问日期：2019 年 8 月 20 日。

[3] 《A/CN.9/917——争议解决领域今后可能开展的工作：投资人与国家间争议解决领域的改革》，第 4 页，载 https://undocs.org/zh/A/CN.9/917，最后访问日期：2019 年 8 月 10 日。

[4] 例如，在 Fedax N. V v. The Republic of Venezuela 案和 CSOB. v. Slovakia 案等案件中对投资定义采用扩张解释方式，而在 Salini v. Morocc 案和 Joy Mining v. Egypt 案等案件中对投资定义采取限制解释方式。See FEDAX v. Venezuela (ICSID Case No. ARB/96/3), at https://investmentpolicy.unctad.org/investment-dispute-settlement/cases/11/fedax-v-venezuela, Feb. 28, 2019; CSOB. v. Slovakia (ICSID Case No. ARB/97/4), at https://investmentpolicy.unctad.org/investment-dispute-settlement/cases/15/csob-v-slovakia, Feb. 28, 2019; Salini v. Morocco (ICSID Case No. ARB/00/4), at https://investmentpolicy.unctad.org/investment-dispute-settlement/cases/50/salini-v-morocco, Feb. 28, 2019; Joy Mining v. Egypt (ICSID Case No. ARB/03/11), at https://investmentpolicy.unctad.org/investment-dispute-settlement/cases/135/joy-mining-v-egypt, Feb. 28, 2019.

[5] 北辞：《对 UNCITRAL 投资仲裁规则改革的展望》，载 https://mp.weixin.qq.com/s/5hd4MufJMrocTT7KDCDgVQ，最后访问日期：2019 年 8 月 20 日。

据 UNCITRAL 仲裁规则，当事方可以依据仲裁地的国内法将投资仲裁裁决诉诸国内法院，但由于仲裁地法院与国际仲裁庭在准据法、条约和法律解释、证据等方面适用不同规则，仲裁地法院的判决往往引起很多争议。部分仲裁庭明确表示，协调以往和今后仲裁裁决的一致性不是仲裁庭的职责。仲裁结果的不确定性已经严重影响了当事方的预期，显然不能满足实现国际投资法治的要求。[1]

其次，现行 ISDS 机制没有上诉机制和先例制度，也导致仲裁裁决缺乏一致性与可预见性。根据《华盛顿公约》，专设撤销委员会的审查范围局限于特定事项，谈判历史表明，缔约各方不认为撤销委员会是上诉机制。由于现行 ICSID 仲裁机制没有上诉机制允许对裁决的实质内容提出质疑，尽管可以诉诸仲裁地法院或 ICSID 内设撤销裁决机制撤销整个裁决，但当仲裁裁决不合理而又不构成法律适用错误或滥用程序时，无法进行部分纠正。加之投资仲裁实体规则缺乏确定性，无法保障不同仲裁庭对投资协定的适用能够保持一致。[2] ICSID 曾对涉及 1991 年美国-阿根廷 BIT 的五个案件作出了不同的裁决。[3] 大多数 BITs 规定，仲裁裁决是终局的，对争端各方具有约束力，必须由有关国家迅速执行。这意味着，仲裁裁决将被根据适用于解决争议的仲裁规则进行有限审查，由于程序的缺陷，无法提起上诉。因此，我们冒着必须执行异常裁决的风险，并且不可能形成一致的判例。这种判例的冲突是法律标准上的冲突，而不是条文差异导致的不同结果。

---

[1] 《ACN.9/WG.III/WP.177—中国政府提交的意见书》，第 2~3 页，载 https://uncitral.un.org/sites/uncitral.un.org/files/wp177c.pdf，最后访问日期：2019 年 8 月 10 日。

[2] 孙英哲：《新一代国际投资协定 ISDS 改革研究》，对外经济贸易大学 2018 年博士学位论文，第 33 页。

[3] 这五个案件分别为：CMS v. Argentina (ICSID Case No. ARB/01/8), at https://investmentpolicy.unctad.org/investment-dispute-settlement/cases/68/cms-v-argentina, Feb. 28, 2019; Sempra v. Argentina (ICSID Case ARB/02/16), at https://investmentpolicy.unctad.org/investment-dispute-settlement/cases/88/sempra-v-argentina, Feb. 28, 2019; Enron v. Argentina (ICSID Case No. ARB/01/03), at https://investmentpolicy.unctad.org/investment-dispute-settlement/cases/71/enron-v-argentina, Feb. 28, 2019; LG&E v. Argentina (ICSID Case No. ARB/02/1), at https://investmentpolicy.unctad.org/investment-dispute-settlement/cases/93/lg-e-v-argentina, Feb. 28, 2019; Continental v. Argentina (ICSID Case No. ARB/03/9), at https://investmentpolicy.unctad.org/investment-dispute-settlement/cases/117/continental-casualty-v-argentina, Feb. 28, 2019. 前三个裁决均否认阿根廷援引危急情况作为其暂时背离 BIT 项下义务的正当性，后两个案件仲裁庭则肯定了阿根廷采取措施的合法性，并免除了其巨额赔偿责任。

(二) 仲裁员欠缺公正性与独立性

引起仲裁员公正性与独立性缺失的原因有很多。

首先，仲裁员的公法专业知识缺乏。现有投资仲裁体系借鉴了商事仲裁的实践经验，仲裁员指定过程未能充分反映投资仲裁所需要的国际公法专业要求，而且投资仲裁的仲裁员和律师局限于少数专家。[1] 由于投资仲裁源于商事仲裁，这使得仲裁员所获得的经验会集中在和私法纠纷有关的商事仲裁领域，而非国际公法争端领域。这些仲裁员对国际公法（投资条约自然是国际公法领域）与公法等专业知识都不熟悉。案件一般会涉及国家主权的行为能力，但仲裁员缺乏对东道国公共利益的考量和对国家主权的关照。因此，仲裁员在许多情况下可能不足以处理这种投资仲裁案件的复杂性。

其次，仲裁员的兼职行为和易受投资者或东道国的影响，导致仲裁员缺乏自身的独立性。ISDS 仲裁员通常具有多重身份，在不同案件中可能会分别担任律师和仲裁员，甚至同时在不同案件中分别接受东道国或投资者的指定。当进行仲裁时，并不会事先挑选仲裁员，而是在事后（即发生争议时）挑选，这意味着投资者和被诉国在决定仲裁员时，可以更好地为自己的利益服务。[2] 这导致双方会集中关注在已为公众所知的仲裁员身上，而且这些仲裁员被认为会偏向其中一方（被视为偏向投资者或对国家较友善）。这也是争端当事人对此状况会有的自然反应，因为这是在当时情况下最安全的选择。[3] 这就导致仲裁员与律师身份重叠的情形，可能存在利益冲突。因此，被指定的仲裁员难以脱离投资者或东道国的影响而保持自身的独立性。被指定的仲裁员偏向指定方是投资仲裁里广受诟病的潜规则，95%的仲裁庭异议都是败诉方指定的仲裁员撰写的。[4]

此外，当前的投资仲裁机制缺乏关于仲裁员的行为守则、资质要求和惩

---

[1] 《ACN. 9/WG. III/WP. 177—中国政府提交的意见书》，第3页，载 https://uncitral.un.org/sites/uncitral.un.org/files/wp177c.pdf，最后访问日期：2019年8月10日。

[2] 《A/CN. 9/WG. III/WP. 145—投资人与国家间争议解决领域可能的改革—欧洲联盟提交的意见书》，第8页，载 https://undocs.org/zh/A/CN.9/WG.III/WP.145，最后访问日期：2019年8月10日。

[3] Anthea Roberts, "Power and Persuasion in Investment Treaty Interpretation: The Dual Role of States", *The American Journal of International Law*, 104 (2010), p. 179.

[4] 北辞：《灯塔的阴影——Loewen v. United States 投资仲裁案评论》，载 https://mp.weixin.qq.com/s/rNTcQ5Au25c0BuXv-nsVtw，最后访问日期：2018年8月19日。

戒机制，加之仲裁员和仲裁机构的指定程序不够透明，仲裁员回避制度不够合理，所以仲裁员的客观性和公正性受到质疑。

（三）仲裁机构与仲裁员的选择存在弊端

现行 ISDS 机制对仲裁机构和仲裁员的选定存在问题。

首先，由于 ISDS 机制实行特设任命制度，每个投资者都可以自由选择国际仲裁机构，并且在大多数协议中，没有规定合并仲裁机构可能受理和已经受理的相关案件，出现多个仲裁程序（阿根廷的情况[1]）和对同一政府措施作出相互冲突的裁决（捷克案件[2]）。这导致对同一规则缺乏统一解释，并使政府在遵守其条约义务方面产生不确定性。

其次，ISDS 的特设任命制度也会影响仲裁员来源的地区和性别的多样性。目前整个国际投资仲裁大概由 100 多个专家所主导，他们来自 20 个左右的律所、3~4 个仲裁管理机构、部分研究院所和若干国家政府。该体系的长处是总体上逐渐形成了一个自治的精英群体，优秀的律师或仲裁员一案成名，容易脱颖而出。不过坏处也不少，尽管多数情况下没有明显的利益冲突，但事项冲突和司法激进比比皆是，律师和仲裁员身份来回切换。根据马尔科姆·兰福德（Malcolm Langford）等人的统计（2017 年），参与投资仲裁最多的前 25 名仲裁员审理了半数多投资争端，前 25 名律师代理了半数多投资争端，前 25 名或作为仲裁员或作为律师的专家参与了半数以上投资争端，而且这些人几乎均来自美欧（南美人即便包括墨西哥人和阿根廷应诉官员共 6 人，非洲和亚洲均为 0 人）。总之，投资仲裁就是个美欧的熟人社会。[3]此外，仲裁员缺乏语言、性别、地域等方面的多样性，这也导致可供争端双方选择的仲裁员

---

[1] 阿根廷政府于 2001 年 12 月采取紧急措施挽救经济，包括比索贬值，导致受影响的外国投资者依据 BITs 提起大量案件。例如，在 ICS v. Argentina（I）（PCA Case No. 2010-9）案中，申请人英国的 ICS 检验控制服务有限公司败诉后，又于 2015 年再起仲裁，即 ICS v. Argentina（II）。ICS v. Argentina（II）案的仲裁程序目前正在进行中。See Argentina, Cases as Respondent State, at https://investmentpolicy.unctad.org/investment-dispute-settlement/country/8/argentina, Jan. 10, 2019.

[2] 在 20 世纪 90 年代后期，外国投资者对捷克共和国提起了两次 UNCITRAL 仲裁，都对同一项捷克政府措施提出了质疑，一次由大股东 Lauder 提起（即 Lauder v. Czech Republic），另一次由受该政府措施影响的 CME 公司提起（即 CME v. Czech Republic）。前案的仲裁庭完全为政府辩护，后案的仲裁庭认为该政府措施违反了荷兰-捷克 BIT 中的各种规定，并下令赔偿。See Czechia, Cases as Respondent State, at https://investment.policy.unctad.org/investment-dispute-settlement/country/55/czechia, Jan. 10, 2019.

[3] 北辞：《对 UNCITRAL 投资仲裁规则改革的展望》，载 https://mp.weixin.qq.com/s/5hd4MufJMrocTT7KDCDgVQ，最后访问日期：2019 年 8 月 20 日。

名单受到限制。

(四) 仲裁的费用和时间成本过高

一般认为,仲裁是快速解决争端的手段,有利于降低争端双方的开支。但实际上仲裁的费用和时间成本都是很高的。

首先,仲裁费用高。选拔和任命仲裁员需要成本。争端双方还要负担仲裁员的费用与仲裁机构的费用。在聘请专业仲裁员方面还特别贵,加上程序本身的冗长本质,使得现有ISDS机制下的许多中小型投资者,无法诉诸赔偿。[1]昂贵的仲裁员服务费和其他诉讼费也是小国与发展中国家的沉重负担。[2]最新数据显示,仲裁当事方的法律服务成本合计平均超过1100万美元,给争端当事方造成沉重负担。[3]昂贵的程序也带来一定的风险。[4]投资者在裁决中的巨额赔偿要求可能给国家带来难以承受的经济负担。一些仲裁庭判决的损害赔偿额超过了一些国家的国内生产总值,仲裁裁决东道国赔付数亿甚至数十亿美元的案件屡见不鲜。[5]这对于小国和发展中国家来说可能无异于灭顶之灾。

其次,仲裁程序的时间成本高。在程序时限方面,投资仲裁案件平均审理时限为3~4年。例如,《华盛顿公约》项下的撤销程序平均时限接近2年,解决争端平均耗时3~4年,临时仲裁则耗时更久。冗长的程序使得当事方需要投入大量资源。而调解等替代性争端解决措施使用较少,未能充分发挥其提高效率、降低成本的作用。[6]总之,昂贵的仲裁费用和时间成本给东道国

---

[1]《A/CN. 9/WG. III/WP. 145—投资人与国家间争议解决领域可能的改革—欧洲联盟提交的意见书》,第8页,载 https://undocs.org/zh/A/CN. 9/WG. III/WP. 145,最后访问日期:2019年8月10日。

[2] 例如,在 Lauder v. Czech Republic 案中,捷克政府被判赔偿2.7亿美元外加相关利息,而捷克政府为此案支付的仲裁员服务费就高达1000多万美元。阿根廷要应对外国投资者近年来提起的30多起仲裁案件,所需费用是巨大的。参见余劲松、詹晓宁:《论投资者与东道国间争端解决机制及其影响》,载《中国法学》2005年第5期,第176页。

[3]《ACN. 9/WG. III/WP. 177—中国政府提交的意见书》,第3页,载 https://uncitral. un. org/sites/uncitral. un. org/files/wp177c. pdf,最后访问日期:2019年8月10日。

[4] Romain Pardo, "ISDS and TTIP—A Miracle Cure for a Systemic Challenge?", *European Policy Centre Policy Brief*, Jul. 14, 2014.

[5] 例如,2011年 Al-Kharafi 在起诉利比亚的案件中获得了9.35亿美元的赔偿金,这是历史上第二高的赔偿金额。See Al-Kharafi v. Libya and others, at https://investmentpolicy. unctad. org/investment-dispute-settlement/cases/408/al-kharafi-v-libya-and-others, Jan. 10, 2019. 该案仅次于2012年的 Occidental 诉厄瓜多尔案的17.7亿美元。See Occidental v. Ecuador (I), at https://investmentpolicy. unctad. org/investment - dispute - settlement/cases/76/occidental-v-ecuador-i-, Jan. 10, 2019.

[6]《ACN. 9/WG. III/WP. 177—中国政府提交的意见书》,第3页,载 https://uncitral. un. org/sites/uncitral. un. org/files/wp177c. pdf,最后访问日期:2019年8月10日。

和投资者带来了巨大压力。

(五) 程序缺乏透明度

ISDS机制主要是基于商事仲裁或从商事仲裁所衍生,因此,透明度向来不是争端解决的必要组成因素。这意味着投资争端发生时,不一定会向公众提供信息。虽然ISDS案件对东道国公众和非争端缔约方往往具有重大影响,但公众通常无法获悉诉讼程序,仲裁裁决可能永远不会公布。这也使得政策制定者无法学习这些裁决,并在考虑新的投资措施时将其考虑在内。现行ISDS机制还排除了可能想要干预公共利益的有关第三方参与程序。总之,ISDS机制的透明度一直受到指责。针对这种指责,尽管已采用重要步骤以改善此状况,例如,通过修订ICSID仲裁规则、UNCITRAL透明度规则和制定《毛里求斯公约》,在一定程度上维持了ISDS机制的透明度,但是除非透明度能更广泛地为争端当事人所接受,否则这仍是现行ISDS机制存在的问题。[1]

(六) 第三方出资引发的问题

投资仲裁中的第三方资助是近年来出现的、备受争议的一个现象。该现象产生于商事诉讼活动,可能引发一些问题。首先,第三方出资可能对仲裁裁决的可执行性、仲裁程序的完整性和国际仲裁的合法性产生影响,导致仲裁员与资助方之间存在利益关联,甚至导致利益冲突。具体而言,可能引起利益冲突的情形包括:仲裁员充当出资人的顾问,仲裁员或仲裁员的律师事务所与第三方出资人有经常性关系,而第三方出资人已先于仲裁员参与仲裁,仲裁员或律师事务所从这一关系中获利。其次,仲裁员与第三方出资人之间的利益冲突问题与涉及第三方出资人的信息披露和透明度缺失问题密切相关。[2]此外,第三方出资人往往居住在东道国境外,东道国政府对第三方资助既缺乏相关信息,又缺乏管辖权,因此对第三方出资行为很难进行监管。

以上这些来自国家及学者们的批评也许有些过激,但它们无疑证明了现有的投资者-国家仲裁机制确实存在各种各样的问题,对此需要谨慎对待,更

---

[1]《A/CN.9/WG.III/WP.145—投资人与国家间争议解决领域可能的改革—欧洲联盟提交的意见书》,第8页,载 https://undocs.org/zh/A/CN.9/WG.III/WP.145,最后访问日期:2019年8月10日。

[2]《A/CN.9/WG.III/WP.157—投资人与国家间争端解决(投资争端解决)制度的可能改革—第三方出资》,第5页,载 https://undocs.org/zh/A/CN.9/WG.III/WP.157,最后访问日期:2019年8月10日。

需要改革和完善。

第二节　投资者与东道国争端解决机制的改革缘由

大多数国家在 IIAs 中特别是 BITs 中都接受了基于《华盛顿公约》的国际投资仲裁制度，但美国、欧盟等多数国家纷纷在各种投资协定中不断修正和调整 ISDS 机制的一些具体制度设计。引起 ISDS 机制改革的原因是多方面的，既有各国寻求 ISDS 机制的改进办法、美国和德国等国家维护其优势地位等表面原因，更有改革投资仲裁源于商事仲裁所固有的缺陷、促进投资争端解决的公正性、维护投资者与东道国利益平衡等实质原因。

一、ISDS 机制改革的表面原因

与复杂的民事诉讼相比，投资者普遍认为 ISDS 机制既昂贵又耗时。尽管投资仲裁提供了中立性和终局性，但投资者通常意识到胜诉的可能性较低，提出索赔会对其未来业务构成风险。一些对 ISDS 机制持批评意见者声称，ISDS 机制给予投资者"特殊权利"，但大多数条约投资保护条款与大多数公民享有的普遍公民权利是相同的。此外，批评人士夸大了投资者"起诉以推翻监管"的概念。基于条约的投资保护是公平对待外国人、和平解决国际投资争端方面的一个重大进展，而退出投资协议可能会对经济增长和法治产生负面影响。[1]因此，美国等原有秩序的建立者认为有必要找到 ISDS 机制的改进办法，试图通过改革 ISDS 机制改变现有秩序，以建立新秩序维护其优势地位。

（一）寻求 ISDS 机制的改进办法

目前全球 IIAs 制度的运作情况愈发令人不安，当今国际社会又面临可持续发展的紧迫性，这便促使国际社会推动对国际投资规则进行改革。[2]

由于现行 ISDS 仲裁机制存在正当性危机，因此目前有极少数学者反对

---

〔1〕 Scott Miller, Gregory N. Hicks, *Investor-State Dispute Settlement：A Reality Check*, Maryland：Roman & Littlefield, 2015, pp. Ⅴ-Ⅵ.

〔2〕 《A/CN. 9/918/Add. 7—投资人与国家间争端解决框架—意见汇编》，第 8 页，载 https://undocs.org/zh/A/CN. 9/918/Add. 7，最后访问日期：2018 年 8 月 30 日。

ISDS 机制的实施，认为应在贸易和投资协议中排除 ISDS 规定。[1]而 ISDS 机制带来的"反向运动"已经出现。在南美洲，对 ISDS 的抵制尤其明显和集中，例如，玻利维亚、厄瓜多尔、委内瑞拉先后退出《华盛顿公约》。2011 年 4 月，澳大利亚政府宣布，将不再在其投资条约中列入仲裁条款，而是规定外国投资者与东道国之间的投资争端由东道国的国内法院审理。这一声明反映了一个发达国家对 BITs 的总体效率特别是投资仲裁效率的怀疑，同时也提出了以下质疑，即其他国家是否会采取特定战略来满足其各自的需求：质疑的一个问题是，资源丰富的国家是否将作出投资战略决定，诸如像南非所宣布的那样只与资本输出国签订 BITs；质疑的另一个问题是，发达国家是否会避免与国内法院系统不明确或不信任的发展中国家缔结 BITs；还有一个问题是如何发表一项政策声明，像澳大利亚所宣布的政策声明一样，在保护其国家利益和海外投资者的同时影响其吸引外资的能力。[2]因此，这些质疑与问题引发了各国思考采取相互对立的争端解决方案在解决这些问题上的重要性。

另外，ISDS 案件正在增长的事实引起了一些关注。例如，欧盟委员会本身在关于 TTIP 和 ISDS 的公众咨询文本中承认，ISDS 程序存在缺乏透明度、仲裁裁决不一致、程序成本高和存在平行和无聊的主张等问题。欧盟贸易专员卡雷尔·德古赫特（Karel De Gucht）表示："一些现有的安排在实践中引起了问题，允许公司利用法律文本含糊不清的漏洞。"反对 ISDS 机制的主要论点之一是，投资者可以利用这一机制挑战健康、环境和社会法规，理由是他们遭受任意和滥用的待遇，并且是"间接征收"的受害者。[3]引用最多的例子是菲利普·莫里斯（Philip Morris）诉乌拉圭和澳大利亚的两个案子，[4]都是针对政府的烟草制品包装法律提起的仲裁案件。又如，龙柏资源有限公

---

[1] Kyla Tienhaara, "Regulatory Chill in a Warming World: The Threat to Climate Policy Posed by Investor-State Dispute Settlement", *Transnational Environmental Law*, 7 (2018), p. 229.

[2] Leon E. Trakman, "Investor State Arbitration or Local Courts: Will Australia Set a New Trend?", *Journal of World Trade*, 46 (2012), p. 83.

[3] Romain Pardo, "ISDS and TTIP—A Miracle Cure for a Systemic Challenge?", *European Policy Centre Policy Brief*, Jul. 14, 2014.

[4] Philip Morris v. Uruguay (ICSID Case No. ARB/10/7), see UNCTAD, Investment Dispute Settlement Navigator, at https://investmentpolicy.unctad.org/investment-dispute-settlement/country/225/uruguay, Feb. 28, 2019; Philip Morris v. Australia (PCA Case No. 2012-12), see UNCTAD, Investment Dispute Settlement Navigator, at https://investmentpolicy.unctad.org/investment-dispute-settlement/country/11/australia, Feb. 28, 2019.

司（Lone Pine Resources Inc.）诉加拿大案是由于加拿大魁北克政府撤销了申请人（龙柏资源有限公司）在尤蒂卡页岩气盆地（包括圣劳伦斯河下方）进行石油和天然气勘探的许可证所引起的索赔。[1]

尽管投资者与东道国之间的仲裁引起了很多关注，但很少有人试图限制这种权利。大部分国家愿意继续保持 ISDS 机制，只对该机制进行了一些修补，并且都是考虑一些次要的修补。[2]有时获得的高额赔偿也不会对 ISDS 机制产生积极的影响。例如，对投资仲裁监管的"寒蝉效应"的概念被用于描述一种情况，即投资者以简单的法律诉讼威胁阻止政府通过法律。这些程序性缺陷、漏洞和争议表明，即使不质疑机制本身，也有必要对 ISDS 机制的改进方法进行讨论。[3]而 ISDS 案件对公共法规的最终影响仍有待观察，因为它们仍在继续，索赔者无法保证成功。因此，尽管少数学者和国家反对 ISDS 机制的继续实施，但美国仍不顾各方的反对，在 TTP 和 TTIP 中，坚定维护 ISDS 机制。[4]

（二）原有秩序的建立者试图维护其优势地位

如前所述，既然 ISDS 机制存在各种问题，那么该机制为何会产生？既然该机制能从产生存续到现在，那么又基于何因要改革或建立新的 ISDS 机制？从表面上来看，ISDS 机制是由欧洲发达国家倡导产生的，这些国家积极将 ISDS 条款推入双边条约和多边条约中。美国、德国等欧美国家为此进行了长达半个世纪的努力，美国和德国不仅是国际投资保护和投资仲裁的引领者，也是 ISDS 机制改革前的最大获益者。

引起德国民众反对 ISDS 的原因是，德国四次在投资仲裁中成了被诉方，这促使德国要放弃自己一手建立的制度。[5]因为被诉的德国不能受到现有 ISDS 机制的保护，故德国拒绝在 TTIP 中加入 ISDS 机制。德国政府于 2014 年

---

[1] Lone Pine Resources Inc. v. Canada (ICSID Case No. UNCT/15/2), at https://investmentpolicy.unctad.org/investment-dispute-settlement/country/35/canada, Aug. 20, 2019.

[2] M. Sornarajah, *The International Law on Foreign Investment*, Cambridge: Cambridge University Press, 2017, p. 276.

[3] Romain Pardo, "ISDS and TTIP—A Miracle Cure for a Systemic Challenge?", *European Policy Centre Policy Brief*, Jul. 14, 2014.

[4] 高臻：《饱受争议的 ISDS 机制》，载《21 世纪经济报道》2015 年 11 月 5 日，第 4 版。

[5] Cases as Respondent State, Germany, at https://investmentpolicy.unctad.org/investment-dispute-settlement/country/78/germany, Aug. 20, 2020.

7月发表了意见，表明了德国国家规制权不容侵犯的强硬态度。[1]除了德国以外，法国的政府官员也反对ISDS机制。

根据UNCTAD官网的统计，截至2020年11月13日，美国政府作为被申请人的ISDS案件共有17起，其中有10起案件支持美国政府。[2]美国投资者作为申请人的ISDS案件有183起，其中有38起案件支持美国投资者，26起和解，18起因各种原因被中断，还有49起正在审理中。[3]这说明美国及其投资者在半数以上的已决案件中获得了有利结果（包括和解的案件）。因此，美国不顾各方反对，出于维护自己原有优势地位的目的，在TTP和TTIP谈判中，坚定维护并完善ISDS机制。然而近日，美国贸易代表罗伯特·莱希泽（Robert Lighthizer）在回答众议员凯文·布雷迪（Kevin Brady）的质询时，就美国行政当局为何反对在重新谈判NAFTA时纳入强制性的ISDS条款做出了说明，说明了六个理由：①可以交由SSDS机制予以解决；②ISDS机制损害美国主权；③外包的政治风险不应由美国政府承担，美国不能通过ISDS机制来鼓励工作岗位流出美国；④并不是大家都支持ISDS机制，有很多人提出了反对意见；⑤虽然美国现在没有输过案子，但可能快要输了；⑥即使没有输过，有些政策可能也会担心ISDS机制而不敢出台。[4]因此，美国为了维护自己的优势地位，在签署的USMCA中对加拿大与墨西哥采取了不同的ISDS政策。USMCA虽然原则上保留了ISDS机制，但对之进行了实质性限缩，即美国与加拿大之间完全取消ISDS机制，而美国与墨西哥之间依然保留这一机制。[5]

---

[1] 肖芳：《〈里斯本条约〉与欧盟成员国国际投资保护协定的欧洲化》，载《欧洲研究》2011年第3期，第97~98页。

[2] United States of America, Cases as Respondent State, at https://investmentpolicy.unctad.org/investment-dispute-settlement/country/223/united-states-of-america, Nov. 13, 2020.

[3] United States of America, Cases as Home State of claimant, at https://investmentpolicy.unctad.org/investment-dispute-settlement/country/223/united-states-of-america, Nov. 13, 2020.

[4] 《美国为什么反对NAFTA纳入ISDS条款?》，载 https://mp.weixin.qq.com/s/EKiOodm BUcZOC8ES 2XXK0A，最后访问日期：2019年8月19日。

[5] 邵宇、陈达飞：《美-墨-加协议（USMCA）全解及其对中国的启示》，载 http://www.nifd.cn/ResearchComment/Details/1104，最后访问日期：2019年8月3日。

二、ISDS 机制改革的实质原因

欧美国家不管是修改、完善旧的 ISDS 规则，还是直接出台新的 ISDS 规则，改变现有 ISDS 规则都是不可逆的趋势。改革 ISDS 机制的实质原因不仅是为了促进投资争端解决的公正性，更是为了维护东道国的公共利益。

（一）促进投资争端解决的公正性

从根本上说，对现行 ISDS 制度的批评涉及整个制度的民主问责制和合法性。虽然国家自行建立起 ISDS 制度，并因此以国家的同意确保该制度在国际法上的合法性，但国家和（或）其民众未必是以这种方式看待这一制度的。[1] 源自商事仲裁的 ICSID 仲裁机制的运行问题日益凸显，导致非洲、南美洲和欧洲国家对 ISDS 机制的反对与日俱增，纷纷退出《华盛顿公约》或在投资协定中限制 ISDS 条款的使用。[2]

从制度层级角度考虑，ISDS 机制下仲裁庭组成的临时性可能会导致仲裁以事实为主的结果。[3] 如前所述，仲裁裁决的不一致性和缺乏协调性会对 ISDS 机制的可靠性、有效性和可预见性产生不利影响，从长远看还会对其信誉和合法性产生不利影响。这是 UNCITRAL 决定着手开展 ISDS 制度的可能改革工作的主要原因。一致性和可预见性的缺失造成巨大的仲裁费用，因为每一方当事人通常都会借其他案件的不同解释来支持其论据。

协调、一致的 ISDS 机制将支持法治，加强对投资环境稳定性的信心，并增进这一制度的合法性。一致性是法治的一个关键要素，将有助于增进投资法的可预见性和促进投资法的发展。可预见性便于投资者评价某些待遇是否符合条约义务。然而，一致性、协调性和可预见性本身并非目的，在试图对涉及 ISDS 规范的投资条约规定作出统一解释时务必极为谨慎。仲裁庭对投资条约中某些标准的解释，对国家进行条约谈判有着重要意义，因为可以根据

---

[1] Gabrielle Kaufmann-Kohler, Michele Potestà, Analysis and Roadmap: Can the Mauritius Convention Serve as a Model for the Reform of Investor-State Arbitration in connection with the Introduction of a Permanent Investment Tribunal or an Appeal Mechanism?, pp. 14–15, at https://www.uncitral.org/pdf/english/commissionsessions/unc/unc-49/CIDS_Research_Paper_-_Can_the_Mauritius_Convention_serve_as_a_model.pdf, Aug. 3, 2019.

[2] 张力：《OHADA 国家投资协定中争端解决新机构研究》，载《财会月刊》2018 年第 15 期，第 125 页。

[3] Todd Tucker, "Inside the Black Box: Collegial Patterns on Investment Tribunals", *Journal of International Dispute Settlement*, 7 (2016), p. 183.

不同条约从争议中获取多种解释要素。虽然条约解释的可预见性是使国家能够了解其行动（如未来可能开展的立法或监管活动）是否可能违反其义务的关键，也是决定其投资政策的关键。[1]然而，这并不会增强该制度的稳定性和一致性，也不会增强利益相关者的能力，无论是企业、政府还是民间社会的行为人，都能根据旧案例寻求指导，以确定如何在特定情况下应用这些规则。[2]

因此，需要克服 ISDS 机制所固有的弊端，增进其可预见性和一致性，促进投资者与东道国间争端解决的公正性，这是改革 ISDS 机制的实质原因。为了努力为投资者提供一种公正的 ISDS 机制，现在各国都纷纷参与 ISDS 机制的改革，例如，欧盟对 ISDS 机制进行革新，美国对 ISDS 机制进行改良，南非将 ISDS 机制改为用国内法解决机制，目的都是为了促进投资争端解决的公正性。

（二）维护东道国公共利益

在 3000 多个 BITs 和许多区域贸易协定中发现的 ISDS 机制，因干扰主权国家为公共利益（如环境和公共健康）监管投资的权力而受到批评。ICSID 机制的负面影响会使东道国国家规制权和公共利益受损。围绕 ISDS 机制的公众批评大多集中在烟草包装监管方面出现的少数案例[3]上，而化石燃料行业可能使用 ISDS 机制来拖延应对气候变化的行动，这构成了更大的威胁。据推测，化石燃料公司将效仿烟草业采用的一种策略——利用 ISDS 机制来诱导跨境监管的"寒蝉效应"：在提出 ISDS 要求的司法管辖区之外的司法管辖区延迟采取政策。化石燃料公司不必赢得任何 ISDS 案例即可使该策略生效，他们只需要愿意推出该策略。[4]截至 2015 年，在 ICSID 注册的所有案例中，有 26% 与石油、天然气和采矿有关（比其他任何部门都多），另有 15% 与电力和

---

[1]《A/CN.9/930/Add.1/Rev.1—第三工作组（投资人与国家间争议解决制度改革）第三十四届会议工作报告—第二部分》，第 3~4 页，载 https://undocs.org/zh/A/CN.9/930/Add.1/Rev.1，最后访问日期：2019 年 8 月 10 日。

[2]《A/CN.9/WG.III/WP.145—投资人与国家间争议解决领域可能的改革—欧洲联盟提交的意见书》，第 6 页，载 https://undocs.org/zh/A/CN.9/WG.III/WP.145，最后访问日期：2019 年 8 月 10 日。

[3] 例如，Philip Morris v. Uruguay (ICSID Case No. ARB/10/7) 案和 Philip Morris v. Australia (PCA Case No. 2012-12) 案的裁决都支持东道国。

[4] Kyla Tienhaara, "Regulatory Chill in a Warming World: The Threat to Climate Policy Posed by Investor-State Dispute Settlement", *Transnational Environmental Law*, 7 (2018), p. 229.

其他能源有关，所有 ICSID 案件中有 41% 与能源部门或采掘业有关。最近，可再生能源公司发起的 ISDS 案件激增（主要针对西班牙）。[1]因此，应改革贸易和投资协定中的 ISDS 条款，以使它们更好地与减缓气候变化的努力相一致。ISDS 机制最适合现有企业，因为它旨在确保投资环境的稳定性。预计国家将保持有利于首先吸引现有投资者的条件，如果它们改变政策立场，可能会受到惩罚。故一些政府是通过引入"保障措施"应对监管"寒蝉效应"的。[2]欧美等国家通过改革 IIAs 中的 ISDS 条款维护公益利益，例如，美国通过退出 TTP 谈判、修改 NAFTA 为 USMCA 的目的就是维护美国本国利益和维持其优势地位。目前有 9 个欧盟成员国在与美国签署的贸易协定中包含 ISDS 条款。虽然在德国与欧盟成员国的贸易协定中已有 14 项 ISDS 条款，但是德国为了维护其规制权而拒绝在 TTIP 谈判中加入 ISDS 条款，德国副总理兼经济部长西格玛·加布里埃尔（Sigmar Gabriel）不主张将 ISDS 条款纳入 TTIP 谈判中。而葡萄牙国务卿布鲁诺·马萨斯（Bruno Maçães）希望以公开辩论的方式通过 TTIP 谈判使 ISDS 条款得以改进，并呼吁反对者以此为契机进行改变，而不是阻碍。[3]

第三节　投资者与东道国争端解决机制的改革进程

鉴于 ISDS 机制在解决争端时存在合法性和公平性的困境，各国开始对 IIAs 进行改革，其中的改革导向条款和改革内容都在发生变化，特别是其中 ISDS 机制的改革已成为当前的热点问题。目前各国关于 ISDS 机制的改革出现了三种主要模式。

一、IIAs 中改革条款的发展变化

自 2012 年以来，IIAs 的改革经历了三个阶段，在 2018 年、2019 年新缔

---

〔1〕 Kyla Tienhaara, "Regulatory Chill in a Warming World: The Threat to Climate Policy Posed by Investor-State Dispute Settlement", *Transnational Environmental Law*, 7 (2018), p. 231.

〔2〕 Kyla Tienhaara, "Regulatory Chill in a Warming World: The Threat to Climate Policy Posed by Investor-State Dispute Settlement", *Transnational Environmental Law*, 7 (2018), p. 233.

〔3〕 《德国反对 ISDS 条款遭多方指责》，载 http://intl.ce.cn/specials/zxgjzh/201412/05/t20141205_4061016.shtml，最后访问日期：2019 年 8 月 10 日。

结的 IIAs 中改革导向条款和改革内容较之前的 IIAs 发生了变化。

（一）IIAs 的改革阶段

从表 1-4 选定的内容来看，在 2000 年缔结的 IIAs 的改革导向条款较少，主要涉及投资促进和（或）便利化的具体积极规定[1]和遗漏所谓的"保护伞"条款[2]，较少涉及自由转移资金义务的详细例外[3]、限制投资者与国家间争端解决准入[4]和对投资的明确定义[5]，还有 2 个 BITs[6]不适用于投资。旧的 BITs 已不适应国际投资发展的需要，所有地区的 IIAs 改革正在顺利进行。[7]

自 2012 年以来，IIAs 的改革导向条款较多。2018 年世界投资报告将 IIAs 的改革分为三个阶段：第一阶段是已有 150 多个国家采取步骤，制定新一代以可持续发展为导向的 IIAs。现代条约制订的突出要点包括可持续发展导向、保护监管空间和改进（或省略）ISDS 机制。[8]第二阶段是各国对现有的旧条约进行现代化。例如，为数不多但不断增加的国家正在发布对老一代协定的解读或予以更替。各国还在进行多边改革讨论，包括关于 ISDS 机制的讨论。目前第一代条约的数量超过 3000 项（约占 IIAs 总数的 90%），为改革行动提供了更多机会。第三阶段是在改进新条约的谈判方法并将现有条约现代化之后，确保国内投资政策与其他国际法的统一，这是改革过程的最后一步。[9]

由于许多国家的国内投资法律框架涵盖了与 IIAs 相同的体制、待遇和保护问题，因此，要有效改革 IIAs，可能需要在国内投资法律中采取平行步骤。反过来，国家投资政策框架也可能推动 IIAs 的改革（如在投资便利化、投资

---

[1] 如奥地利-孟加拉国 BIT、白俄罗斯-新加坡 BIT、文莱达鲁萨兰国-中国 BIT、印度-老挝人民民主共和国 BIT、蒙古-菲律宾 BIT、尼日利亚-瑞士 BIT、卢旺达-南非 BIT。

[2] 如智利-多米尼加 BIT、埃塞俄比亚-土耳其 BIT、印度-老挝 BIT、意大利-利比亚 BIT、马来西亚-沙特阿拉伯 BIT。

[3] 如奥地利-孟加拉国 BIT、古巴-巴拉圭 BIT、希腊-墨西哥 BIT。

[4] 如奥地利-孟加拉国 BIT、希腊-墨西哥 BIT。

[5] 如希腊-墨西哥 BIT。

[6] 如意大利-利比亚 BIT、马来西亚-沙特阿拉伯 BIT。

[7] World Investment Report 2018, p.95, at https://unctad.org/en/PublicationsLibrary/wir2018_en.pdf, Aug. 20, 2019.

[8] 《2018 年世界投资报告（要旨与概述）》，第 18 页，载 https://unctad.org/en/PublicationsLibrary/wir2018_overview_ch.pdf，最后访问日期：2019 年 5 月 20 日。

[9] 《2018 年世界投资报告（要旨与概述）》，第 19 页，载 https://unctad.org/en/PublicationsLibrary/wir2018_overview_ch.pdf，最后访问日期：2019 年 5 月 20 日。

者义务和争端解决方面）。[1]

（二）IIAs 中改革导向条款的变化

2017 年缔结的一些 IIAs 除了包含早期 IIAs 中的一些改革条款外，还包含早期 IIAs 中很少遇到的创新特征：①调整条约涵盖投资者对可持续发展的贡献。例如，布隆迪-土耳其 BIT、莫桑比克-土耳其 BIT、土耳其-乌克兰 BIT 等条约要求所涵盖的投资有助于东道国的经济或可持续发展。②降低投资者对公平公正待遇（FET）的期望。例如，中国-中国香港投资协议规定，指定仅采取或不采取可能与投资者预期不一致的行为不构成对 FET 的违反，即使它导致对投资的损失或损害。③促进负责任的投资。例如，《南方共同市场内部投资便利化议定书》规定，投资者"尽最大努力"义务，尊重投资活动人员的人权，促进当地能力建设和人力资本开发。④建设投资便利化能力。例如，中国-中国香港投资协定、东盟-中国香港投资协定、关于加强经济关系的太平洋协定补充条款等，要求母国通过能力建设、保险计划或技术转让，协助东道国促进和/或便利投资。⑤协助被投诉方对索赔人提出反诉。例如，哥伦比亚-阿拉伯联合酋长国 BIT 设立了获得投诉者同意反诉的机制。必须指出的是，这些创新特征不一定会导致投资保护水平的降低，因为 2017 年签署的大多数国际投资协议都保持了实质性的投资保护标准（表 1-5）。[2]

2018 年缔结的 IIAs 中所包含的一些创新特征，要么是超越传统的以改革为导向的条款（在早期的国际投资协议中很少遇到），要么是/或开辟新的领域：①将投资对东道国的经济贡献作为条约涵盖的条件，在投资的定义中包括这一要求。[3]②从投资定义中排除无形权利。例如，白俄罗斯-印度 BIT 规定，诸如商誉、品牌价值和市场份额等权利不被包括在投资定义中。③将地方政府的措施排除在条约范围之外。例如，白俄罗斯-印度 BIT 澄清地方政府采取的措施不属于条约范围。④制定一般公共政策例外情况作为自我评判。例如，阿根廷-阿拉伯联合酋长国 BIT 如此规定。

---

[1]《2018 年世界投资报告（要旨与概述）》，第 21 页，载 https://unctad.org/en/PublicationsLibrary/wir2018_overview_ch.pdf，最后访问日期：2019 年 5 月 20 日。

[2] World Investment Report 2018, p. 98, at https://unctad.org/en/PublicationsLibrary/wir2018_en.pdf, May. 30, 2019.

[3] 如阿根廷-阿拉伯联合酋长国投资协定、白俄罗斯-印度投资协定、白俄罗斯-土耳其投资协定、立陶宛-土耳其投资协定、巴勒斯坦-土耳其投资协定。

在 2018 年缔结的 IIAs 中，改革导向条款比比皆是。2018 年完成的 29 个 IIAs 中有 27 个（提供了文本）包含至少 6 个改革特征，29 个 IIAs 中有 20 个包含至少 9 个改革特征（表 1-6）。在 2012 年以前的 IIAs 中被认为具有创新性的条款现在定期出现。现代条约制定的重点包括可持续发展方向、保留监管空间、改善或遗漏投资争端解决。最广泛追求的改革领域是保护监管空间。[1]

2019 年缔结的 IIAs 继续以改革为重要条款：几乎所有有文本可查的新 IIAs（表 1-7），即 15 个中的 14 个包含至少 7 个改革特征；15 个中的 12 个包含至少 8 个改革特征；15 个中的 10 个包含至少 9 个改革特征。维护国家的监管空间仍然是改革的最主要领域；继续成为改革重点的其他领域包括投资争端解决和可持续发展；促进和/或便利投资是另一个受到更多关注的领域。

关于 ISDS 条款的改革，包括限制诉诸 ISDS 的条约条款、从 ISDS 条款中排除若干政策领域、限制提交申请期限或者略去 ISDS 机制等四种情况。2000 年缔结的 13 个 BITs 中只有两个进行了改革，而 2017 年、2018 年、2019 年分别缔结的 14 个、29 个、15 个 IIAs 中各有 12 个、23 个、14 个进行了改革。由此可知，目前 IIAs 绝大部分都在进行 ISDS 条款的改革。

表 1-4 2000 年缔结的 IIAs 中的改革导向条款[2]

IIAs	有无改革导向条款										
	❶	❷	❸	❹	❺	❻	❼	❽	❾	❿	⓫
奥地利-孟加拉国 BIT					√					√	√
白俄罗斯-新加坡 BIT							√				√
文莱-中国 BIT											√
智利-多米尼加 BIT						√					

---

[1] World Investment Report 2019, p. 105, at https://unctad.org/en/PublicationsLibrary/wir2019_en.pdf, Aug. 16, 2019.

[2]《2018 年世界投资报告（要旨与概述）》，第 20 页，载 https://unctad.org/en/PublicationsLibrary/wir2018_overview_ch.pdf，最后访问日期：2019 年 5 月 20 日。

续表

IIAs	有无改革导向条款										
	❶	❷	❸	❹	❺	❻	❼	❽	❾	❿	⓫
古巴-巴拉圭 BIT					√						
埃塞俄比亚-土耳其 BIT						√					
希腊-墨西哥 BIT		√			√				√		
印度-老挝 BIT					√						√
意大利-利比亚 BIT			0		√						
马来西亚-沙特阿拉伯 BIT			0		√						
蒙古-菲律宾 BIT											√
尼日利亚-瑞士 BIT											√
卢旺达-南非 BIT											√

表1-5 2017年缔结的 IIAs 中的改革导向条款[1]

IIAs	有无改革导向条款										
	❶	❷	❸	❹	❺	❻	❼	❽	❾	❿	⓫
阿根廷-智利自由贸易协定	√	√	√	√	√	√	√	√	√	√	√
东盟-中国香港投资协定		√	√	√	√	√	√	√	√	√	√
布隆迪-土耳其 BIT	√		√		√	√	√	√		√	
中国-中国香港投资协议			√	√	√	√	√	√		√	
哥伦比亚-阿联酋 BTT	√	√	√		√	√	√	√	√	√	√
南方共同市场内部投资便利化议定书	√	√	0	0	√	√	√	√	√	√	
以色列-日本 BIT	√	√	√		√	√	√	√	√	√	√
约旦-沙特阿拉伯 BIT	√		√		√	√		√			√
莫桑比克-土耳其 BIT	√	√	√	√	√	√	√	√		√	

---

[1]《2018年世界投资报告（要旨与概述）》，第20页，载 https://unctad.org/en/PublicationsLibrary/wir 2018_overview_ch.pdf，最后访问日期：2019年5月20日。

续表

IIAs	有无改革导向条款										
	❶	❷	❸	❹	❺	❻	❼	❽	❾	❿	⓫
关于加强经济关系的太平洋协定补充条款	√	√	√	√	√	√	√	√		√	√
卢旺达–阿联酋 BIT	√	√	√	√	√	√	√			√	√
土耳其–乌克兰 BIT	√	√		√	√	√	√			√	
土耳其–乌兹别克斯坦 BIT	√	√			√	√	√	√		√	

表1-6 2018年缔结的 IIAs 中的改革导向条款[1]

IIAs	有无改革导向条款										
	❶	❷	❸	❹	❺	❻	❼	❽	❾	❿	⓫
阿根廷–日本 BIT		√	√	√	√	√	√	√		√	√
阿根廷–阿联酋 BIT		√	√	√	√	√	√	√		√	√
亚美尼亚–日本 BIT		√		√		√	√			√	
澳大利亚–秘鲁 FTA		√	√	√	√	√	√	√		√	√
白俄罗斯–印度 BIT		√	√	√	√	√	√	√		√	√
白俄罗斯–土耳其 BIT	√	√	√	√	√	√	√			√	√
巴西–智利 FTA	√	√	√	√	√	√	√	√		√	√
巴西–埃塞俄比亚 BIT	√	√	√	√	√	√	√			√	√
巴西–圭亚那 BIT		√	√	√	√	√	√			√	√
巴西–苏里南 BIT		√	√	√	√	√	√			√	√
柬埔寨–土耳其 BIT		√	√	√	√	√	√			√	√
加拿大–摩尔多瓦 BIT	√	√	√	√	√	√	√	√		√	√
中美洲–韩国 FTA	√	√	√	√	√	√	√	√		√	√
刚果–摩洛哥 BIT	√	√	√		√		√				

---

[1] World Investment Report 2019, p. 107, at https://unctad.org/en/PublicationsLibrary/wir2019_en.pdf, Aug. 16, 2019.

续表

IIAs	有无改革导向条款										
	❶	❷	❸	❹	❺	❻	❼	❽	❾	❿	⓫
CPTPP	√	√	√	√	√	√		√	√	√	√
欧盟-新加坡 IPA		√	√			√					
日本-约旦 BIT	√	√			√	√	√				
日本-阿联酋 BIT	√	√	√		√	√		√			
哈萨克斯坦-新加坡 BIT		√	√	√	√						
哈萨克斯坦-阿联酋 BIT		√	√								
吉尔吉斯斯坦-土耳其 BIT	√	√	√	√	√	√					√
立陶宛-土耳其 BIT	√	√	√	√	√	√					
马里-土耳其 BIT	√	√	√	√	√	√					
马里-阿联酋 BIT		√	√		√			√			
毛里塔尼亚-土耳其 BIT	√		√	√	√	√					√
新加坡-斯里兰卡 FTA		√									
巴勒斯坦-土耳其 BIT	√	√	√	√	√	√					
阿联酋-乌拉圭 BIT	√	√	√	√	√	√					
USMCA	√	√	√	√	√	√		√	√	√	√

表1-7　2019年缔结的 IIAs 中的改革导向条款[1]

IIAs	有无改革导向条款										
	❶	❷	❸	❹	❺	❻	❼	❽	❾	❿	⓫
亚美尼亚-新加坡服务贸易和投资协定		√	√	√	√	√				√	√
澳大利亚-中国香港投资协议		√	√	√	√	√				√	√
澳大利亚-印度尼西亚 CEPA	√	√	√	√	√	√				√	√
澳大利亚-乌拉圭 BIT	√	√	√	√	√	√				√	√

---

〔1〕 World Investment Report 2020, p.115, at https://unctad.org/en/PublicationsLibrary/wir2020_en.pdf, Nov. 7, 2020.

续表

IIAs	有无改革导向条款 ❶	❷	❸	❹	❺	❻	❼	❽	❾	❿	⓫
白俄罗斯-匈牙利 BIT	√		√	√	√	√	√	√	√	√	√
巴西-厄瓜多尔 BIT	√	√	√	√	√	√		√	√	√	√
巴西-摩洛哥 BIT	√	√	√	√	√	√	√	√	√	√	√
巴西-阿联酋 BIT	√	√	√	√	√	√	√	√	√	√	√
布基纳法索-土耳其 BIT	√	√	√	√	√	√	√	√	√	√	√
佛得角-匈牙利 BIT	√	√	√	√	√	√	√	√	√	√	√
欧盟-越南投资保护协定	√						√		√		
中国香港-阿联酋 BIT		√	√	√	√	√	√	√	√	√	√
印度-吉尔吉斯斯坦 BIT	√	√	√	√	√	√	√	√	√	√	√
伊朗-尼加拉瓜 BIT					√						
缅甸-新加坡 BIT	√	√	√	√	√	√	√		√		√

注：表1-4、表1-5、表1-6、表1-7说明如下，每项条款的承诺范围和力度因IIAs不同而各异。"√"表示IIAs中有该项改革导向条款，空白栏表示IIAs中无该项改革导向条款。"0"表示该项改革导向条款在该IIAs中不适用。

IIAs的选定内容：

❶条约序言中提到保护健康和安全、劳工权利、环境或可持续发展。

❷投资的明确定义（例如，提到投资的特点，排除组合投资、主权债务或对纯粹源自商业合同的资金的索取权）。

❸限定公平和公正待遇（参照习惯国际法），等同于习惯国际法下有关外国人待遇的最低标准，或用国家义务清单加以澄清。

❹澄清哪些行为构成间接征用，哪些行为不构成间接征用。

❺自由转移资金义务的详细例外，包括国际收支困难和（或）国内法的执行。

❻遗漏所谓的"保护伞"条款。

❼一般例外，例如，为保护人类、动物或植物的生命或健康，或为保护可用尽的自然资源。

❽明确承认缔约方不应为吸引投资放松卫生、安全或环境标准。

❾通过在IIAs中纳入单独的条款或在条约序言中宽泛提及，推广公司和社会责任

标准。

⑩限制投资者与国家间争端解决准入（例如，限制诉诸 ISDS 的条约条款，从 ISDS 条款中排除若干政策领域，限制提交申请期限，或者略去 ISDS 机制）。

⑪关于促进和/或便利投资的具体积极规定（只有表 1-6 和表 1-7 的第 11 个改革导向条款的规定，具体包括：促进人员的入境和停留，提高有关法律和法规的透明度，加强有关投资机会的信息交流等）。

二、现行 ISDS 机制的改革模式

21 世纪以来，国际资本流动发生了巨大的变化，发展中国家由主要的资本输入国逐渐成为资本输出国，发达国家由主要的资本输出国逐渐接受资本流入。随着国际资本流动的变化，各国签署的 IIAs 也发生了由激增到减少的趋势。然而，基于 IIAs 解决的 ISDS 新案件数量却居高不下。[1]随着国际投资制度规则和实践的变化，ISDS 机制的最初优势正在消失，其缺陷逐渐呈现出来，因此，关于 ISDS 机制的改革成为当今各界讨论的焦点问题，目前出现了三种主要的改革模式。

（一）现行 ISDS 机制改革的不同派别

UNCITRAL 启动的 ISDS 改革有可能改变整个投资仲裁的国际治理结构和利益版图，其重要性大致可以类比关税与贸易总协定争端解决机制向 WTO 争端解决机制的转变。当前的局面也与乌拉圭回合类似：几乎所有的国家都觉得投资仲裁有问题，只不过对问题的轻重缓急和解决方案存在分歧。安西娅·罗伯茨（Anthea Roberts）将各国对 ISDS 机制的改革态度分为四派：①保皇派（Loyalists），维持现行制度，仅小修小补，如美国和日本；②改革派（Reformists），建立投资法庭和上诉机制，如欧盟和加拿大；③革命派（Revolutionaries），彻底抛弃 ISDS 机制，如巴西和南非（印度也接近抛弃）；④其他尚未表态的国家。尽管每个派别有些内部差异，但此区分大体反映了这轮 ISDS 机制改革进程中的国际现状。[2]

---

[1]《2018 年世界投资报告（要旨与概述）》，第 17 页，载 https://unctad.org/en/PublicationsLibrary/wir2018_overview_ch.pdf，最后访问日期：2019 年 5 月 20 日。

[2] 北辞：《对 UNCITRAL 投资仲裁规则改革的展望》，载 https://mp.weixin.qq.com/s/5hd4MufJMrocTT7KDCDgVQ，最后访问日期：2019 年 8 月 20 日。

《UNCTAD IIAs 改革路径图》确定了三套改进投资争端解决制度的方案并配以双管齐下的行动：改革 ISDS 临时仲裁的现行机制，同时保持其基本结构，或者取而代之（表 1-8）。

表 1-8　改革投资争端解决制度的各套选择办法[1]

改革投资者与国家间仲裁现行机制		取代投资者与国家间仲裁现行机制
修改 ISDS 现行机制	为 ISDS 现行机制补充新要素	
（1）改进仲裁程序，例如，使之更透明、更简化，阻止提交无根据申请，处理对指定仲裁员和潜在冲突的持续关切。 （2）限制投资人准入，例如，缩减事由范围、圈定可仲裁申请范围、规定时限、防止"邮箱"公司滥用。 （3）使用过滤机制将敏感案件导入国与国争端解决机制。 （4）引入当地诉讼要求作为 ISDS 的一项先决条件。	（1）推行有效的非诉讼争端解决机制。 （2）引入上诉机构（双边、区域或多边）。	（1）建立常设国际投资法院。 （2）以国与国争端解决机制取代 ISDS 机制。 （3）以国内争议解决机制取代 ISDS 机制。

资料来源：UNCTAD《2015 年世界投资报告》。

（二）现行 ISDS 机制改革的主要模式

在 ICSID 主要的仲裁裁决导致公众和学术界的高度审查后，可以清楚地看到各国对 ICSID 机制改革的两种趋势：第一种是直接表达对该机制的不信任，例如，某些国家退出《华盛顿公约》(玻利维亚和委内瑞拉是最好的例子），而印度则不愿在与欧盟的谈判中纳入此类争端解决条款；第二种更细微的方法是起草 BIT 和 FTA，为公共监管措施预留空间，以便政府采取这些措施不构成间接征收。第二种方法的例子包括拟议的欧盟和澳大利亚 FTA，最近缔结的韩国-澳大利亚 FTA，中国-澳大利亚 FTA 和加拿大-秘鲁 BIT。然而，即使有重新定义 ISDS 的努力，也没有可行的解决模式可以取代现有的、

---

[1] 《A/CN. 9/918/Add. 7—投资人与国家间争端解决框架—意见汇编》，第 10 页，载 https://undocs.org/zh/A/CN. 9/918/Add. 7，最后访问日期：2018 年 8 月 30 日。

备受批评的 ISDS 仲裁模式。[1]

有学者认为,最好从三个层面对投资争端解决制度的改革模式进行概念化:渐进式、系统式和范式。[2] 渐进式改革（Incremental Reform）包括对现有模式进行小到适度的改进；系统式改革（Systemic Reform）在现行体制内起作用,但需要更大规模的、通常是结构性的改革；范式改革（Paradigmatic Reform）需要在现有体制外进行更广泛的改革,往往会创造出新的东西（表1-9）。[3]

表 1-9 改革投资争端解决制度的国家和组织[4]

	渐进式改革	系统式改革	范式改革
程序	美国、日本、中国	欧盟、加拿大、毛里求斯	巴西、南非
实体	美国、欧盟、日本、加拿大、中国	巴西、南非	南部非洲发展共同体的 BIT 范本
形式	美国、欧盟、日本、巴西、中国	南非	

表 1-9 的分类代表了改革投资争端解决制度的理想类型,这些理想的类型体现了国际讨论的主要改革模式。然而,并非所有国家都能够被完全归为其中的一种改革模式,甚至各国对自己条约的处理方法也常常有所不同。因此,对这些改革模式进行分类时,虽然只能说得很宽泛,但基本能反映目前 ISDS 机制的改革现状。当然,这三种改革模式并非包罗万象,有些国家可以在两种或两种模式之间采取中间立场,例如,一些国家可能会支持半系统式改革,一些国家可以采取半范式改革。

笔者赞同安西娅·罗伯茨（Anthea Roberts）对 ISDS 机制改革模式的基本分类,即主要分为美国、日本等国家所采取的渐进式改革,加拿大、欧盟等

---

[1] Umair Ghori, "Investment Court System or 'Regional' Dispute Settlement? The Uncertain Future of Investor-State Dispute Settlement", *Bond Law Review*, 30 (2018), p. 86.

[2] Anthea Roberts, "Incremental, Systemic, and Paradigmatic Reform of Investor-State Arbitration", *The American Journal of International Law*, 112 (2018), p. 414.

[3] Anthea Roberts, "Investment Treaties: The Reform Matrix", *The American Journal of International Law*, 112 (2018), p. 191.

[4] Anthea Roberts, "Investment Treaties: The Reform Matrix", *The American Journal of International Law*, 112 (2018), p. 194.

国家或政府间国际组织所采取的系统式改革,南非、巴西等国家所采取的范式改革,理由有三:其一,这三种改革模式的分类标准是统一的,都是针对ISDS机制的缺陷特别是ICSID仲裁机制的缺陷进行的改革,主要目的都是改革现行ISDS机制的缺陷,以期公平公正地解决投资者-东道国间争端、平衡投资者与东道国的利益,只是改革的规模大小不同。其二,这些改革模式并不是相互排斥的。例如,可赞同某些条约的渐进式改革,同时对其他条约进行更为深远的改革,改革战略也可能相互影响。例如,系统式改革的现实可能性将增加对抵制ISDS机制变革的利益相关者的压力,使其至少接受渐进式改革。[1]其三,这三种改革模式大体反映了ISDS机制改革进程中的主要动态,集中在是否应当在设立一个常设的投资仲裁法庭和规定上诉机制的问题上进行改革。

当然,在分析这些不同的改革模式之前,有必要考虑语言、背景和框架的问题。渐进式改革、系统式改革和范式改革这三种模式仅抓住了拟议的变革的规模,而未关注它们的优点。渐进式、系统式和范式的改革逐步显著地偏离现状,但这并不意味着变革越多越好。为了避免加重语言的负担,尽量避免使用"转换的"和"革命性的"这样的形容词,因为这些形容词可能含有或褒或贬的含义。

总之,因受到ISDS制度的冲击,许多国家呼吁对ISDS机制进行重大改革。关于如何改革ISDS机制,各国分歧较大。目前各国采取的三种主要改革模式又各有利弊。在此背景下,UNCITRAL获得了召集各国和国际组织商讨投资者与东道国间争端解决改革的任务,UNCITRAL授权第三工作组分三个阶段调查投资者-国家间争端解决的可能改革。这要求第三工作组首先要确定并考虑ISDS的关切;其次要考虑ISDS改革是否可取;最后,如果需要进行改革,可以制定相关的解决模式,以便向UNCITRAL提出建议。迄今为止,约有100个国家和观察员实体参加了第三工作组会议,另外还有约10个政府间国际组织和几十个非政府间国际组织参加。[2]关于ISDS机制的改革问题不

---

[1] Anthea Roberts, "Incremental, Systemic, and Paradigmatic Reform of Investor-State Arbitration", *The American Journal of International Law*, 112 (2018), p. 414.

[2] Anthea Roberts, "Incremental, Systemic, and Paradigmatic Reform of Investor-State Arbitration", *The American Journal of International Law*, 112 (2018), p. 431.

仅成为当前也将是今后各界讨论的焦点问题。因此，下文将根据 ISDS 机制的改革现状，评析目前三种主要改革模式的优劣，并将根据最新的 IIAs 的改革动态和各国提出的改革意见，论证未来 ISDS 机制的改革趋势及其趋势下的程序完善和中国对策。

第二章 投资者与东道国争端解决机制的渐进式改革

ISDS 机制所存在的正当性危机，引起了各国对 ISDS 机制改革的关切。UNCITRAL 在组织各国对 ISDS 机制所存在的缺陷进行改革的进程中，偏爱渐进式改革，允许各国在考虑可能的解决办法之前表示他们对现有制度的关切并确定问题的框架。美国、墨西哥、智利、日本和俄罗斯等国家采取了与渐进式改革相一致的支持投资者–国家争端仲裁的立场。其中美国的渐进式改革最有特点，但也存在不足之处。中国正在与美国进行 BIT 谈判，美国对 ISDS 机制的改良态度和立场将影响中国与美国 BIT（以下简称"中美 BIT"）谈判的结果，中国应采取相应的对策保护本国及其投资者的利益。

第一节 渐进式改革及其主要观点

渐进式改革者认为对现行 ISDS 机制的批评过于夸张，投资者–国家仲裁仍然是目前解决投资者与东道国争端的最佳选择，主张保留现有的 ISDS 机制，但会采取适度的改革措施来解决特定的问题。

一、渐进式改革的缘起与发展

一部分人认为，不同于 ICSID 刚刚设立的 20 世纪 60 年代中期，处理投资争端的法律框架至今已基本建立，因此，任何改革都应当在现有法律框架下进行。ISDS 机制的问题主要是 ICSID 仲裁问题在投资仲裁实践中逐渐显现，引起了各国和政府间国际组织的重视和研讨。目前，在国际投资仲裁中，一些改良措施已经落到实处。例如，现行 ISDS 机制脱胎于商事仲裁机制，因而天然缺乏透明度的问题，ICSID 与 UNCITRAL 相继于 2006 年、2013 年通过了新的关于国际投资仲裁的透明度标准。此外,《毛里求斯公约》旨在将 2014 年 UNCITRAL 透明度规则应用于基于投资协定而发起的投资仲裁。根据该公约,UNCITRAL 透明度规则将当然地适用于依据自 2014 年 4 月 1 日起所签订的条约而提起的并依照 UNCITRAL 透明度规则进行的所有投资仲裁。[1]

在 UNCITRAL 第一次工作组会议上,美国和墨西哥(在较小程度上)表达了改良 ISDS 机制的态度。但在第二次会议之前,墨西哥在与欧盟的条约中同意投资法院制度,[2] 美国贸易代表罗伯特·莱特希泽(Robert Lighthizer)在 NAFTA 谈判的背景下贬低了投资者-国家仲裁。[3] 也许是因为这些发展,两国在第二次工作组会议上采取了更为温和的态度。

美国政府已开始对其作为东道国政府的权力予以了关注,并对 ISDS 机制进行了持续修改和完善。美国早就提出在多边和双边 IIAs 中引入上诉机制,如美国-智利 FTA,但后来变得谨慎。2002 年,美国在《贸易促进授权法》中考虑引入上诉机制。随后,2004 年美国 BIT 范本规定,如果多边条约建立关于投资争端的上诉机制,缔约方应同意使用该上诉机制,还在该范本的附件 D 中规定:"本条约生效 3 年后,缔约方应考虑是否建立双边的上诉机构或者类似机制。"同时,美国还向世界银行提议在 ICSID 框架下建立上诉机构。但在 TPP 中,美国并没有实质性地引入上诉机制。美国 2004 年 BIT 范本对 ISDS 机制的适用进行了明显收缩。美国在 2012 年 BIT 范本中的立场发生了变化,对 ICSID 仲裁的态度开始越发趋于谨慎,删除了 2004 年 BIT 中附件 D 的规定。此外,2015 年底在美国主导下达成的 TPP 文本和 2017 年 7 月起美国重启的 NAFTA 谈判中,均对 ISDS 机制予以了高度关注。

墨西哥在早期签署的 BITs 中规定了 ISDS 规则,并规定了"岔路口条

---

〔1〕 参见环中投资仲裁团队:《投资仲裁的新发展与贸仲投资仲裁规则》,载 https://mp.weixin.qq.com/s/oo-suoYLzQMC7JZU7x6NpQ,最后访问日期:2019 年 8 月 20 日。

〔2〕 New EU-Mexico Agreement: The Agreement in Principle 10-11 (2018), at http://trade.ec.europa.eu/doclib/docs/2018/april/tradoc_156791.pdf, Aug. 20, 2019.

〔3〕 In His Own Words: Lighthizer Lets Loose on Business, Hill Opposition to ISDS, Sunset Clause, WORLD TRADE ONLINE (Oct. 19, 2017), at https://insidetrade.com/trade/his-own-words-lighthizer-lets-loose-business-hill-opposition-isds-sunset-clause, Aug. 20, 2019.

款",如墨西哥-德国BIT[1]、墨西哥-西班牙BIT[2]。21世纪后,墨西哥签署的BIT限制了提请仲裁事项的范围,如墨西哥-中国BIT[3]、科威特-墨西哥BIT[4]。墨西哥与美国、加拿大签署的自由贸易协定,即NAFTA,支持投资者-国家仲裁,但在之后修改的USMCA中,墨西哥与美国之间继续适用ISDS机制,而墨西哥与加拿大之间则转而适用其他相关条约(如CPTPP)所规定的ISDS机制。

日本、俄罗斯、智利等国家支持投资者-国家仲裁,也采取了渐进式改革。日本、俄罗斯在早期(20世纪八九十年代)签署的BITs中规定了ISDS规则,如中国-日本BIT[5]、日本-俄罗斯BIT[6]。日本在近代(21世纪初)签署的BIT在ISDS规则中增加了"岔路口条款"。[7]日本最近签署的BIT的ISDS规则中对提起争端的仲裁事项进行了限缩,仅当索赔的标的与索赔的损害直接相关时,且自引起索赔的事件起已经过去6个月,才能提起仲裁。[8]美国-智利FTA对ISDS机制进行了改良,其中包括建立先决问题审理制度、裁决前评议制度、增强投资仲裁的透明度、加强缔约双方据此协定成立的自由贸易委员会对法律的解释和规定建立上诉机制的可能性等内容。[9]

总之,渐进式改革者不仅包括国家,还包括许多有影响力的其他参与者,包括重要的资本出口商和许多仲裁从业者。他们受益于ISDS机制的现状,能

---

[1] Germany-Mexico BIT (1998), Article 12, at https://investmentpolicy.unctad.org/international-investment-agreements/treaty-files/1371/download, Aug. 20, 2019.

[2] Mexico-Spain BIT (1995), Appendix, Title 2 and Title 3, at https://investmentpolicy.unctad.org/international-investment-agreements/treaty-files/5618/download, Aug. 20, 2019.

[3] China-Mexico BIT (2008), Article 13, at https://investmentpolicy.unctad.org/international-investment-agreements/treaty-files/759/download, Aug. 10, 2019.

[4] Kuwait-Mexico BIT (2013), Article 11, at https://investmentpolicy.unctad.org/international-investment-agreements/treaty-files/4769/download, Aug. 10, 2019.

[5] 中国-日本BIT,第11条。

[6] Japan-Russian Federation BIT (1998), Article 11, at https://investmentpolicy.unctad.org/international-investment-agreements/treaty-files/1734/download, Aug. 10, 2019.

[7] Japan-Peru BIT (2008), Article 18, at https://investmentpolicy.unctad.org/international-investment-agreements/treaty-files/1733/download, Aug. 10, 2019.

[8] Argentina-Japan BIT (2018), Article 25, at https://investmentpolicy.unctad.org/international-investment-agreements/treaty-files/5799/download, Aug. 10, 2019.

[9] Chile-US FTA, Article 10.19 (4), Article 10.19 (10), Article 10.20, Article 10.21, Annex 10-H, at https://investmentpolicy.unctad.org/international-investment-agreements/treaty-files/2652/download, Aug. 10, 2019.

够大幅度地拖延或减缓任何多边改革的努力。

二、渐进式改革的主要观点及其风险

渐进式改革者主张保留 ISDS 机制，改变其缺陷，但面临重大的改革风险，即他们必须克服三个关键弱点：他们的支持者并不包括所有主要资本出口国或主要资本进口国；目前 ISDS 机制已经变得非常有争议；至少有一个主要的支持渐进式改革的国家（美国）正在进行的承诺是不确定的。

（一）渐进式改革的主要观点

大部分渐进式改革者致力于改革现行 ISDS 机制，倾向于淡化该机制问题的严重性。例如，他们认为，提出的对 ISDS 机制的担忧仅仅是感知问题，而非现实问题（故智利恳求 UNCITRAL 工作组"基于事实而不是看法"完全授权），或者对不一致决策的担忧是投资条约双边性质的自然和积极后果（故俄罗斯认为，各方达成特定协议的能力是"系统的一个优势，而不是劣势"）。渐进式改革者通常声称，任何悬而未决的问题都可以通过有针对性的改革得到充分解决。例如，美国指出，有问题的或过时的解释可通过更详细地起草新条约或通过权威的解释加以纠正。渐进式改革者还警告称，不要实施系统式改革，否则可能会削弱投资者-国家仲裁的一些关键优势，包括新的仲裁员的正式任命、裁决的终局性、裁决的可执行性以及争端的非政治化。

然而，渐进式改革阵营的核心是模棱两可的。一些国家可能是出于实质性原因和（或）政治原因采取这一立场，认为渐进式改进模式，如 CPTPP，提供了处理投资者与国家之间争端的最好方式，或者是在国内成功辩护的方式。其他国家可能对投资国-国家仲裁有真正的关切，但不希望贸然加入 UNCITRAL 的改革进程，或者也不想陷入他们所怀疑的以投资法院为基础的改革模式。[1]一些渐进式改革者，包括某些国家和仲裁行业，可能不倾向于设立一个类似仲裁院的常设仲裁院，但可能更倾向于设立一个常设法院，而不是让投资者无法向国际法庭提出直接索赔。如果系统式改革不可避免，那么这些渐进式改革者也会有动力更积极地参与这一进程，努力塑造这一进程。因

---

〔1〕 Anthea Roberts, "Incremental, Systemic, and Paradigmatic Reform of Investor-State Arbitration", *The American Journal of International Law*, 112 (2018), p. 415.

此，如果范式改革的风险开始成为可能，那么我们应该预期一些渐进式改革者会改变他们对系统式改革的敌对立场。例如，仲裁机构通常处于支持渐进式改革和支持系统式改革之间，它们有兴趣维持该制度的存在和合法性，并保持或提高它们的市场份额，这种兴趣有助于解释为什么 ICSID 致力于改进其规则；在这样做时，它既支持渐进式改革，又顺便减少了对可能持观望态度的国家进行系统式或范式改革的理由。但 ICSID 似乎也愿意与系统式改革者合作，若进行系统式改革，它将处于有利地位，将协助确保其成为未来投资法院的托管机构，能够保留或增加其工作量，而不是输给新的或现有的竞争对手。

（二）渐进式改革的风险

渐进式改革者面临的一个重大风险是，拒绝妥协（妥协即支持 ISDS 机制的系统式改革）将加剧体系崩溃（即各国将完全放弃 ISDS 机制）的可能性。考虑到人们对 ISDS 机制日益增长的不满，渐进式改革者不能假定现状是稳定的，尤其是如果美国明确撤回对现有 ISDS 机制的支持。美国目前的言论更多地支持范式改革，而不是渐进式改革或系统式改革。通过比较 2004 年美国 BIT 模式的第 28.10 条和附件 D 与 2012 年美国 BIT 模式的第 28.10 条可以看出，尽管 2004 年美国 BIT 模式表明有兴趣致力于建立一个上诉机构，但 2012 年美国 BIT 模式却退出了对上诉机构的兴趣。鉴于其在国际法院的历史，以及目前对世界贸易组织上诉机构的立场，美国似乎不太可能让国内选区支持投资法院或上诉机制。[1]

虽然渐进式改革面临上述风险，但目前美国是进行渐进式改革的典型代表。美国贸易代表迈克尔·弗罗曼（Michael Froman）评论说，由于美国协议中的高标准和保障措施，很少有针对美国的案件，因此美国在这种情况下从未输过。弗罗曼赞同 TPP 谈判中采用的美国基准，并认为"对我来说并不是显而易见的，为什么你想给公司第二口苹果"。这一声明简洁地总结了美国的立场。在通过 ISDS 程序失败的案件中，美国似乎不愿意让跨国公司再次通过国内法院获得有利的补救措施。上述美国贸易代表表达的立场受到美国总统

---

〔1〕 Anthea Roberts, "Incremental, Systemic, and Paradigmatic Reform of Investor-State Arbitration", *The American Journal of International Law*, 112（2018）, pp. 411-412.

特朗普签署退出 TPP 的行政命令的影响。这一决定标志着美国贸易政策的内向转变，这可能会对 TTIP 谈判产生严重影响。[1]

鉴于主要西方国家在设定许多改革辩论的条件时所起的作用，并且鉴于许多西方国家对 ISDS 机制领域的普遍了解[2]，而美国一直是国际投资领域里占有重要地位的投资国，UNCITRAL 总是屈从于美国的主要要求，美国又是渐进式改革的主要实践者，因此，下文将以美国为代表探讨 ISDS 机制的改良。

第二节 美国渐进式改革的主要内容与评析

美国在 BITs 中选择了全面接受 ICSID 投资仲裁，并将这一机制引入了 NAFTA 等自贸协定中。但在这之后的实践中，美国与加拿大两国之间不断产生摩擦，这使得美国逐渐反思 ICSID 仲裁机制所存在的缺陷，并开始致力于对 BITs 和 FTAs 中的 ISDS 机制进行改革，使之适应新时期美国投资贸易发展的需要。[3]

一、美国渐进式改革的历史沿革

美国传统上是 ISDS 机制的积极拥护者，善于通过与东道国签订的 BIT 来影响国际规则实现其本国利益，[4]认为 ICSID 仲裁是重构国际法秩序的工具。[5]美国长期以来一直坚持在 IIAs 中采用 ISDS 机制，不仅在 NAFTA（第 11 章第 B 节）、美国 2012 年 BIT 范本（第 B 节）、TPP（第 9 章第 B 节）明文规定了

---

〔1〕 Umair Ghori, "Investment Court System or 'Regional' Dispute Settlement? The Uncertain Future of Investor-State Dispute Settlement Bond", *Bond Law Review*, 30 (2018), pp. 94-95.

〔2〕 Anthea Roberts, "Investment Treaties: The Reform Matrix", *The American Journal of International Law*, 112 (2018), pp. 191-192.

〔3〕 陈安主编：《国际投资法的新发展与中国双边投资条约的新实践》，复旦大学出版社 2007 年版，第 343 页。

〔4〕 美国政府贸易代表办公室曾明确指出："美国 BIT 项目的基本目标是保护私人投资……；推动（东道国）建立以市场导向的国内投资政策……；推动与上述目标一致的国际法标准的发展。"参见 https://ustr.gov/trade-agreements/bilateral-investment-treaties, 最后访问日期：2018 年 9 月 8 日。

〔5〕 李万强：《ICSID 仲裁机制研究》，陕西人民出版社 2002 年版，第 117 页。

ISDS 条款，而且在已签署的 47 个 BITs[1]、多数 FTAs 中基本上作了类似规定[2]，并通过其强大的影响力改良 ISDS 机制，并试图多边化。

(一) 美国 BITs 中 ISDS 条款的渐进式改革

多年以来，与美国签订投资条约的国家都是发展中国家，而美国一直在其签署的 BITs 中选择 ICSID 仲裁机制。随着美国政府被诉案件和美国投资者诉外国政府案件的增加，美国 BIT 范本经过了多次修订，最近美国签署的 IIAs 也体现了其对 ISDS 机制的深刻影响。

美国学者 K. J. 范德维德（K. J. Vandevelde）就曾经指出，美国在修订 BIT 范本时经历了其自身独特的政策考量，可以分为三个阶段：第一阶段以东欧剧变、苏联解体为标志结束，美国更多地倾向于保护本国投资者利益，为使本国投资者免受以发展中国家为主的东道国投资环境的损害，愿意做出适当的让步；第二阶段从苏联解体后到 1999 年，美国在意识形态领域站稳脚跟后，明显减少了妥协和让步的姿态；第三阶段从 1999 年至今，美国更加注重权衡投资者与东道国之间的利益。[3]

美国 BIT 范本的修订过程反映了美国对 ICSID 仲裁机制的态度及其变革。在美国 1994 年 BIT 范本书本修改前，美国签订的 28 个 BITs 中有关于投资政策的规定。美国以 1994 年 BIT 范本书本为基础签订的 BITs 有 13 个；[4] 以 2004 年 BIT 范本书本为基础签订的 BITs 有 14 个；但没有以 2012 年 BIT 范本书本为基础签订的 BIT （图 2-1）。

美国 1994 年 BIT 范本的争端解决部分对投资者来说是一个改进，申请具有约束力的仲裁的等待期从 6 个月减少到 3 个月。[5] 同时，该条文使投资者无

---

[1] 迄今为止，美国与其他国家签订了 47 个 BITs，其中已有 41 个生效，有 6 个已签字但未生效。See Bilateral Investment Treaties (BITs), United States of America, at https://investmentpolicy.unctad.org/international-investment-agreements/countries/223/united-states-of-america, Aug. 23, 2019.

[2] 廖凡：《从〈美墨加协定〉看美式单边主义及其应对》，载《拉丁美洲研究》2019 年第 1 期，第 48 页。

[3] Kenneth J. Vandevelde, U. S. International Investment Agreements, Oxford: Oxford University Press, 2009, p. 77.

[4] 但玻利维亚政府、厄瓜多尔政府都已向美国提交了两国之间 BITs 的终止通知，分别于 2012 年 6 月 10 日和 2018 年 5 月 18 日终止。

[5] United States Model BIT 1994 (replaced), Article IX, at https://investmentpolicy.unctad.org/international-investment-agreements/treaty-files/2867/download, Aug. 23, 2019.

1994年前美国投资政策	1994年美国BIT范本	2004年美国BIT范本	2012年美国BIT范本
28	13	14	0

图 2-1　按范本书本划分的美国投资协定[1]

论是否已申请仲裁,都可以在东道国法院寻求禁令救济,以免其投资被征收[称为"禁止掉头(U-turn)条款"]。由于条文从"承诺执行"改为"应毫不迟延地执行",因此规定了争端方在其本国领土内执行仲裁裁决的义务。1994年BIT范本是13项新BITs的基础,也是NAFTA投资章节的基础。[2]

2001年,美国的投资政策成为美国国会激烈辩论的主题,导致2002年《美国贸易法》中纳入了一系列具体的投资政策目标。2002年《美国贸易法》颁布后,美国暂停了BIT谈判并审查了其BIT模式。[3]审查的目的是使美国的BIT模式符合2002年《美国贸易法》的投资指令,但国会和政府内部的辩论在很大程度上受到了加拿大投资者利用NAFTA投资章节向美国提出仲裁索赔所引起的防御性担忧的影响。在审查期间,关于ISDS的BIT规定获得了最大的关注。审查的最终结果是,2004年BIT范本提高了透明度要求,[4]可以说是减少了投资者的权利和保护,[5]大大加强了国家特权,凸显了对本国的国家安全、环境保护等公共利益的保护。[6]该范本第28条第4~6款还规定,仲裁庭应首先就东道国对投资者仲裁申请提出的异议进行审查,终止不符合

---

[1] Scott Miller, Gregory N. Hicks, *Investor-State Dispute Settlement: A Reality Check*, Maryland: Roman & Littlefield, 2015, p. 22.

[2] Scott Miller, Gregory N. Hicks, *Investor-State Dispute Settlement: A Reality Check*, Maryland: Roman & Littlefield, 2015, p. 21.

[3] Kenneth J. Vandevelde, "Model Bilateral Investment Treaties: The Way Forward", *Southwestern Journal of International Law*, 18 (2011), pp. 308-309.

[4] 该范本第19条(信息披露)规定,本条约的任何规定均不得解释为要求一方提供或允许获取机密信息,披露机密信息将妨碍执法或以其他方式违背公共利益,或损害特定公私企业的合法商业利益。第29条规定了仲裁程序的透明度和不予披露的机密信息。

[5] 该范本删除了有利于投资者的条款,如"提出索赔的有效手段条款"和"任意和歧视性待遇条款"。

[6] 该范本为与金融服务监管以及货币、信贷和汇率政策相关的审慎措施提供了新的例外,将条约"保护伞条款"的范围仅限于源于投资协议而非其他合同义务的索赔。

仲裁条件的案件，以避免造成资源的浪费。[1]

由于美沙尼诉美国案（Methanex v. USA）[2]和蒙德夫诉美国案（Mondev v. USA）[3]等案例的裁决导致美国政府为保护公共利益采取的措施受到挑战，故美国 2004 年 BIT 范本发生了这一倾向性的变化。该范本之后的格拉米斯黄金诉美国案（Glamis Gold v. USA）[4]和格兰德河诉美国案（Grand River v. USA）[5]也强调了维护文化及公共健康的重要性和必要性，仲裁庭最终认同了这样的理念。[6]

在完成基于 2004 年 BIT 范本的两个 BITs（美国-乌拉圭 BIT 和美国-卢旺达 BIT）以及涉及 12 个缔约方涵盖投资章节的自由贸易协定的谈判后，美国在 2009 年再次暂停了 BIT 谈判（与中国和印度等），以对其 BIT 模式进行另一次公开审查。3 年后，2012 年 BIT 范本扩大或加强了三个主要领域的政府义务（即透明度和公众参与，劳工权利和环境保护，国家主导的经济）。相较于 2004 年 BIT 范本，2012 年 BIT 范本中的 ISDS 条款要显得更加的明确和细致，运用了较多的篇幅和更清晰的表述，对投资者的适格问题、"同意"的条件及限制、仲裁员及仲裁程序的选择，以及仲裁庭适用的准据法等问题进行了规定。但是，2012 年 BIT 范本未对争端解决程序作出实质性修改。

对 ICSID 仲裁的讨论也引起了美国国内的广泛关注，在 2012 年范本起草前美国社会纷纷建议"用国家层面的争端解决机制取代现有的模式，或应当在进入 ICSID 程序之前用尽当地救济"[7]。然而，2012 年 BIT 范本最终并没

---

〔1〕 该范本第 28 条针对仲裁程序，规定"仲裁庭有权接受来自非争端方国民或机构的专家意见"以影响仲裁庭对案件的裁决意见。同时，第 30 条第 2 款第 b 项也规定仲裁庭若认定申请人的申请是侵扰性的，可以借助费用承担来阻止一些不必要的诉讼和申诉，从而降低美国陷入被提起申诉或仲裁的可能。

〔2〕 Methanex v. USA, at https：//investmentpolicy. unctad. org/investment-dispute-settlement/cases/39/methanex-v-usa, Jan. 10, 2019.

〔3〕 Mondev v. USA, at https：//investmentpolicy. unctad. org/investment-dispute-settlement/cases/40/mondev-v-usa, Jan. 10, 2019.

〔4〕 Glamis Gold v. USA, at https：//investmentpolicy. unctad. org/investment-dispute-settlement/cases/100/glamis-gold-v-usa, Jan. 10, 2019.

〔5〕 Grand River v. USA, at https：//investmentpolicy. unctad. org/investment-dispute-settlement/cases/140/grand-river-v-usa, Jan. 10, 2019.

〔6〕 参见包晋：《NAFTA 下美国关于"公平与公正待遇"的国家实践——争端解决的视角》，载《国际经济法学刊》2014 年第 1 期，第 99 页。

〔7〕 曾莉：《美国 2012BIT 范本评析》，载《云南大学学报（法学版）》2013 年第 1 期，第 159 页。

有选择这种模式（有关公平与公正待遇的规定完全保留了 2004 年 BIT 范本的规定[1]），这可能是由于在当时大多数发展中国家在与美国签订 BITs 时[2]，也可选择在同发达国家签订其他类型的投资、贸易协定时排斥 ISDS 机制。[3] 最终美国 2012 年 BIT 范本也作出了相应的规定：在争端发生后，双方应先以协商、谈判或是调解的方式解决。[4]

综上可知，美国 BIT 范本已从保护投资的工具演变为美国投资者的开放市场，成为推动美国发展劳工权利、环境政策、透明度以及更广泛的法治政策目标的外交工具。上述美国政府对 BIT 文本的审查都确定 ISDS 机制仍然是美国 BIT 改革的基本特征。这一事实反映了美国政府领导层对国际仲裁作为解决投资者与国家争端的首选方式的长期两党承诺。[5]

（二）美国 TIPs 中 ISDS 条款的渐进式改革

截至 2020 年 11 月 13 日，美国签署的 TIPs 有 70 个，其中 51 个已生效[6]，19 个尚未生效（其中包括 TPP[7]）。美国与他国签署的 11 个 FTAs[8]，多数

---

[1] 参见包晋：《NAFTA 下美国关于"公平与公正待遇"的国家实践——争端解决的视角》，载《国际经济法学刊》2014 年第 1 期，第 97 页。

[2] 《美国现行有效 BIT 及其缔约国》，参见 https://ustr.gov/trade-agreements/bilateral-investment-treaties，最后访问日期：2018 年 9 月 8 日。

[3] 梁尚然：《美国双边投资协定范本争议解决条款分析——以对 ICSID 仲裁管辖权之认可为视角》，载《河北法学》2016 年第 3 期，第 124 页。

[4] 该范本第 23 条对调解进行了规定，"发生投资争端时，争端的申请方和被申请方应先通过协商和谈判的方式解决争端，包括不具有约束力的第三人程序"，这里的第三人程序即可被理解为调解。该范本的规定比较简单，仅要求争端双方首先以磋商和调解方式解决争端，并无进一步的详细规定。参见范晓宇：《国际争端调解机制的晚近发展综述》，载 https://mp.weixin.qq.com/s/iH9KI1TNNXgnkd00GMXkSg，最后访问日期：2018 年 12 月 9 日。

[5] Scott Miller, Gregory N. Hicks, *Investor-State Dispute Settlement: A Reality Check*, Maryland: Roman & Littlefield, 2015, p. 22.

[6] NAFTA 于 1994 年 1 月 1 日生效，但目前已终止。以 NAFTA 为基础签订的 USMCA 已于 2020 年 7 月 1 日生效。See Treaties with Investment Provisions (TIPs), United States of America, at https://investmentpolicy.unctad.org/international-investment-agreements/countries/223/united-states-of-america, Nov. 13, 2020.

[7] TPP 于 2016 年 2 月 4 日签署，尚未生效。See Treaties with Investment Provisions (TIPs), United States of America, at https://investmentpolicy.unctad.org/international-investment-agreements/countries/223/united-states-of-america, Nov. 13, 2020.

[8] 这 11 个 FTAs 分别是以色列-美国 FTA、约旦-美国 FTA、新加坡-美国 FTA、智利-美国 FTA、摩洛哥-美国 FTA、巴林-美国 FTA、阿曼-美国 FTA、秘鲁-美国 FTA、巴拿马-美国 FTA、韩国-美国 FTA、澳大利亚-美国 FTA。See Treaties with Investment Provisions (TIPs), United States of America, at https://investmentpolicy.unctad.org/international-investment-agreements/countries/223/united-states-of-america, Nov. 13, 2020.

支持ISDS机制的改革[1]，但也有极少数FTAs抛弃了ISDS机制。[2]虽然美国已退出TTIP谈判，但TTIP、NAFTA、TPP和USMCA都是美国领导并倡议旨在缔结包含投资章节的协定。这些投资协定对世界的影响是巨大的，作为政治和战略条约以及经济条约发挥作用，尤其是其中的投资章节涉及的ISDS机制对各国影响很大。

1. FTAs中的ISDS规则

美国早期签署的FTAs没有规定ISDS机制，如以色列-美国FTA（1985）、约旦-美国FTA（2000）、巴林-美国FTA（2004）。美国新签订的FTAs中的ISDS机制采取了两条不同的路径，体现出美国与发展中国家、发达国家签订FTA时的不同选择。例如，美国与发达国家澳大利亚签署的FTA抛弃ISDS机制，只规定了SSDS机制，规定投资者将符合条件的投资争端提交给争端解决小组解决。这是用尽当地救济原则的回归。而美国与智利、秘鲁、巴拿马、阿曼和摩洛哥等发展中国家签署的FTAs设立了ISDS机制，并进行了改良，建立了先决问题审理制度和裁决前评议制度，增加投资仲裁透明度和法庭之友的规定、加强自由贸易委员会对法律的解释和提出建立复审机制或上诉机制的可能性等内容。[3]

2. TPP和TTIP中的ISDS规则

TPP的规定在很大程度上反映了美国投资条约的规定。在制定投资条约时，美国表现出不愿偏离其ISDS模式的态度。TPP投资章节基本延续了美国以往投资协定中ISDS的规定，但增加了一些新规则。TPP与美国2012年BIT范本的很多ISDS规定都保持了一致，只是在少数内容上略有不同。这些新规则变化主要体现在TPP第9章第B节的第9.17条至第9.29条，TPP投资章节在2012年BIT范本模式的基础上，在磋商谈判、仲裁员选任、赔偿范围、投资者的证明责任等问题的规定上都有进一步完善；确立了反请求机制；对仲裁庭仲裁程序的透明度提出了新的要求；新增了提高效率等规定。[4]

---

[1] 如美国-智利FTA、美国-秘鲁FTA、巴拿马-美国FTA。

[2] 如美国-澳大利亚FTA。

[3] Treaties with Investment Provisions (TIPs), United States of America, at https://investmentpolicy.unctad.org/international-investment-agreements/countries/223/united-states-of-america, Aug. 10, 2019.

[4] 参见石静霞、马兰：《〈跨太平洋伙伴关系协定〉(TPP)投资章节核心规则解析》，载《国家行政学院学报》2016年第1期，第82~83页。

TTIP 的投资章节草案与 TPP 的投资章节有所不同。TTIP 的投资章节草案的第三部分是关于投资争端解决的规定。该部分规定了范围和定义、诉外纠纷解决和协商、提交索赔的先决条件、投资法庭机制和审理程序。另外，在附件中特别规定了 ISDS 机制的调解程序，以及仲裁员、上诉机构和调解员的选拔标准。[1]在 TTIP 谈判中，欧盟对环境和人权的适应程度以及接受仲裁作为解决争端的方法有强烈的看法，后者被视为阻止国家为公共利益进行监管的权力。在德国，它引起了人们的关注，特别是在大瀑布能源公司诉德国案［Vattenfall v. Germany（Ⅱ）］[2]之后，德国正在努力逐步淘汰以核反应堆作为能源。欧洲民众反对 TTIP 的声音愈加强烈，人们通过示威游行的方式来表达对公共服务私有化的担忧，[3]大规模示威活动主要集中在解决争端的条款上。欧盟的反应是，建议在 TTIP 中设立一个常设法院制度来取代目前的投资条约仲裁制度。然而，这样一个常设法院制度是否会解决民众担忧的这个问题，还有待观察。[4]

3. NAFTA 与 USMCA 中的 ISDS 规则

美国、加拿大和墨西哥三国签署的 NAFTA 支持将 ICSID 仲裁作为投资争端解决机制。NAFTA 对此前缔结的 BITs 和《华盛顿公约》中的 ISDS 机制进行了一定的升级再造，其创新之处有三点：一是增加了投资者提起 ICSID 仲裁的先决条件，即投资者同意遵照本协定规定的程序进行仲裁，需彻底放弃在东道国寻求救济；二是 NAFTA 明确排斥东道国国内法的适用；三是 NAFTA

---

［1］ 参见罗心曲：《TTIP 协定投资法庭机制草案研究》，武汉大学 2017 年硕士学位论文，第 11 页。

［2］ Vattenfall v. Germany（Ⅱ）（ICSID Case No. ARB/12/12），at https://investmentpolicy.unctad.org/investment-dispute-settlement/cases/467/vattenfall-v-germany-ii-, Jan. 10, 2019. 该案是因德国颁布立法到 2022 年逐步淘汰该国的核电站而引起的索赔，目前该案的仲裁程序正在进行中。该案的基本案情为：日本福岛核电站事故后，德国为保障国家的公共安全宣布取缔核电，并立即关闭了数个核电站，其中就包括了瑞典大瀑布能源公司与德国公司合资建设的核电站。2012 年，瑞典大瀑布能源公司以德国政府不可预期的行为使自己受到损害为由，根据《能源宪章条约》（ECT）第 10 条有关"公平公正待遇""给予投资者持续性安全保障"的规定，认为德国政府未履行有关义务，且其行为构成间接征收，从而向 ICSID 提起仲裁，要求德国承担 47 亿欧元的巨额赔偿。

［3］ 《德国反对 ISDS 条款遭多方指责》，参见 http://intl.ce.cn/specials/zxgjzh/201412/05/t20141205_4061016.shtml，最后访问日期：2019 年 8 月 10 日。

［4］ M. Sornarajah, *The International Law on Foreign Investment*, Cambridge: Cambridge University Press, 2017, p. 323.

下的仲裁裁决结果并不作为先例。[1]

从 1997 年第一起依据 NAFTA 提起的仲裁案件（美国 Metalclad 公司诉墨西哥政府案[2]）至今，由发达国家投资者诉发展中国家政府的格局发生了重大的变化。截止到 2019 年 8 月 16 日，依据 NAFTA 提起的案件一共 57 起（包括被撤销或宣告无效的案件），其中，美国被诉 15 起，加拿大被诉 27 起，墨西哥被诉 15 起（表 2-1）。

表 2-1　NAFTA 下投资者对东道国的仲裁统计[3]

	正在进行中的仲裁 (包括发出仲裁通知的情况)	已裁决	被撤销或宣告无效	合　计
针对美国	2	11	2	15
针对加拿大	6	17	4	27
针对墨西哥	8	7	0	15

在投资争端解决方面，NAFTA 第一次设立了独立的一章对投资者与东道国的争端解决问题予以规定，这也体现了 NAFTA 对于投资争端解决机制改革的重视和决心。在这一专章部分，NAFTA 最大的创新点是规定了投资者可以享有对东道国政府提出赔偿请求的最终决定权。但这一点也是引起极大争议的部分，加拿大和墨西哥认为，这一规定削弱了东道国政府的权威性。

与其前身 NAFTA 相比，USMCA 主要在以下方面带来了变化：更高层次的汽车原产地规则，扩大乳制品和农业市场准入，更有限的 ISDS 机制以及新规定的"日落条款"[4]。USMCA 鲜明地体现了特朗普政府的"美国优先"主张，相关的 USMCA 条款反映了特朗普在"美国优先"口号下振兴美国制造业并加强

---

[1] 参见施扬：《论美国 FTA 中投资争端解决机制的发展变化——兼论对我国的借鉴意义》，中国政法大学 2011 年硕士学位论文，第 4~7 页。

[2] Metalclad v. Mexico [ICSID Case No. ARB (AF) /97/1], at https://investmentpolicy.unctad.org/investment-dispute-settlement/cases/17/metalclad-v-mexico, Jan. 10, 2019.

[3] NAFTA-Chapter 11-Investment Cases filed against the Government of Canada, at https://www.international.gc.ca/trade-agreements-accords-commerciaux/topics-domaines/disp-diff/gov.aspx? lang=eng, Aug. 16, 2019.

[4] "日落条款"指，如果三方不更新或重新谈判协议细则，到该规定年限后，协议自动进入生命周期倒计时。USMCA 每 16 年更新一次，加拿大和墨西哥在特朗普政府推动的五年日落条款中取得了巨大进步。美墨加三国将在协议生效 6 年后举行会议，以决定是否续签下一个 16 年。参见《从 NAFTA 到 USMCA——新在何处？路在何方？》，载 http://www.sccwto.org/post/25625? locale=zh-CN，最后访问日期：2019 年 8 月 10 日。

监管权的努力；协议的谈判和结构表明了美国用双边渠道取代多边渠道的新趋势，并以互惠的方式取代 MFN 进行贸易交易。美国单边主义的最终目标不是反对全球化，而是希望通过重塑规则，以重建符合美国利益的新"全球化"。

USMCA 在最终签订时，虽然在总体上仍然保留了 ISDS 机制，但在内容上还是进行了一定的改变。首先，美国和加拿大之间不再适用 ISDS 机制，而加拿大与墨西哥之间可自行选择适用其他条约规定的 ISDS 机制；同时对于已启动的 ISDS 仲裁程序可以继续进行直至结束，并允许投资者在 USMCA 生效、NAFTA 失效之日起 3 年内，可以对在 NAFTA 时期进行的投资继续采用 ISDS 机制。[1]其次，美国与墨西哥之间适用 ISDS 机制，但与以往的规定有了很大的不同。[2]其一，符合提交仲裁条件的投资争端的范围缩小，仅限于违反准入后国民待遇和最惠国待遇以及直接征收引起的争端。[3]只有与"涵盖政府合同"（covered government contracts）有关的投资争端，[4]才能扩大双方诉诸仲裁的诉因。[5]其二，投资者的程序性权利受到了一定限制，例如，投资者必须先在东道国国内法院拿到终审判决或者自起诉之日起已满 30 个月，才能提起 ISDS 仲裁。[6]实际上，新时期的投资协定更倾向于采用所谓"岔路口条款"，即当事方只能在东道国国内救济与国际仲裁之间选择其中一个。[7]美国与墨西哥之间在此方面的规定的确不符合 NAFTA 以来投资争端解决发展的方向和趋势。[8]

总之，美国改良版的 ISDS 机制是在当前仲裁实践之上建立的，是一种渐

---

〔1〕 USMCA 附件 14-C。

〔2〕 参见王学东：《从〈北美自由贸易协定〉到〈美墨加协定〉：缘起、发展、争论与替代》，载《拉丁美洲研究》2019 年第 1 期，第 47 页。

〔3〕 USMCA 附件 14-D，第 14.D.3 条。

〔4〕 在此条件下，允许其因东道国"违反本章规定的任何义务"而启动 ISDS。参见 USMCA 附件 14-E，第 2（a）(i) 条。

〔5〕 这意味着此时投资者有可能就东道国违反最低待遇标准（第 14.6 条）或实施间接征收（附件 14B）等做法而提起仲裁。但涵盖政府合同仅限于石油和天然气、电力、电信、交通、基础设施等特定领域，即所谓"涵盖产业部门"（covered sector）。在这方面，USMCA 附件 14-E 还有另外一个颇有意思的限定，即被请求方（东道国）必须是另一个允许 ISDS 的国际贸易或投资协定的缔约方〔第 2（a）(i)(B) 条〕。换言之，只要美国、墨西哥任何一方不再是任何其他规定有 ISDS 的国际条约的缔约方，上述与涵盖政府合同有关的扩大仲裁范围的规定就不再适用。

〔6〕 USMCA 附件 14-D，第 14.D.3（2）、14.D.5（1）条。

〔7〕 例如，NAFTA 第 1121 条、TPP 第 9.21 条均规定了"岔路口条款"。

〔8〕 参见王学东：《从〈北美自由贸易协定〉到〈美墨加协定〉：缘起、发展、争论与替代》，载《拉丁美洲研究》2019 年第 1 期，第 48 页。

进式的改良思路,[1]寻求对 ISDS 机制的小规模变革。[2]

二、美国渐进式改革的主要内容

美国历年来修订的 BIT 范本和缔结的 TIPs 中的争端解决条款体现了对 ISDS 机制的逐渐改进过程。美国有关 ISDS 机制的现行投资协定主要包括签署的 BITs（以 2012 年 BIT 范本为基础）、FTAs 和 USMCA。因此，下面仅讨论 2012 年 BIT 范本、FTAs 和 USMCA 中 ISDS 机制改革的主要内容，具体包括争端的解决方式、仲裁的前置条件、仲裁裁决的上诉机制与争端解决的透明度。

（一）争端的解决方式

美国 2012 年 BIT 范本中规定的争端解决方式与 2004 年 BIT 范本没有什么变化。美国 2012 年 BIT 范本的争端解决方式一共有三种，包括协商、谈判[3]以及在前两种方式都无法解决时可以选择的仲裁,[4]但排斥"用尽当地救济"这一程序的约束。在仲裁机制的选择方面，除了可以选择 ICSID 仲裁外，该范本规定还可以根据 UNCITRAL 仲裁规则选择临时或机构仲裁，或者经当事双方同意任选其他机构并使用其他任意仲裁规则进行仲裁。

美国新签署的支持 ISDS 机制的 FTAs、USMCA 与美国 2012 年 BIT 范本的 ISDS 条款没有太大差别，都规定了协商、谈判和仲裁解决方式和仲裁选择机制。而且根据 USMCA 第 14.D.2 条的规定，美国与墨西哥投资争端的解决方式还可能包括使用不具约束力的第三方程序，如斡旋、调解或调解。[5]

（二）仲裁的前置条件

美国 2012 年 BIT 范本规定争端提交仲裁的前置条件主要有五个：①关于提交仲裁的时间条件。要求申请人在发生争议事件后 6 个月可提交仲裁，并且须在提交前 90 天向对方提交书面的"仲裁意向通知"。②关于可以提交仲裁的争议事项。该范本列举了三种：第一种是违反了该范本第 3~10 条所规定

---

[1] 参见叶斌:《欧盟 TTIP 投资争端解决机制草案：挑战与前景》,载《国际法研究》2016 年第 6 期,第 80 页。

[2] Anthea Roberts, "Investment Treaties: The Reform Matrix", *The American Journal of International Law*, 112 (2018), p.192.

[3] 初始步骤,可能包括无约束力的第三方程序,参见美国 2012 年 BIT 范本第 23 条。

[4] 美国 2012 年 BIT 范本第 24 条。

[5] USMCA 第 14.D.2 条。

的义务;[1]第二种是违反了投资授权的情形;第三种是违反了投资协议,并且申请人因此蒙受损失。[2]③关于双方"同意"仲裁。该范本规定"同意"及"将争议提交本部分所规定之仲裁"应满足相应公约或仲裁规则的要求,[3]也就是说缔约双方只需要在是否接受仲裁这一问题上达成同意,而关于具体仲裁机制的选择,申请人可以单方面选择后书面通知被申请人即可。④关于同意的时效和书面材料。该范本规定申请人第一次知悉或应当知悉业已出现违反义务的行为后,如果已经超过了3年,便不得再就同一事项提起仲裁。申请人在书面仲裁意向通知中,还须附上申请人(及其代表的企业)的书面声明。[4]⑤关于投资者的资格条件。2012年BIT范本第1条(定义条款)规定:"一方投资者"是指试图在另一方境内进行、正在进行或已经进行投资的一方或其国家企业,或一方的国民或企业;但是,双重国籍的自然人应被视为其主要有效国籍国的国民。美国签署的含有ISDS机制的FTAs关于提交仲裁的前置条件的规定与2012年BIT范本一致。

在USMCA附件14-D中,美国与墨西哥ISDS规则关于仲裁的前置条件的规定与美国2012年BIT范本差不多,但在同意的时效、投资者的资格条件上有区别:①关于同意。USMCA规定自索赔人首次获得或应首次获得关于第14.D.3.1条(提交仲裁要求)所称违约的知悉之日起不超过4年。②关于投资者的定义。USMCA第1条(定义条款)规定,缔约国的投资者是指试图在另一缔约国的领土内进行、正在进行或已经进行投资的一个缔约国,或其国民或企业。但是,具有双重国籍的自然人应被视为其主要有效公民身份的国家的国民,而某缔约国的公民和另一缔约国的永久居民的自然人应被视为其公民身份所属缔约国的国民。如果其他缔约国认为该投资者是在非市场经济体的控制之下,那么该投资者是没有资格申请仲裁的。[5]该规则还指明,认

---

[1] 这些规定包括国民待遇、最惠国待遇、最低标准待遇、征收与补偿、移交、履行要求、董事及高级管理人员(任命及构成)、公开涉及投资的法令与决定等。
[2] 对于因违反投资协议(investment agreement)而提起的仲裁,其仲裁请求或所请求的损失赔偿的争议事项应当与投资协议项下既有的或即将开展的投资有直接关系。
[3] 如《华盛顿公约》及其附加便利规则、UNCITRAL仲裁规则以及《美洲国家国际商事仲裁公约》等对仲裁协议需采取书面方式订立的要求。
[4] 美国2012年BIT范本第26.2条。
[5] USMCA第14.D.1条。

定第三国是否属于非市场经济体,是只有缔约国所享有的排他性权利,也就是说理论上美国或墨西哥完全可以通过将第三国视为非市场经济体来排除给予投资者在解决投资争端中的最惠国待遇。[1]

(三)仲裁的上诉机制

按照国际投资仲裁规则以及仲裁的实践,各仲裁庭相互之间是独立的,既不受案件的约束,在裁决时也不必遵循先例,而这样的独立性也导致了仲裁庭的裁判结果缺乏一致性。对于上述问题,早在20世纪90年代便有学者提出应该通过建立仲裁上诉机制来解决,即设立一个上诉机构来确认或推翻仲裁裁决,用二审裁决来纠正一审中的事实错误或法律错误。[2]显然,建立这种上诉机构并非易事,最可行的办法也只能是通过缔结多边国际条约。美国也试图通过签订双边条约或区域性条约的方式搭建出一个多边体制。[3]实际上,早在2004年BIT范本尚未颁布时,美国在其与智利、新加坡缔结的自由贸易协定(2003年)中就已经提及了这种仲裁上诉机制。[4]这一做法也在美国此后缔结的投资条约中得以延续。[5]例如,美国2012年BIT范本第28条第10款规定,如果将来在其他机构安排下建立了一个审查投资者与国家争端解决法庭所作裁决的上诉机制,则各当事国应考虑根据第34条所作出的裁决来决定是否应服从该上诉机制。美国签署的含有ISDS机制的FTAs都规定了设立上诉机制的可能性,而USMCA中没有规定上诉机制。

---

[1] 参见孙南翔:《〈美墨加协定〉对非市场经济国的约束及其合法性研判》,载《拉丁美洲研究》2019年第1期,第63页。

[2] 参见张辉:《美国国际投资法理论和实践的晚近发展——浅析美国双边投资条约2004年范本》,载《法学评论》2009年第2期,第67页。

[3] 例如,2004年BIT范本附件D反映了这种意图:"附件D双边上诉机构的可能性:在本条约生效3年内,缔约双方考虑是否建立一个双边上诉机构,或类似机构,以审查根据第34条在该上诉机构或类似机构建立后做出的仲裁裁决。"附件D针对的是在第28条第10款规定的多边上诉机制尚未实现的情况下,暂时以双边机制代替多边机制。

[4] 智利-美国FTA附件10-H(双边上诉机构/机制的可能性)规定:"在本协定生效之日起3年内设立双边上诉机构/机制的可能性,双方应考虑是否设立双边上诉机构或类似机制,以审查在其设立上诉机构或类似机制后开始的仲裁中根据第10.25条作出的裁决。"新加坡-美国FTA第15.1910条规定:"如果单独的多边协定在为建立一个上诉机构的当事国之间生效,以审查根据国际贸易或投资安排组成的法庭作出的裁决,以审理投资争端,则缔约方应努力达成一项协议,拥有根据本节第15.25条在上诉机构成立后开始的仲裁中作出的此类上诉机构复审裁决。"

[5] 如美国与摩洛哥、哥伦比亚、巴拿马、韩国的自由贸易协定,美国与乌拉圭、卢旺达的双边投资条约。2006年签署的《美国-中美洲国家-多米尼加共和国自由贸易协定》中,其附件10-F明确规定,在该条约生效后3个月内应建立谈判组谈判仲裁上诉机制问题。

(四) 争端解决的透明度

在 2004 年 BIT 范本出台之前，美国已经开始尝试增加程序的透明度。[1]这样的尝试一方面将使仲裁程序暴露于公众的监督之下，促使仲裁庭在作出裁决时更加谨慎；另一方面作为投资者母国也能了解仲裁程序推进的情况，也能够对东道国的仲裁活动起到一定的监督作用。美国在之后签署的 IIAs 中都规定了仲裁程序的透明度，有些 IIAs 还对上诉机制的透明度进行了规定。

美国 2012 年 BIT 范本积极倡导仲裁程序的透明度，与 2004 年 BIT 范本的规定差不多。2012 年 BIT 范本第 29 条第 1~3 款对仲裁程序的透明度进行了如下规定：首先，在符合本条第 2 款和第 4 款规定的情况下，被申请人应在收到与仲裁程序有关的文件[2]后立即将其发送给无争议的当事方，并向公众公开；其次，法庭应进行公开听证，并应与争端当事方协商，确定适当的后勤安排；最后，不要求被申请人披露受保护的信息，或提供或允许访问其根据第 18 条（基本安全条款）或第 19 条（信息披露条款）可能保留的信息。2012 年 BIT 范本第 1 条[3]、第 18 条[4]、第 19 条[5]和第 29 条第 4 款[6]对机密信息进行了保护，有关国家安全、维护国际和平与安全、如公开将损害法律执行、公共利益和特定企业合法商业利益的信息属于机密信息。依照该范本条款规定的程序，保护提交给法庭的任何受保护信息不被泄露。美国签署的含有 ISDS 机制的 FTAs、USMCA 对仲裁程序透明度的规定，与 2012 年 BIT 范本一样。

在上诉机制的透明度方面，与美国 2004 年 BIT 范本的第 28 条第 10 款[7]相

---

[1] 美国于 2003 年在与智利和新加坡签署的自由贸易协定中加入了程序透明要求。

[2] 美国 2012 年 BIT 范本第 29 条第 1 款规定的有关文件包括：①意向通知；②仲裁通知；③争议方向法庭提交的诉状和摘要，以及根据第 28 条第 2、3 款和第 33 条提交的书面意见；④审裁处的会议记录或记录副本；⑤法庭的命令、裁决和决定（如果有的话）。

[3] 美国 2012 年 BIT 范本第 1 条解释了"受保护的信息"（protected information）是指机密的商业信息或根据某缔约方的法律享有特权或以其他方式受到保护而不得泄露的信息。

[4] 美国 2012 年 BIT 范本第 18 条规定，本条约的任何内容均不得解释为：①要求当事方提供或允许访问其认为违反其基本安全利益的任何信息；②阻止某一缔约方采取其认为必要的措施，以履行其在维持或恢复国际和平或安全或保护其基本安全利益方面的义务。

[5] 美国 2012 年 BIT 范本第 19 条规定，本条约的任何规定均不得解释为要求某一缔约方提供或允许获取机密信息，而该机密信息的披露将妨碍执法或以其他方式违反公共利益，或损害特定公私企业的合法商业利益。

[6] 美国 2012 年 BIT 范本第 29 条第 4 款规定，应依程序保护提交给法庭的任何受保护的信息不被泄露。

[7] 2004 年 BIT 范本第 28 条第 10 款规定，如果一项单独的多边协定在双方之间生效，该协定设立一个上诉机构，以审查根据国际贸易或投资安排设立的法庭为审理投资争端而作出的裁决，双方应努力达成一项协定，使该上诉机构根据第 34 条对多边协定在缔约方之间生效后开始的仲裁裁决作出复审。

比，美国 2012 年 BIT 范本第 28 条第 10 款[1]对透明度问题也进行了修订，修订后明确规定了在缔约双方如果依据裁决选择适用上诉机制时，应确保上诉机制的程序高度透明。然而，USMCA 并没有对上诉机制的透明度进行规定。

三、对美国渐进式改革的评价

美国 BIT 范本的修订、TPP 的谈判文本、在 NAFTA 基础上修改的 USMCA 的 ISDS 条款，体现了美国在国际投资争端解决问题上态度的转变，以及在东道国公共利益与个人投资者利益之间做出的权衡与取舍。

（一）对美国 BIT 范本中 ISDS 条款的评价

在 2004 年 BIT 范本颁布之时，美国作为主要资本输入国，正面临对海外投资者过分的投资保护为美国公共利益带来损害的风险。因此，在这一阶段，美国更注重的是其作为东道国的公共利益。除最低待遇标准和征收问题外，2004 年 BIT 范本第 12 条和第 13 条作出了一系列在保护环境和保护社会公共利益方面的规定，即使可能会影响到海外投资的进入。该范本还明确了即使在投资准入后仍可以颁布必要措施，保障投资行为不会对东道国的环境和社会造成不利影响。

当然从总体上看，2004 年 BIT 范本仍明显倾向于保护投资者的利益。该范本第 29 条规定了仲裁程序的透明度，同时为了提高当事双方在仲裁过程中的参与度，也为了提升仲裁庭的透明度，第 29 条还规定了争端方对裁决结果的可预见性，允许缔约方建立上诉机制，从而有利于提高仲裁的透明度和一致性。然而，这种倾向更多的是为了营造一个稳定的具有可预见性的法律环境。[2]可以说 2004 年 BIT 范本的修改和更新都是从美国的利益角度出发的，不可否认的是它也有意地、客观地影响了国际规则的发展。但在投资仲裁领域，目前《华盛顿公约》和 ICSID 机制仍处于主导地位，如果美国推行的双边上诉机制无限制地蔓延和发展，必然会弱化 ICSID 在此方面的作用，同样也会对华盛顿公约体系产生一定影响。

---

[1] 2012 年 BIT 范本第 28 条第 10 款规定，如果将来在其他机构安排下建立了一个审查 ISDS 仲裁庭裁决的上诉机制，则各当事国应考虑是否将根据第 34 条作出的裁决纳入该上诉机制。缔约双方应努力确保其考虑采用的任何此类上诉机制都规定与第 29 条中规定的透明度条款类似的程序透明度。

[2] 这在国内法层面上体现为透明度原则，在国际法层面上则体现为仲裁上诉机制。

美国 2012 年 BIT 范本在总体上与 2004 年 BIT 范本的理念和规定保持了一致，并在 2004 年 BIT 范本的基础上加强了对上诉机制透明度的改革。[1]但其中关于机密信息的保密做法对于当事一方为国家的情形是否合适，还需要进一步讨论，因为投资仲裁涉及了东道国的公共利益，而作为东道国国民，在涉及自身利益的情况下，理应享有知情的权利。另外，2012 年 BIT 范本中的争端解决条款在对 ICSID 仲裁管辖的同意和最惠国条款的严格表述上，与美国对 ICSID 仲裁日趋谨慎的态度保持了一致。[2]因此，该范本的意义重大，预示着美国可能会尽早恢复与中国、印度等国的 BIT 谈判，但最新修订的美国 2012 年 BIT 范本对于美国吸引外资的影响如何，有待实践的检验。

（二）对美国 TIPs 中 ISDS 条款的评价

TPP 文本关于 ISDS 的规定是在 2012 年美国 BIT 范本的基础上进行的升级与发展，具体表现在四个方面：①在磋商谈判机制方面，在 2012 年 BIT 范本的基础上，TPP 进一步明确了在第三方参与磋商谈判阶段的程序，如斡旋、调解、调停，使上述程序更加细化且有可操作性。例如，规定在要求利用非约束性的第三方程序进行磋商谈判时，应以书面形式提出请求，并且应说明争端的性质。②在仲裁员选择方面，TPP 排除了东道国或投资者所属国的国民担任首席仲裁员的可能性（除非经过争端双方同意）。同时 TPP 还强调了在选任仲裁员时应参考的标准，例如，TPP 第 28 章下的争端解决程序行为守则，体现了对仲裁员职业操守和专业素养的要求。③在提交仲裁请求方面，TPP 对于可以提交仲裁事项的范围明显扩大。一方面 TPP 在脚注中暗示将投资授权排除在投资仲裁范围之外；另一方面 TPP 投资章节第 9.18.2 条规定，一旦东道国违反了投资授权或投资协定，投资者以此为由提起仲裁，那么东道国可以以此事实和法律为基础提出反诉，这一有关反诉的规定是比较创新的，也是典型美国投资协定和目前多数投资协定中所没有的。[3]④增加了法庭之友的规定。

NAFTA 对于美国、加拿大和墨西哥三国来说是解决投资争端十分重要的

---

[1] 参见张辉：《美国国际投资法理论和实践的晚近发展——浅析美国双边投资条约 2004 年范本》，载《法学评论》2009 年第 2 期，第 68 页。

[2] 参见梁开银：《美国 BIT 范本 2012 年修订之评析——以中美 BIT 谈判为视角》，载《法治研究》2014 年第 7 期，第 92 页。

[3] 参见石静霞、马兰：《〈跨太平洋伙伴关系协定〉（TPP）投资章节核心规则解析》，载《国家行政学院学报》2016 年第 1 期，第 82 页。

机制。NAFTA 第11章解决争端框架的贡献是突出的，例如，NAFTA 通过有影响的先例指导了法庭，其中产生的倾向原则和增值幅度原则也已嵌入国际投资法。可以说，这些涌现出来的原则应该受到 ISDS 机构的事先审查和过滤，作为其被充分纳入国际投资法以培育其合法性和可信性的先决条件。[1] 但由于美国为维护其霸权地位，倡导与加拿大和墨西哥对 NAFTA 进行了重新谈判。以 NAFTA 为基础修改而签署的 USMCA 的文本内容明显体现了美式单边主义的特征：首先，突显"美国优先"，强化美国规制权；其次，以双边取代多边，以"互惠"取代"最惠"；最后，以美国利益和需求为依归"再造"全球化。[2]

美国签署的 FTAs 多数规定了 ISDS 机制，而少数没有规定，如美国-澳大利亚 FTA。这是对"用尽当地救济"原则的一种试探性回归。美国给出的解释是："考虑到本协定的独特情形（包括例如，美国与澳大利亚之间的源远流长的经济关系，双方共同的法律传统以及双方投资者对在对方市场营运的信心），两国同意不在本协定中规定允许投资者以仲裁方式解决其与政府间的争端。如果情况发生变化，这一问题将再行考虑。政府间争端解决程序仍适用于解决与投资有关的争端。"[3] 美国希望这一制度能解决一些双方在投资仲裁中所担心的事情，这也是美国与澳大利亚改革 ISDS 机制的另一种尝试，在双方法律制度健全、能够为国内和国外的投资者提供足够的机会来实现对政府行为的关注时也是可行的。

USMCA 中的 ISDS 规则对于市场经济体和非市场经济体进行了明确区分，也因此给了来自这两者的投资者不同的投资待遇和争端救济机会，这显然是一种歧视，对于非市场经济体的投资者来说是显失公平的。而 USMCA 这种略带歧视色彩的规定也对目前的投资仲裁实践领域产生了一定的影响。[4] 例如，《华盛顿公约》第25条对"另一缔约国国民"的定义并未引入"第三国

---

〔1〕 Collins C. Ajibo, "The Role of Regional Courts in the Development of International Investment Law: The Case of NAFTA Chapter 11 Dispute Settlement Framework and EctHR", *Law and Development Review*, 11 (2018), p. 77.

〔2〕 参见王学东：《从〈北美自由贸易协定〉到〈美墨加协定〉：缘起、发展、争论与替代》，载《拉丁美洲研究》2019年第1期，第21页。

〔3〕 U. S. -Australia FTA Summary of the Agreement, at http://www.ustraderep.gov/Trade_Agreements/Bilateral/Au stralia_FTA/US-Australia_FTA_Summary_of_the_Agr eement.html, Mar. 1, 2011.

〔4〕 参见孙南翔：《〈美墨加协定〉对非市场经济国的约束及其合法性研判》，载《拉丁美洲研究》2019年第1期，第63~64页。

所有或控制"的概念。实践上，由于国有企业本身就是由国家所有的实体企业，因此，在仲裁的理论与实践中，大多会区分该企业的行为是否是在行使政府职能，或是作为政府代理人行事，[1]这也与《国家责任草案》的国家责任归因理论是相符合的。可以看出，国际仲裁实践从行为本身对私人投资行为和国家行为进行了区别，但并没有简单地依据是否为市场经济体来对投资行为的性质进行区分，而 USMCA 对第三国的区分客观上不允许非市场经济体投资者提起 ICSID 仲裁，其本身限制了投资者救济的机会，也与当前仲裁理念与实践背道而驰。[2]总之，USMCA 中 ISDS 条款在 NAFTA 的基础上发生了实质变化，美式单边主义的趋势也已经初见苗头。

第三节 美国渐进式改革对中国的影响与启示

鉴于中国与美国目前的经济实力及地位，两国正在进行的 BIT 谈判备受瞩目。尽管两国已就中美 BIT 谈判的重要性达成广泛共识，但进展缓慢，这两年未有明显进展。[3]之前，在投资者保护、投资争端解决问题上，双方确立了国际法下由国际第三方仲裁的原则，即双方同意在政府和投资者之间没有达成一致意见的情况下，由 ICSID 进行仲裁。[4]因此，研究中美两国在 IIAs 中的 ISDS 条款及其实践，特别是研究美国渐进式改革对中国的影响与启示，将对中美 BIT 的达成具有重要意义。

一、中国和美国 IIAs 中的 ISDS 规则与实践

基于各自的国情和利益追求不同，中国和美国签署的 IIAs 中 ISDS 规则的

---

〔1〕 例如，在"CSOB 诉斯洛伐克共和国案"中，在追溯《华盛顿公约》的立法历史和背景后，仲裁庭也认为一家国有企业被拒绝 ICSID 仲裁申请的前提是该企业充当政府代理人或行使基本政府职能。See CSOB. v. Slovakia（ICSID Case No. ARB/97/4），at https://investmentpolicy.unctad.org/investment-dispute-settlement/cases/15/csob-v-slovakia, Jan. 10, 2019.

〔2〕 参见孙南翔：《〈美墨加协定〉对非市场经济国的约束及其合法性研判》，载《拉丁美洲研究》2019 年第 1 期，第 64 页。

〔3〕 《刘鹤访美的外贸新信号：或推动中美双边投资协定谈判》，载 http://finance.sina.com.cn/china/gncj/2018-02-27/doc-ifyrvnsw9557906.shtml，最后访问日期：2019 年 5 月 20 日。

〔4〕 《中美双边投资协议》，载 https://baike.baidu.com/item/Bit/19490830，最后访问日期：2019 年 5 月 20 日。

具体内容不一，对 ICSID 的接受程度也不相同。中国相较于美国而言，涉及的 ISDS 案件较少。

（一）中国和美国 IIAs 中 ISDS 规则的演进

根据 UNCTAD 的统计数据，从中国与瑞典于 1982 年达成首个 BIT 之后，中国至今缔结了 145 个 BITs[1]，成为世界上仅次于德国的第二大 BIT 缔结国。[2] 中国 BITs 中规定的 ISDS 方式包括：磋商、用尽当地救济和仲裁等，对 ICSID 仲裁管辖权的接受经历了三个阶段和三种不同的模式：相对保守模式、完全自由模式和利益平衡模式（表 2-2）。[3] 也有学者把中国对 ICSID 管辖权的同意模式分为"有限同意"式、"逐案同意"式、"全面同意"式、"全面同意+重要例外"式等发展阶段。[4] 这些划分标准大同小异，都能基本反映中国对 ISDS 机制态度的逐渐转变。

表 2-2　中国 BITs 中 ISDS 的模式与特征[5]

发展阶段	ISDS 模式	基本特征
1982—1997 年	维护东道国主权的相对保守模式	ICSID 管辖范围限于有关征收、国有化或其他类似措施的补偿额的争端（有限同意+逐案同意）
1998—2007 年	强调投资自由和投资者保护的完全自由模式	全面接受 ICSID 管辖（有关投资的"任何法律争端"），"岔路口条款"
2008 年至今	投资者与东道国的利益平衡模式	兼顾全面性与严谨性的投资定义模式，全面同意 ICSID 管辖+例外条款（维护公共利益）

从表 2-2 可知，1982—1997 年是中国 BITs 的早期实践阶段，即在中国签

---

[1] 在这 145 个 BITs 中，107 个仍处于有效期，18 个已被终止，20 个 BITs 已签署但未生效。See Bilateral Investment Treaties (BITs), China, at https://investmentpolicy.unctad.org/international-investment-agreements/countries/42/china, Nov. 13, 2020.

[2] 迄今为止，德国共签署了 155 个 BITs，其中有 22 个被终止，有 6 个尚未生效。See Bilateral Investment Treaties (BITs), Germany, at https://investmentpolicy.unctad.org/international-investment-agreements/countries/78/germany, Nov. 13, 2020.

[3] 参见银红武：《中国双边投资条约的演进——以国际投资法趋同化为背景》，中国政法大学出版社 2017 年版，第 269 页。

[4] 参见王海浪：《ICSID 管辖权新问题与中国新对策研究》，厦门大学出版社 2017 年版，第 85~87 页。

[5] 参见银红武：《中国双边投资条约的演进——以国际投资法趋同化为背景》，中国政法大学出版社 2017 年版，第 269 页。

署《华盛顿公约》以前的旧 BITs，采取的是强调维护东道国主权的相对保守模式。其特征主要体现在，严格限定可提交国际仲裁的投资争端事项，可提交仲裁的范围仅仅是与征收、国有化或其他类似措施的补偿额有关的争端。1998—2007 年中国 BITs 采取强调投资自由和投资者保护的完全自由模式。中国于 1993 年批准加入《华盛顿公约》后，在 1998 年中国-巴巴多斯 BIT 中，中国首次将可提交国际仲裁事项的范围扩大到了"一切投资争端"。到了 20 世纪 90 年代末，中国逐渐放开接受 ICSID 仲裁管辖，[1]对于投资者与东道国有关投资的"任何法律争端"，如果协商无效都可以采取包括 ICSID 仲裁在内的方式解决。[2]在随后的 BITs 中开始加入了"岔路口条款"。[3]其中具有代表性的是中国-德国 BIT，该 BIT 约定了比第一代 BIT 更广泛的实体保护，其项下的实体条款也成了中国第二代 BIT 的标准文本。[4]2008 年至今，强调投资者与东道国利益的平衡，是中国自身依据其在国际资本流动中的身份转变所作出的重要调整。中国在 BITs 中采取利益平衡模式，不但更加注重国家安全和公共利益的保障，而且通过细化和明确的规定，以防止投资条约中涉及国家安全和公共利益的关键性条款不被仲裁庭错误解读，而且更加注重对 ISDS 条款的完善，以保障投资争端解决机制的有效发挥。[5]

除 BITs 之外，中国还签署了 22 个 TIPs，[6]其中 17 个 FTAs 中有 12 个包含关于投资保护和促进的专门规定（见表 5-6）。从内容上看，FTAs 在一定程度上可以说是 BITs 的升级，或不低于原有 BITs 的标准。有的 FTAs 提供了更自由的 ISDS 方式，如中国与澳大利亚、秘鲁、新西兰、巴勒斯坦和东盟签署的 FTA；有的纳入了全面的 ISDS 机制，如中国-马尔代夫 FTA（见表 5-7）。

中国对 ICSID 仲裁管辖权态度的转变，也引起了学界的担忧，认为中国

---

〔1〕 中国开始在同《华盛顿公约》成员国签署的 BITs 中接受 ICSID 的管辖，如 1992 年中国-西班牙 BIT、1995 年中国-以色列 BIT 等，但同样将 ICSID 的管辖范围限于征收与国有化赔偿数额争议。

〔2〕 如 2001 年中国-荷兰 BIT、2003 年中国-德国 BIT、2005 年中国-葡萄牙 BIT、2007 年中国-法中 BIT、2009 年中国-俄罗斯 BIT 等。

〔3〕 如 1992 年中国-韩国 BIT。

〔4〕 参见环中投资仲裁团队：《投资仲裁的新发展与贸仲投资仲裁规则》，载 https://mp.weixin.qq.com/s/oo-suoYLzQMC7JZU7x6NpQ，最后访问日期：2019 年 8 月 20 日。

〔5〕 参见漆彤、聂晶晶：《论中国双边投资协定的模式变迁》，载《武大国际法评论》2013 年第 1 期，第 222 页。

〔6〕 See Treaties with Investment Provisions (TIPs), China, at https://investmentpolicy.unctad.org/international-investment-agreements/countries/42/china, Aug. 20, 2019.

在应对 ICSID 仲裁管辖经验不足的情况下，这样过于开放的态度和立场，会使得中国在卷入投资争端时处于不利地位。[1]

如前所述，美国 BIT 范本主要经历了 1994 年、2004 年和 2012 年三次修订，其中 ISDS 条款的修订过程体现了美国从完全支持 ICSID 仲裁到修改完善的渐进式改革进程。美国与其他国家或政府间国际组织签署的 BITs 在不同时期以不同版本的美国 BIT 范本为基础，美国 BITs 中 ISDS 模式与所依据的美国 BIT 范本保持一致。美国签署的 TIPs 对美国 BIT 范本中的 ISDS 机制进行了限缩。

（二）中国与美国的投资仲裁实践

据 UNCTAD 官网公布的数据统计，截至 2020 年 11 月 13 日，在基于条约的 ISDS 案件中，中国政府作为被申请人的案件只有 3 起，其中仲裁裁决支持中国政府的案件 1 起，1 起正在审理中，1 起和解（表 2-4）。[2]中国投资者作为申请人的案件有 6 起，其中仲裁裁决支持中国投资者的案件 1 起，支持东道国的 2 起，1 起和解，还有 2 起正在审理中（表 2-3）。[3]这说明中国政府被起诉到 ISDS 机制的案件较少，而且结果有利于中国政府。中国投资者虽然起诉东道国的案件较少，但获胜的概率较低。

在基于条约的 ISDS 案件中，美国政府作为被申请人的案件共有 17 起，其中没有仲裁裁决支持投资者的案件，支持美国政府的案件有 10 起，和解 4 起，中止 3 起。[4]虽然美国政府频频被诉至 ISDS 机制，但没有受到不利影响。美国投资者作为申请人的案件有 183 起，其中支持美国投资者的案件有 38 起，支持东道国的案件有 50 起，因各种原因而中止的案件 18 起，和解 26 起，裁决不支持任何一方（虽已发现责任但未判给赔偿金）的案件有 2 起，还有 49 起正在审理中。[5]这说明美国及其投资者在大多数已经作出裁决的案

---

〔1〕 参见梁尚然：《美国双边投资协定范本争议解决条款分析——以对 ICSID 仲裁管辖权之认可为视角》，载《河北法学》2016 年第 3 期，第 123 页。

〔2〕 China, Cases as Respondent State, at https://investmentpolicy.unctad.org/investment-dispute-settlement/country/42/china, Nov. 13, 2020.

〔3〕 China, Cases as Home State of claimant, at https://investmentpolicy.unctad.org/investment-dispute-settlement/country/42/china, Nov. 13, 2020.

〔4〕 United States of America, Cases as Respondent State, at https://investmentpolicy.unctad.org/investment-dispute-settlement/country/223/united-states-of-america, Nov. 13, 2020.

〔5〕 United States of America, Cases as Home State of claimant, at https://investmentpolicy.unctad.org/investment-dispute-settlement/country/223/united-states-of-america, Nov. 13, 2020.

件中取得了有利结果（其中包括和解）。

表 2-3 中国投资者作为申请人的案件统计表[1]

序号	案件名称	法律依据	状态	程序	仲裁机构
1	捷星和特赫兹诉希腊案[2]	中国-希腊BIT（1992）	进行中	暂无信息披露。	暂无
2	世能诉老挝案[3]	中国-老挝BIT（1993）	进行中	2017年4月27日登记，5月16日作出1号程序令。	ICSID（临时仲裁）
3	北京城建诉也门案[4]	中国-也门BIT（1998）	和解	2017年5月31日作出ICSID有管辖权的裁定，2018年6月7日结案。	ICSID
4	平安保险诉比利时案[5]	中国-比利时卢森堡经济联盟BIT（1984，2005）	终结	2015年4月30日作出ICSID无管辖权的裁定。	ICSID
5	北京首钢诉蒙古案[6]	中国-蒙古BIT（1991）	终结	2017年6月30日作出PCA无管辖权的裁定。	PCA
6	谢业深诉秘鲁案[7]	中国-秘鲁BIT（1994）	终结	2011年7月7日仲裁庭裁决支持申请人的主张。2011年11月9日，秘鲁政府提起撤销程序。2015年2月12日，临时仲裁庭作出裁决，驳回秘鲁全部撤裁申请，维持原裁决。	ICSID

---

[1] 根据 UNCTAD 官网公布的数据统计。See China, Cases as Home State of claimant, at https://investmentpolicy.unctad.org/investment-dispute-settlement/country/42/china, Nov. 13, 2020.

[2] 该案的程序信息尚未公开。See Jetion and T-Hertz v. Greece, at https://investmentpolicy.unctad.org/investment-dispute-settlement/cases/975/jetion-and-t-hertz-v-greece, Oct. 1, 2019.

[3] Sanum Investments v. Laos (II) (ICSID Case No. ADHOC/17/1), at https://investmentpolicy.unctad.org/investment-dispute-settlement/cases/797/sanum-investments-v-laos-ii-, Nov. 13, 2020.

[4] 该案已于2018年6月7日结案。当日，仲裁庭下发了一份程序令，"注意到"本案仲裁程序终止，双方可能已达成和解协议。See Beijing Urban Construction v. Yemen (ICSID Case No. ARB/14/30), at https://investmentpolicy.unctad.org/investment-dispute-settlement/cases/573/beijing-urban-construction-v-yemen, Nov. 13, 2020.

[5] 该案中平安保险公司败诉，ICSID 认为，平安保险公司诉比利时政府的拆分行为是否构成征收问题不属于1984年中国-比利时BIT的仲裁范围。See Ping An v. Belgium (ICSID Case No. ARB/12/29), at https://investmentpolicy.unctad.org/investment-dispute-settlement/cases/480/ping-an-v-belgium, Nov. 13, 2020.

[6] See Beijing Shougang and others v. Mongolia (PCA Case No. 2010-20), at https://investmentpolicy.unctad.org/investment-dispute-settlement/cases/367/beijing-shougang-and-others-v-mongolia, Nov. 13, 2020.

[7] 该案涉及税收罚款是否构成征收？谢业深企图援引中国-秘鲁BIT，但被ICSID驳回，ICSID 回避中国BIT是否适用于香港特别行政区的问题。See Tza Yap Shum v. Peru (ICSID Case No. ARB /07 /6), at https://investmentpolicy.unctad.org/investment-dispute-settlement/cases/255/tza-yap-shum-v-peru, Nov. 13, 2020.

表2-4　中国政府作为被申请人的案件统计表[1]

序号	案件名称	法律依据	状态	程序	仲裁机构
1	海乐·西亚泽诉中国案[2]	暂无信息披露	进行中	2017年6月21日已登记。	ICSID
2	安城诉中国案[3]	中国-韩国BIT（2007）	终结	2017年3月9日仲裁庭作出裁决，驳回申请人的全部诉求，并依据ICSID仲裁规则第41条第5款终结所有程序。	ICSID
3	伊佳兰诉中国案[4]	中国-以色列BIT（1995）中国-马来西亚BIT（1998）	和解	2011年7月22日程序中止。	ICSID

从中美两国的国际投资仲裁实践中可以看出，美国投资者比中国投资者更善于选择ISDS机制解决国际投资争端。两国分别与他国缔结的BITs中的ISDS条款似乎也没有对投资者与东道国的利益平衡起到太大影响。

二、美国渐进式改革对中国的影响

美国2012年BIT范本对ISDS条款的修订和USMCA引领的理念和可能的发展趋势，仍可能对ISDS机制的今后发展产生潜在的影响，也将对中美新一轮BIT谈判产生一定的影响。

（一）美国2012年BIT范本中ISDS条款对中美BIT谈判的影响

美国2012年BIT范本中ISDS条款的修订反映了美国在新时期中美BIT谈

---

[1] 根据UNCTAD官网公布的数据统计。See China, Cases as Respondent State, at https://investmentpolicy.unctad.org/investment-dispute-settlement/country/42/china, Nov. 13, 2020.

[2] Hela Schwarz v. China (ICSID Case No. ARB/17/19), at https://investmentpolicy.unctad.org/investment-dispute-settlement/cases/805/hela-schwarz-v-china, Nov. 13, 2020.

[3] 该案韩国安城公司败诉，仲裁庭认为：①超过仲裁时效的仲裁请求不具有法律价值；②最惠国待遇条款不能延伸适用于争端解决事项，特别是不能适用于中国-韩国BIT的仲裁时效。See Ansung Housing v. China (ICSID Case No. ARB/14/25), at https://investmentpolicy.unctad.org/investment-dispute-settlement/cases/602/ansung-housing-v-china, Nov. 13, 2020.

[4] 该案提起之前海南省收回给予伊佳兰公司的2000多亩土地开发权，无补偿。最后和解，给予伊佳兰公司其他地方500亩土地开发权。See Ekran v. China (ICSID Case No. ARB/11/15), at https://investmentpolicy.unctad.org/investment-dispute-settlement/cases/427/ekran-v-china, Nov. 13, 2020.

判中所扮演的角色和所持的立场，也体现了中美两国在 BIT 谈判过程中争议的焦点问题。美国 2012 年 BIT 范本的修订始终，释放出了美国长期以来的投资自由化的信号。这也是美国在投资领域一贯坚持的态度和原则，并且美国在这一时期签订的 BITs 中，几乎都在强调投资者利益与东道国公共利益之间的平衡。在投资条约的条文方面，也更加体现了条约法典化和条款精细化等法律技术层面的提升。例如，2012 年 BIT 范本第 1 条的定义以及第 18、19、29 条的相关规定都积极倡导透明度条款，而且美国对保密信息做了周密的安排。上述内容的转变对于中国当前阶段的国际投资实践而言是否是有利的，还有待进一步考证。但从客观上看，美国所确立的这些标准，也确实与全球经济的一体化推进、国际政治多元化、法治化的发展趋势不谋而合。从另一个角度看，中国当前的海外投资模式以及外资管理模式都急需进行革新，而这样的转变，对于推动中国投资领域的发展变化，也有一定的助益。

2013 年 7 月，中美举行第五轮战略与经济对话，双方同意围绕"准入前国民待遇和负面清单"的议题展开实质性谈判。这意味着中国"外商投资产业指导目录"的模式将逐步发生改变，取而代之的则是更加自由化的模式，即"准入前国民待遇和负面清单"模式，也证实了中国已经开始以开放和包容的姿态，接受自由化程度较高的美国 2012 年 BIT 范本，而中国政府也的确在实际行动上推动着投资贸易自由化的探索和前进。[1] 所以，综合来看，美国 2012 年 BIT 范本必然会在中美新一轮 BIT 谈判中有所渗透，这对于两国的谈判结果以及中方对于谈判文本的准备都会起到一定的积极作用。

（二）美国签署的 TIPs 中 ISDS 条款对中国的影响

从 NAFTA 到 USMCA，这 20 多年间，美国一直将"美国利益优先"的原则渗透在区域协定之中。尤其是 NAFTA 所带来的政治以及经贸领域的影响和效应，在经济全球化的背景下展现得淋漓尽致。NAFTA 中关于 ISDS 条款的创新之处对中国有借鉴作用，中国签署的 IIAs 中的 ISDS 条款与 NAFTA 一样都规定了临时仲裁。

在 NAFTA 基础上修改而成的 USMCA 表明了美国对中国经济的围堵态势。

---

［1］ 例如，上海自由贸易试验区对于外商投资也采用了"负面清单"的准入管理模式，就外商投资出台了一系列贸易、金融自由化的政策，与国际惯例接轨，减轻中国在未来国际谈判中的压力。

虽然 USMCA 的内容包括了争端解决机制等关键问题，但随着中美贸易战的深入，USMCA 还加入了用于限制中国的"非市场经济国家条款"，即"毒丸条款"。[1]依此条款，任何一方与非市场经济国家签订自贸协定，另外两方可自行选择在 6 个月后退出三方协定，并达成本国与其他国家之间的双边贸易协定。美国商务部部长威尔伯·罗斯（Wilbur Ross）在 2018 年 10 月 5 日接受路透社采访时提到，"毒丸条款"的目的是限制与非市场经济国家做交易的条款，并以此增加对中国的压力。"随着美国相继与墨西哥、韩国、加拿大达成协议，欧盟和日本在可预见的未来也有极大可能向美国妥协，这都对中美经贸谈判制造了空前的压力。美国贸易代表罗伯特·莱特希泽（Robert Lighthizer）称，中国非市场经济政策所驱动的过剩产能已导致美国生产商无法获得合理的回报并进行确保长期生存所需的投资。特朗普认为，目前推进美中贸易谈判对美国并不能起到积极作用。"[2]由此可以看出，中美更不会涉及 ISDS 机制的谈判。

三、美国渐进式改革对中国的启示

中美两国在国际投资实践中的利益需求和关注点是存在差异的，两国本身的法制环境基础以及思维进路都存在着极大的不同，这也导致了两国在投资争端解决问题上一定会产生诸多分歧。因此，如何通过谈判，转换思路，创新方法，采用待遇例外条款、冲突条款等立法技术，在 ISDS 机制上达到求同存异，一直是中美双方共同的目标。

（一）争端解决方式的选择

中国签署的 IIAs 中多数规定的 ISDS 方式包括：磋商、用尽当地救济和仲裁等。而美国 2012 年 BIT 范本中并没有规定用尽当地救济或"岔路口条款"，只是出现了有类似功能的"禁止掉头条款"。"禁止掉头条款"比"岔路口条款"更为严格，这意味着外国投资者有权单方面终止正在进行的东道国救济程

---

[1] "毒丸条款"即 USMCA 第 32 条的规定：任何一方与非市场经济国家签订自由贸易协议时，应允许其他各方在发出 6 个月的通知后终止本协议，并以它们之间的协议（即双边协议）来取而代之。

[2] 何丹、高佳琦：《NAFTA 2.0：USMCA 或将成为美未来贸易谈判模板》，载 http://www.iis.whu.edu.cn/index.php? id=2294，最后访问日期：2018 年 11 月 30 日。

序，因此该条款似与用尽当地救济原则相冲突。[1]也就是说在没有用尽当地救济条款的情况下，中美两国的投资争端将被直接引向 ICSID 仲裁。目前中国与美国均为《华盛顿公约》签约国，故从短期来看，ICSID 仲裁依然会是中美两国解决投资争端的主要方式。

从中国的立场来看，在中美 BIT 中设置用尽当地救济条款，可将投资争端的解决途径引向一国国内司法管辖之中，这似乎更符合当前中国投资实践的需求及中国投资者的利益。尽管这种规定看似同"保护外国投资"的目的不符，[2]但从客观上看，在将争端提交国际仲裁前用尽东道国国内救济是东道国（特别是发展中国家）现阶段维护自身投资利益的重要途径。而且对于向美国进行投资的中国投资者来说，在进行仲裁之前用尽当地救济实际上是更有利于中国投资者的。美国的司法环境相对公平，而目前中国企业在美国利用东道国司法救济方式维权也迈出了成功的一步。[3]但从中美 BIT 谈判的立场来看，要求投资者在提交 ICSID 仲裁前寻求东道国司法救济也并非想象中那样轻松和容易。一旦东道国依据国内法作出的判决与仲裁裁决的效力存在交叉或是冲突，那么在执行问题上，就很难达成一致。因此，为了保障东道国的国内法判决能够有效执行，在投资条约中明确"岔路口条款"也是有必要的。中国–韩国自由贸易协定（2015）（以下简称"中国–韩国 FTA"）已经实践了这一方式。[4]当然，尽管用尽当地救济对于发展中国家来说在很大程度上可以维护其自身主权和利益，但中国政府不应当为了营造良好的投资环境，以超出法律法规及条约约束的方式，盲目地倾向于满足外国投资者的利益。

综合考虑中国东道国与投资者所属国的双重身份，规定用尽当地救济条款对现阶段中国的立场来说是更符合中国自身利益的。鉴于美国曾出现排斥 ICSID 仲裁管辖的态度和立场，例如，美国–澳大利亚 FTA 放弃 ISDS 机制而

---

[1] 参见梁尚然：《美国双边投资协定范本争议解决条款分析——以对 ICSID 仲裁管辖权之认可为视角》，载《河北法学》2016 年第 3 期，第 131~132 页。

[2] Jane Y. Willems, "The Settlement of Investor State Disputes and China New Developments on ICSID Jurisdiction", *South Carolina Journal of International Law and Business*, 8（2011）, p. 2.

[3] 《2014 年 7 月 15 日三一重工关联公司起诉奥巴马政府获胜诉》，参见 https://new.qq.com/rain/a/20140716028300，最后访问日期：2018 年 9 月 8 日。

[4] 中国–韩国 FTA 第 12.12 条第 5、7 款。

仅规定 SSDS 机制，这是用尽当地救济原则的回归，[1]因此，用尽当地救济条款对于美国的立场而言虽然会有一定的排斥心理，但也是可以和可能实现的。

（二）仲裁前置条件的设计

如前所述，美国 2012 年 BIT 范本和 USMCA 中的 ISDS 条款对仲裁的前置条件进行了五个方面的修改。其中关于提交仲裁的时间、双方"同意"仲裁、投资者资格等前置条件，中国签署的 IIAs[2]和美国 IIAs 的相关规定差不多。而关于同意的时效和书面材料的规定，中国在晚近签署的 IIAs[3]与美国 IIAs 的相关规定也差不多。

中国签署的 IIAs 和美国签署的 IIAs 关于仲裁的前置条件分歧较大的是可以提交仲裁的争端事项。美国 2012 年 BIT 范本规定，投资者因东道国违反投资合同而遭受损失时可将争端事项提交 ICSID。而中国最近签署的 IIAs 规定 ICSID 受理的争端范围仅限于法律争端，不包括此类违反投资合同的争端。尽管中国曾在少数 BITs 文本中将可以提交仲裁的争端事项范围扩大到"所有"或"任何"争端，但这并不意味后续签订的 BITs 都不设限制的全面开放仲裁事项范围。为避免投资争端频发，在中美 BIT 谈判时，中国政府应该特别注意提交仲裁的事项范围要与中国签订的投资协议所产生的可仲裁事项保持一致，可脱离美国 BIT 范本，将投资合同争端事项从可仲裁事项中删除，这在客观上是行得通的。这是因为投资合同与 BIT 是有区别的，投资合同是投资者与东道国政府签订的合同，对于约定事项的表述要更加细致，条款也会更加复杂，这样便导致了客观上违反合同的风险比违反条约的概率更高。而从法律性质上来说，投资合同具有商事合同性质，因此，在法律后果上违反合同与违反条约的后果是不一样的。投资合同若单纯按照 BIT 范本所规定违反商业性条款而致使投资者损失也可以提交仲裁的话，无形当中将使合同问题条约化，上升到国际层面的投资争端，也会增加中国在吸引海外投资时所面临的风险。对此，较为谨慎的方式是将提交仲裁的投资争端范围缩小，参考中国在加入《华盛顿公约》之初所签订的 BITs 中限制投资争端范围的规

---

[1] Australia-United States FTA (2004), Article 11.16, Article 13.18 and Article 21.7, at https://investmentpolicy.unctad.org/international-investment-agreements/treaty-files/2682/download, Aug. 10, 2019.

[2] 如中国-日本 BIT 第 11、13 条。

[3] 如中国-加拿大 BIT 第 21 条。

定,可考虑将范围缩小至"与征收补偿款数额相关"的争端。然而,由于中国曾经全面放开 ICSID 的管辖,过于谨慎的限缩范围不仅容易导致仲裁事项很难达成,而且考虑到美国国有化征收问题发生的概率,这种做法反而会给中国带来不利结果。对此,可参考中国同加拿大最新签订的投资条约,加拿大几乎完全采用了美国 BIT 范本的规定,但对于仲裁管辖的范围,则脱离 BIT 范本,规定仲裁事项不包括因投资合同所引起的争端。[1]因此,中国在与美国进行 BIT 谈判的过程中,也完全可以参考中国与加拿大投资条约的做法。

此外,中国在与美国进行 BIT 谈判时,还应明确表明 MFN 条款不适用于争端解决条款。因为通过回顾 ICSID 以往的案例,不难发现,投资者将 MFN 条款适用于争端解决条款,并得到了仲裁庭支持。[2]从这些案例可以看出,尽管 BIT 的仲裁条款通过列举的方式限制 MFN 条款的适用,但只要没有条文明确要求排除适用,仲裁庭最终还是可以通过对词语的扩张解释将其适用于争端解决条款之中的。美国 2012 年 BIT 范本第 14 条有关 MFN 条款适用例外的规定中,并没有明确排除其对争端解决条款的适用,因此,未来 ICSID 仲裁庭有可能将 MFN 条款适用于争端解决条款。当然,也有一些 BITs,如 CETA 第 8.7 条、中国-加拿大 BIT 第 5 条第 3 款以及中国-韩国 FTA 第 12.4 条第 3 款,明确规定 MFN 条款不适用于争端解决。[3]因此,在中美 BIT 谈判中明确表明 MFN 条款不适用于争端解决条款是必要的。

(三)上诉机制与程序透明度的规划

首先,美国目前签署的 IIAs 中关于仲裁上诉机制的规定尚未统一,虽然在 USMCA 中没有提及仲裁上诉机制,但在美国 2012 年 BIT 范本及美国与智利、新加坡缔结的 FTAs 中都已经提及了设立仲裁上诉机制的可能性。中国所

---

〔1〕 中国-加拿大 BIT 第 20 条。

〔2〕 例如,在维旺迪诉阿根廷案〔Vivendi v. Argentina(Ⅰ)〕和西门子诉阿根廷案(Siemens v. Argentina)中,仲裁庭支持投资者将 MFN 条款适用于争端解决条款。See Vivendi v. Argentina(Ⅰ)(ICSID Case No. ARB/97/3),at https://investmentpolicy.unctad.org/investment-dispute-settlement/cases/13/vivendi-v-argentina-i-,Jan. 10,2019;Siemens v. Argentina(ICSID Case No. ARB/02/8),at https://investmentpolicy.unctad.org/investment-dispute-settlement/cases/77/siemens-v-argentina,Jan. 10,2019.

〔3〕 梁尚然:《美国双边投资协定范本争议解决条款分析——以对 ICSID 仲裁管辖权之认可为视角》,载《河北法学》2016 年第 3 期,第 131 页。

签署的 IIAs 都没有涉及仲裁上诉机制，但 ICSID 仲裁机制存在前述诸多缺陷，随着 IIAs 的改革和国际投资的发展，将来应有可能设立上诉机制，因此，中美 BIT 谈判也会涉及该问题，中国应未雨绸缪，提前做好上诉机制的规则设计和上诉机构成员的培养。

其次，美国目前在签署 IIAs 的过程中积极倡导仲裁程序的透明度。例如，美国 2012 年 BIT 范本不仅规定了仲裁程序的透明度，还规定了将来设立的上诉机制的透明度。中国新一代 BITs 与《中华人民共和国外商投资法》具有同样的透明度原则要求，例如，在具体落实透明度原则方面，要求东道国应当及时公布与外商投资有关的法律、法规、其他行政规范性文件、政策、裁判文书等文件或信息。[1]同时部分新一代 BITs 规定了一些例外情形，例如，若披露有关涉密信息会损害国家利益、公共利益或个人隐私的，缔约方有权选择不予披露，而无需严格遵照透明度原则要求。[2]综上可知，中美两国在进行 BIT 谈判时，若涉及 ISDS 仲裁程序的透明度问题，对于美国等主张的更高透明度标准（如过于宽泛的文件公开范围等），中国则须采取谨慎的态度，应结合国内制度来全面评估法律风险，并尽快完善中国国内相关保密法律和政策。

(四)"毒丸条款"的妥善应对

USMCA 的"毒丸条款"的弊端已成为一颗隐形炸弹，危及未来美国与中国谈判和签署自贸协定的自主权。美国一直希望能将 USMCA 作为未来贸易协定的范例，而 USMCA 在 ISDS 机制、知识产权、数据贸易等方面的革新，必然会深刻影响自贸协定的发展。特别是 USMCA 中的"毒丸条款"针对中国的意图已经十分鲜明了，其核心是"锁定中国经济增长空间和水平，从而将中国的发展方向和增长极限控制在无力威胁或挑战美国世界主导权的范围以内"[3]。因此，中国更加应当从多边、区域和国内层面积极回应挑战。

从多边层面看，中国应当更加坚定地维护全球多边自由贸易制度，融入

---

[1] 如《中华人民共和国外商投资法》第 10 条、《中华人民共和国政府、日本国政府及大韩民国政府关于促进、便利及保护投资的协定》（以下简称《中日韩投资协定》）第 10 条、中国-加拿大 BIT 第 17 条等。

[2] 如《中日韩投资协定》第 10 条、中国-加拿大 BIT 第 33 条等。

[3] 张宇燕、冯维江：《从"接触"到"规锁"：美国对华战略意图及中美博弈的四种前景》，载《清华金融评论》2018 年第 7 期，第 24 页。

和促进 WTO 改革，利用 WTO 中已经比较成熟的多边规则来对抗区域贸易协定中的歧视条款。依 USMCA 中"毒丸条款"的规定，一旦该协定的任何缔约方与"非市场经济国家"谈判或签署自由贸易协定，其他缔约方可选择终止协定。就一般含义而言，自由贸易协定不仅包括双边自贸协定，也包括区域自贸协定，如 CPTPP。换言之，"毒丸条款"对于中国加入 CPTPP 而言也是一个不确定因素。鉴于 USMCA 的"毒丸条款"已经日益成为中国加入 CPTPP 的阻碍，中国一方面可以借助 WTO 相关规则对"毒丸条款"提出挑战；另一方面应当有力推进中日韩自贸区的建设，继续深化区域经贸合作，以应对美国单边主义的挑战。

从区域层面看，中国须尽快推进《区域全面经济伙伴关系协定》(RCEP)的谈判，并在充分论证后考虑加入 CPTPP，并推动中日韩自贸区的建设。[1] 面对美国频繁利用"非市场经济国家"这一身份对中国进行的孤立，中国应当坚定中国特色社会主义市场经济的信念不动摇，积极和充分发挥市场在资源配置中的重要作用，不断完善相关制度，勇于革新，以行动回应"打压"和"封锁"。以美国等西方国家普遍关注的国企补贴和竞争中立为例，笔者认为中国无须回避这一问题。国有企业与民营企业、外资企业等公平竞争，原本就与我国公有制为主体、多种所有制经济共同发展的基本经济制度并不矛盾，也是我国当前支持、引导非公有制经济发展的重要表现。[2]

在国内层面，中国还是应当将国内自身的改革抓好，才是在面临外部威胁时稳中求胜的关键。中国政府高级官员也表态证实，"考虑以'竞争中性'原则对待国有企业"[3]。按照这一原则，中国政府将对国内繁杂的产业补贴进行清理和理顺，顺应供给侧改革、结构性调整和产业升级的时代潮流。同时警惕个别国家以竞争中立的名义，设置竞争限制和障碍，通过构建带有明显歧视的规则，制约中国经济的发展。只要中国在国际经济贸易与政治的格

---

[1] 2012 年 5 月 13 日，《中日韩投资协定》在北京正式签署。这是中日韩第一个促进和保护三国间投资行为的法律文件和制度安排，为中日韩自贸区建设提供了重要基础。参见《中日韩投资协定》，载 https://baike.baidu.com/item/中日韩投资协定/6828142? fr=aladdin，最后访问日期：2019 年 8 月 14 日。

[2] 习近平：《毫不动摇鼓励支持引导非公有制经济发展 支持民营企业发展并走向更加广阔舞台》，载《新华每日电讯》2018 年 11 月 2 日，第 1 版。

[3] 《易纲行长在 2018 年 G30 国际银行业研讨会的发言及答问》，载 http://www.pbc.gov.cn/goutongjiaoliu/113456/113469/3643836/index.html，最后访问日期：2019 年 5 月 10 日。

第二章　投资者与东道国争端解决机制的渐进式改革

局和形势面前保持清醒的头脑和自信，美国单边主义对中国的威胁和打压就一定能够被妥善化解。

中美贸易谈判从 2008 年就已经开始了，这次中美 BIT 谈判重启了 20 年前曾经以失败告终的 BIT 计划，[1]之后中美贸易谈判几度被搁置。美国正在重建以美国为中心的、美国利益优先的贸易新格局，[2]中国有两个选择：要么谈判，达成某种共识，而这种共识很可能是以中国做出让步换来的；要么被孤立，USMCA 中的排他性条款已经表明美国的意图。虽然，中国与美国之间目前还尚未就 BIT 达成一致意见，但中美贸易谈判在 2019 年还是有所收获的。2019 年 4 月 3 日，第九轮中美经贸谈判在美国华盛顿开启。此次会晤后，特朗普明确对外表示"本次会晤顺利进行，双方都抱有良好的意愿和精神"。虽然截至目前，协议文本还未披露，但是在被问及协议中的市场开放是否会超越 2016 年 BIT 谈判中考虑的举措时，美国财长史蒂文·姆努钦（Steven Mnuchin）回答说："这已经远远超越和突破了我们之前所讨论的内容。"据此可以推断，通过此次谈判，中美之间将达成一个全面的经贸合作协议。[3]但随着 ICSID 对于自身管辖权范围的不断延伸和扩大，以及美国在其签署的 BIT 中不断展现的对投资者的高标准保护倾向，这都将使中国在谈判过程中应提出相应的修改要求。[4]中国应从多个角度，而不仅仅局限于投资体制，认真评估中国将从中美 BIT 计划中的受益和损失。更重要的是，在 ISDS 机制结构性缺陷使投资条约制度处于十字路口的历史时刻，中国和美国作为大国，有责任加强重建该制度并使其更加平衡，[5]以营造高质量的营商环境。

───────────

〔1〕　Cai Congyan, "China-US BIT Negotiations and the Future of Investment Treaty Regime: A Grand Bilateral Bargain with Multilateral Implications", *Journal of International Economic Law*, 12 (2009), p.457.

〔2〕　我们将其概括为"三条腿走路"：其一，修改多边贸易规则，以 WTO 为代表，谈不拢，就退出；其二，重建双边（或区域）贸易体系，以 USMCA、美韩协议和正在谈判的美日协议为代表；其三，重新定义与中国的贸易关系。参见邵宇、陈达飞：《美-墨-加协议（USMCA）全解及其对中国的启示》，载 http://www.nifd.cn/ResearchComment/Details/1104，最后访问日期：2019 年 8 月 3 日。

〔3〕　参见环中投资仲裁团队：《投资仲裁的新发展与贸仲投资仲裁规则》，载 https://mp.weixin.qq.com/s/oo-suoYLzQMC7JZU7x6NpQ，最后访问日期：2019 年 8 月 20 日。

〔4〕　梁肖然：《美国双边投资协定范本争议解决条款分析——以对 ICSID 仲裁管辖权之认可为视角》，载《河北法学》2016 年第 3 期，第 130 页。

〔5〕　Cai Congyan, "China-US BIT Negotiations and the Future of Investment Treaty Regime: A Grand Bilateral Bargain with Multilateral Implications", *Journal of International Economic Law*, 12 (2009), p.457.

第三章
投资者与东道国争端解决机制的系统式改革

ISDS 机制引发了权力和控制的系统性问题,这需要在未来的发展中采取可能的新方向。系统式改革者认为保留投资者直接在国际层面上索赔的能力是有好处的,但他们将投资者-国家仲裁视为处理此类索赔的一个有严重缺陷的系统。他们支持更为显著的系统式改革,例如,用多边投资法院和上诉机构取代投资者-国家仲裁,即遵循欧盟关于建立 ICS 的提案,以解决外国投资者与东道国政府之间的纠纷。

第一节 系统式改革及其主要观点

传统的 ISDS 机制因对投资者利益过度保护,干预东道国管理劳工、环境、可持续发展等公共事务的权力,而受到越来越多的质疑。因此,以加拿大、欧盟为代表的系统式改革者认为应对 ISDS 机制进行重大变革。

一、系统式改革的缘起与发展

尽管系统式改革者对 ISDS 机制的存废问题态度模糊,但是认为现行 ISDS 机制存在正当性危机,已不适应国际投资法的发展,因此提议改革 ISDS 机制。20 世纪 90 年代,OECD 试图通过缔结 MAI 予以解决,但 OECD 成员三年(从 1995 年到 1998 年)的谈判已经夭折[1],最终只产生了一个 MAI 草案。UNCTAD 的 2013 年和 2015 年《世界投资报告》对 IIAs 中设立的常设国际投

---

[1] Umair Ghori, "Investment Court System or 'Regional' Dispute Settlement? The Uncertain Future of Investor-State Dispute Settlement", *Bond Law Review*, 30 (2018), pp.87-88.

资仲裁法庭以及上诉机制都提出了详细的改革建议。[1]

以欧盟、加拿大为代表的改革派观点基本介于改良派和废止派之间,要求对现行 ISDS 机制进行实质性变革,将 ISDS 机制准司法化,建立类似于 WTO 争端解决机制的具有常设仲裁法庭和上诉法庭的 ICS,相较于改良派提出的渐进式改进思路和实用主义的做法,欧盟对 ISDS 机制的改革起步虽然晚于美国,但改革力度更大,[2]提出了一种更为激进的选择,即在现行 ISDS 机制之外建立一个 ICS,以常设争端解决机构取代临时仲裁庭,因为其认为该模式更为彻底,且能得到公众的信赖。

欧盟是政治与经济一体化组织,其法治环境不同于一般的国家,现在逐渐重视实行公共政策,扩大欧洲法院的管辖权,故 ISDS 机制在欧盟及其成员国的实行出现严重阻碍。[3]因此,欧盟曾在一段时间内试图采用多边方式解决投资争端问题。而且欧盟投资者是现有 ISDS 机制的主要使用者,[4]欧盟是 ISDS 机制改革的积极推动者。欧盟成立之初并不享有对外实行统一投资政策的职能,2009 年生效的《里斯本条约》授予欧盟这一职能,并授权在其职权范围内代表成员国与他国缔结投资协定。另外,近期大瀑布能源公司诉德国案[5]使人们进一步担心 ISDS 机制限制国家规制主权。从当前实践来看,欧盟试图改革传统 ISDS 机制的核心内容,决定建立 ISDS 机制的欧盟模式。实践中,欧盟在行使其这一专属权能进行 IIAs 谈判和签订时,对其中 ISDS 机制

---

[1] World Investment Report 2013, Global Value Chains: Investment and Trade for Development, p.116, at https://unctad.org/system/files/official-document/wir2013_en.pdf, Nov. 12, 2020; World Investment Report 2015, Reforming International Investment Governance, p.150, at https://investmentpolicy.unctad.org/investment-dispute-settlement/country/78/germany, Nov. 12, 2020.

[2] 参见梁咏:《欧盟投资法庭机制对 ISDS 机制的发展与中国的选择》,中国欧洲学会欧洲法律研究会 2017 年第十一届年会论文集,第 53 页。

[3] 参见杨帆:《ISDS 机制在欧盟的困境及使用当地救济的回归》,载《太原理工大学学报(社会科学版)》2015 年第 3 期,第 48 页。

[4] 根据 UNCTAD 公布的数据统计,截至 2020 年 11 月 13 日,德国、法国、比利时等欧盟成员国的投资者提起的 ISDS 案件分别有 69 起、51 起和 19 起。See Germany, Cases as Home State of Claimant, at https://investmentpolicy.unctad.org/investment-dispute-settlement/country/78/germany, Nov. 12, 2020; France, Cases as Home State of claimant, at https://investmentpolicy.unctad.org/investment-dispute-settlement/country/72/france, Nov. 12, 2020; Belgium, Cases as Home State of claimant, at https://investmentpolicy.unctad.org/investment-dispute-settlement/country/19/belgium, Nov. 12, 2020.

[5] Vattenfall v. Germany (II) (ICSID Case No. ARB/12/12), at https://investmentpolicy.unctad.org/investment-dispute-settlement/cases/467/vattenfall-v-germany-ii-, Jan. 10, 2019.

的建议或规定引发了诸多争议,主要表现在欧盟与加拿大签署的 CETA 以及欧盟与美国 TTIP 投资章节的谈判中。尽管曾经 ISDS 机制的存废一度成为欧盟投资协定谈判的焦点问题,但在 2014 年 9 月的 CETA 完整文本中对改良的 ISDS 机制仍作了详细规定。[1]在 TTIP 的谈判中,为了使 ISDS 机制达到欧盟民众的要求,体现其在国际投资体制中的领导作用,欧盟决定彻底改革传统的 ISDS 机制。虽然美国一直致力于在 TTIP 中引入 ISDS 条款,但欧盟内部始终未能达成一致意见。2014 年 3 月以来美国已暂时退出 TTIP 的谈判。2015 年 5 月 5 日欧盟公布了 TTIP 投资章节谈判的概念性文件,该文件在要求加强国家规制权的同时,逐步将当前的临时仲裁朝着投资法庭方向改革。

加拿大也积极倡导系统式改革。加拿大缔结的 BITs 都规定了 ISDS 条款,解决方式包括协商、仲裁等,[2]没有规定上诉机制。但加拿大在晚近缔结的 IIAs 中规定了建立双边上诉机构或类似机制的可能性,例如,加拿大-韩国 FTA (2014) 附件 8-E[3]和加拿大批准的 CPTPP 第 9.23.11 条[4]都作了如此规定。

二、系统式改革的主要观点及其问题

系统式改革者认为,要解决 ISDS 机制的缺陷应设立 ICS,包括设立一个常设的国际投资仲裁法庭以及上诉机制。但要建立这样一个常设裁决机构,面临着建立先例制度、国际公约问题和"横向敌对"[5]的问题。

---

[1] 2014 年版 CETA 对 ISDS 机制的改良,体现在对仲裁庭的管辖权和设立的更严更高要求、对已有仲裁程序的丰富和细化以及新仲裁程序规则的建立等方面。参见肖军:《中欧 BIT 的投资者-东道国争端解决机制——基于中加 BIT 与 CETA 的比较分析》,载《西安电子科技大学学报(社会科学版)》2015 年第 2 期,第 78 页。

[2] 如加拿大-俄罗斯 BIT (1989) 第 IX 条、加拿大-摩尔多瓦 BIT (2018) 第 23 条和加拿大-蒙古 BIT (2016) 第 21 条。See Canada, Bilateral Investment Treaties (BITs), at https://investmentpolicy.unctad.org/international-investment-agreements/countries/35/canada, Aug. 10, 2019.

[3] Canada-Korea, Republic of FTA (2014), at https://investmentpolicy.unctad.org/international-investment-agreements/treaty-files/3077/download, Aug. 10, 2019.

[4] Comprehensive and Progressive Agreement for Trans-Pacific Partnership (CPTPP) (2018), at https://investmentpolicy.unctad.org/international-investment-agreements/treaty-files/5673/download, Aug. 10, 2019.

[5] 通过从多个少数群体的角度考察群体评价,我们观察到了横向敌对现象的证据,正式将"横向敌对"定义为少数群体成员对被认为更主流的相似少数群体成员所表现出的相对的敌意或偏见。See Judith B. White, Ellen J. Langer, "Horizontal Hostility: Relations Between Similar Minority Groups", *Journal of Social Issues*, 55 (1999), p. 538; Judith B. White, Michael T. Schmitt, Ellen J. Langer, "Horizontal Hostility: Multiple Minority Groups and Differentiation from the Mainstream", *Group Processes & Intergroup Relations*, 9 (2006), p. 356.

(一) 系统式改革的主要观点

在最初提出 ICS 的方案之前,学者们正在考虑建立一个永久性裁决机构的可能性。例如,霍华德·曼(Howard Mann)和康拉德·冯·莫尔特克(Konrad von Moltke)认为基于《华盛顿公约》的 ICSID 仲裁制度在设计上不适合处理 ISDS 仲裁庭经常讨论的公共政策问题。[1]古斯·范·哈滕(Gus Van Harten)认为,WTO 的争端解决机构(Dispute Settlement Body, DSB)可作为混合司法和仲裁制度的模板。也许国际投资至少需要一个类似 DSB 机构的准司法国际投资法院。[2]这样一个严格的、有时间限制的、高效的和快速的准司法国际投资法院可能也会受到投资者的喜爱,因为他们似乎对国际投资仲裁庭解决争端所花费的时间越来越感到失望。例如,根据 NAFTA,ICSID 仲裁庭的平均时间为 3 年,这比 DSB 解决贸易争端的平均时间长 1 年。苏里亚·P. 苏贝迪(Surya P. Subedi)还强调,DSB 程序的综合性质(包括外交、谈判、调解和仲裁)可以更快地解决贸易争端。[3]此外,与 ISDS 机制下的临时仲裁庭相比,常设机构在作出决定时可能具有更大的合法性。[4]

系统式改革者正试图推销自己的立场,将 ICS 视为一种明智的中间选择,既能回应人们对 ISDS 机制合法性的重大担忧,又不会把 ISDS 仲裁条款连同 ISDS 机制一起抛弃。系统式改革者就此问题与一些国际组织进行了意见交换,以期用 ICS 彻底取代旧有的 ISDS 机制,建立现代、高效、透明、公正的国际投资争端解决制度。

(二) 系统式改革面临的问题

从更深入的角度看,目前构建的 ICS 提案实际上引起的问题比它所要解决的问题还要多。首先,如果 ICS 应该像法院那样运作,那么它会有一个类似先例的制度吗?先例制度无疑将使初审法庭(tribunal of first instance)和上

---

[1] Howard Mann, Konrad von Moltke, *A Southern Agenda on Investment? Promoting Development with Balanced Rights and Obligations for Investors, Host States and Home States*, Manitoba: International Institute for Sustainable Development, 2005, p. 17.

[2] Gus Van Harten, *Investment Treaty Arbitration and Public Law*, Oxford: Oxford University Press, 2007, p. 180.

[3] Surya P. Subedi, *International Investment Law: Reconciling Policy and Principle*, Portland: Hart Publishing, 2008, p. 208.

[4] Umair Ghori, "Investment Court System or 'Regional' Dispute Settlement? The Uncertain Future of Investor-State Dispute Settlement", *Bond Law Review*, 30 (2018), p. 89.

诉法庭（appeal tribunal）能够在涉及类似法律问题的争端中作出一致的裁决。虽然欧盟可能采取基于先例的做法，但它将不得不考虑其成员国的法律政策，以及欧盟唯一的普通法管辖区（英国）最近退出欧盟这一令人不快的事实。[1] 这一发展必然会影响对 ISDS 采取更为一致的做法。或者，如果假设 ICS 不必遵循任何类似先例的模式，而且将由过渡初审法庭和上诉法庭根据个案作出决定，那么很明显，拟议的 ICS 与现行的以 ISDS 为基础的仲裁制度之间没有太大区别。不遵循类似先例的制度的风险在于，与当前的 ISDS 裁决相似，不一致的大量裁决也会出现。[2]

其次，系统式改革面临建立 ICS 的国际公约问题。因为系统式改革者不能单方面实施 ISDS 机制的改革，必须团结各国支持一个新的改革方向，因此需要建立一个国际公约。但这样的改革努力是困难的，因为相对于"可选的创新决策"（参与者可以选择单独采用或拒绝）或"权威的创新决策"（关于采用的决策由中央集权机构做出，并由其他机构授权），"共同的创新决策"被采用的速度通常比较慢。即使集体决定起草一项多边投资法庭公约，各国也会各自选择是否接受这种创新。

最后，系统式改革面临着"横向敌对"的问题。因为支持某一目标的改革议案往往同时吸引温和改良派团体（如渐进式改革者）和激进革命派团体（如范式改革者）。激进革命派团体往往通过与温和改良派团体保持一定距离来证明其对该目标的承诺，而不是由共同目标将这些团体捆绑在一起。就像纯素食者对素食者的偏见是其他人的 3 倍一样，对 ISDS 机制持强烈批评态度的人往往对那些寻求改革而不是推翻该制度的人怀有特别的敌意。这种态度使得系统式改革者更难把激进革命派团体拉到一起：一方面，一些非政府组织对欧盟 ICS 提案的反应表明了"横向敌对"问题，例如，哥伦比亚可持续投资中心认为，尽管应该赞扬欧盟采取的主动行动，以改革被普遍认为是破损的 ISDS 机制，但拟议的多边投资法庭或多边上诉法庭在解决 ISDS 机制中

---

[1] Umair Ghori, "Investment Court System or 'Regional' Dispute Settlement? The Uncertain Future of Investor-State Dispute Settlement", *Bond Law Review*, 30 (2018), p. 109.

[2] 2020 年 1 月 31 日，英国退出欧盟正式生效。欧盟与英国缔结的退出协议规定，从 2020 年 2 月 1 日至 2020 年 12 月 31 日，为期 11 个月的过渡期，在此期间，英国将继续适用欧盟贸易政策，并将继续受到欧盟与第三国贸易协定的涵盖和约束。See World Investment Report 2020, p. 107, at https://unctad.org/en/PublicationsLibrary/wir2020_ en. pdf, Nov. 7, 2020.

最有问题的方面明显是不足的，实际上反而将有助于进一步扩大和巩固有争议的 ISDS 机制；[1]另一方面，仲裁界的许多成员也对 ICS 提案持高度批评态度，认为 ICS 提案与其说是投资者保护的救星，不如说是对仲裁的攻击，并批评它明显脱离了现实。[2]

尽管 ICS 面临上述问题，而欧盟作为该机制的倡导者正利用其谈判能力，已与加拿大、越南和新加坡等几个条约伙伴就双边投资法庭制度达成了协议。然而，除了这少数几个国家以外，其他国家如墨西哥、澳大利亚、日本、中国等国家至少到目前为止还没有成为新的 ICS 的公开支持者，尽管在一定程度上他们可能是在等待欧盟内部法律能力的尘埃落定。如果欧盟能够仅凭其权力将这种创新传递给其条约伙伴，那么其最终能够得到的最好结果将是一个由欧盟和这些伙伴所组成的多边投资法院。[3]要使这样一个 ICS 成为真正的多边 ICS，欧盟需要说服其他一些主要意见领袖支持该制度，并通过他们自己的条约立法来推动它。这一进程可以包括摩洛哥和毛里求斯等尚未同欧盟缔结最近条约的友好国家。UNCITRAL 的改革辩论为欧盟提供了一个平台，欧盟可通过这个平台获得对其建议的多边支持。如果系统式改革者的建议不能得到大多数国家的支持，他们就有可能创建一个更加支离破碎的制度。

第二节 欧盟系统式改革的主要内容与评析

《里斯本条约》授权欧盟在其职权范围内代表成员国与他国缔结投资协定后，欧盟基于自身新一代 IIAs 缔约实践而引发了一场关于 ISDS 机制的变革。

---

[1] Columbia Ctr. on Sustainable Inv., Position Paper in Support of Opinions Expressed in Response to the European Commission's "Public Consultation on a Multilateral Reform of Investment Dispute Resolution", 1 (2017), p. 1, at http://isdsblog.com/wp-content/uploads/sites/2/2016/05/THEPROPOSALSOFTHEEUROPEANCOMMISSION.pdf, Aug. 3, 2019.

[2] Anne-Karin Grill, Mind the Label: Loyalists and Reformists and ISDS, Kluwer Arb. Blog (Dec. 29, 2017), at http://arbitrationblog.kluwerarbitration.com/2017/12/29/uncitral-isds-working-group-vienna-11-12-2017, Aug. 3, 2019.

[3] Anthea Roberts, UNCITRAL and ISDS Reform: Pluralism and the Plurilateral Investment Court, EJIL: TALK!, at https://www.ejiltalk.org/uncitral-and-isds-reform-pluralism-and-the-plurilateral-investment-court, Aug. 3, 2019.

目前欧盟是系统式改革的倡议者和践行者，虽然在其新近缔结的 IIAs 中确立了 ICS，但改革传统的 ISDS 机制是否有必要设立 ICS 还需要认真研究。[1]

一、欧盟系统式改革的历史沿革

欧盟成员国缔结的 IIAs 在实践中引发了大量的 ISDS 案件，暴露了 ISDS 机制的诸多缺陷。因此，可能是基于国际社会对传统 ISDS 制度的批评，也可能是基于联合国和民间组织倡导的改革呼声，欧盟获得《里斯本条约》的授权后开始着手对 ISDS 机制进行改革，在欧盟与他国进行 IIAs 谈判时提倡并推动建立 ICS。

（一）欧盟系统式改革的缘起

欧洲国家历来注重投资保护，因而几乎在每一个 BIT 中都可以找到有关 ISDS 机制的相关规定。[2] 然而，与美国 BITs 相比，欧盟成员国签署的 BITs 对 ISDS 机制的规定简单模糊。例如，法国 2006 年 BIT 范本规定：首先争端方应寻求友好解决，6 个月内无法友好解决，则应任何一方请求，可将争端提交 ICSID，当争端涉及对一缔约方的次主权实体（Sub-Sovereign Entities）的行为或不行为的责任时，次主权实体必须无条件同意利用 ICSID。德国 2008 年 BIT 范本规定：双方的投资应当通过友好协商解决，6 个月内无法友好协商解决，投资者可将各种实体争端提交投资仲裁庭进行仲裁，可选仲裁规则包括《华盛顿公约》、ICSID 附加便利规则、UNCITRAL 仲裁规则等。[3] 而其他欧盟成员国生效的投资协定对 ISDS 的规定几乎都参照德国范本或法国范本，未规定投资仲裁透明度、仲裁文件公开、仲裁员选择及其行为准则，也未规定设立上诉机构。[4] 如此模糊的规定导致基于条约提起的 ISDS 案件较多。截止到 2018 年底，来自欧盟成员国的投资者对另一个欧盟成员国所发起的已知仲裁案件总数达 178 起。因此，欧盟成员国发起关于欧盟内部 BITs 和 ECT（适用

---

[1] 参见黄世席：《欧盟国际投资仲裁法庭制度的缘起与因应》，载《法商研究》2016 年第 4 期，第 162 页。

[2] 参见黄德明、杨帆：《试析欧盟各机构对 ISDS 机制的态度及对中欧投资谈判的影响》，载《东北农业大学学报（社会科学版）》2015 年第 3 期，第 40 页。

[3] 参见高波：《论欧盟国际投资条约中的 ISDM 问题》，载《商业研究》2012 年第 12 期，第 203 页。

[4] 参见黄德明、杨帆：《试析欧盟各机构对 ISDS 机制的态度及对中欧投资谈判的影响》，载《东北农业大学学报（社会科学版）》2015 年第 3 期，第 40 页。

于欧盟内部关系）的适用性以及相关 BITs 终止行动的声明，可能会大大减少并最终消除基于条约的欧盟内部争端。[1]

在 2013 年 11 月通过的《投资保护和欧盟投资协定中的 ISDS 机制》确认了 ISDS 机制对于保护投资的重要性，并认为欧盟应吸取以前投资协定的教训，避免投资仲裁不合理限制东道国投资管制权，故应在签订新投资协定时对实体权利条款进行澄清。于是将传统的 ISDS 临时仲裁机制改为由常设仲裁庭和上诉机制组成的 ICS 成为这场变革的核心议题。2014 年 9 月欧盟和加拿大通过谈判达成的 CETA 完整文本对改良的 ISDS 机制作了详细规定，增加了上诉法庭制度和第三方资助的规定。欧盟自 2015 年以来一直推动着在双边和多边投资协议中改革解决投资争端的方法。欧盟在双边投资谈判中加入了投资法院制度（ICS）和更为严格的投资保护标准，这些标准也承认了各国的监管权。在多边一级，欧盟通过联合国国际贸易法委员会的政府间讨论，寻求建立多边投资法院。[2]2015 年欧盟在与美国的 TTIP 协定谈判中，阐明了将建立常设投资法院的基本立场。2015 年 9 月 16 日，欧委会公布 TTIP 建议文本，倡导建立两审终审的 ICS，并呼吁长期建立 ICS。[3]欧盟内部就 ISDS 机制内设立国际投资仲裁法庭的讨论特别激烈。欧盟贸易委员塞西莉亚·马尔姆斯特罗姆（Cecilia Malmström）明确表示支持通过协定确立 ICS，其认为这是一种较中立的解决方法，有利于国际投资仲裁法庭更方便、更合理地利用相关资源。实际上，早在 2015 年 5 月 5 日，欧盟委员会就发文提出建立一个永久的投资仲裁法庭和上诉机制。[4]

（二）欧盟系统式改革的发展

欧盟将 ICS 纳入新的 FTAs 或 BITs 以及拟议的 TTIP 文本的过程可视为新的推广过程。这种推广过程的效果是，最终该制度可能成为替代基于 ICSID

---

[1] UNCTAD, Fact Sheet on Investor-State Dispute Settlement Cases in 2018, IIA Issues Note, 2 (2019), p.3, at https://unctad.org/en/PublicationsLibrary/diaepcbinf2019d4_en.pdf, Aug. 16, 2019.

[2] See European Commission, policy, Investment disputes, at https://ec.europa.eu/trade/policy/accessing-markets/dispute-settlement/investment-disputes/#_policy, Nov. 14, 2020.

[3] 参见欧阳新:《试论欧盟新设投资法庭制度及对中国的影响——兼与 ICSID 仲裁机制比较分析》，载《广东外语外贸大学学报》2017 年第 4 期，第 13 页。

[4] 参见黄世席:《欧盟国际投资仲裁法庭制度的缘起与因应》，载《法商研究》2016 年第 4 期，第 164 页。

的 ISDS 机制的新选择。欧盟委员会于 2015 年 11 月 12 日的声明进一步证实了这一点，即与其他国家共同建立"永久性国际投资法院"。该制度旨在建立一个具有更大透明度的常设机构（类似于世贸组织争端解决机构），其具有明确的授权和常设的合格法官小组。此外，当事人可以利用上诉机制来反对法院通过的决定。[1] 该制度的设想被欧盟迅速应用于之后的条约谈判实践之中。

截至 2020 年 11 月 14 日，欧盟已签署了 77 个 IIAs，与韩国、哥伦比亚、厄瓜多尔、秘鲁、加拿大、墨西哥、越南、新加坡等国签订的 IIAs 具有标志性意义。[2] 欧盟-韩国 FTA 涉及规则透明度。[3] 哥伦比亚-厄瓜多尔-欧盟-秘鲁贸易协定[4]规定了高效而简便的争端解决机制，以磋商作为解决争端的最优先手段。该协定还规定了只有在四种情况下，才允许缔约方申请成立专家小组，进行仲裁。这四种情况是：①被控诉方没有回复根据第 301 条第 3 款提出的磋商请示；②磋商没有在第 301 条第 5 款或第 6 款规定的时间内举行（视具体情况而定）；③磋商方无法通过磋商的方式解决争端；④争端缔约方已同意不依据第 301 条第 4 款进行磋商。[5] 欧盟-加拿大 CETA[6]谈判的最终文本再次明确将常设投资法庭及上诉机制纳入其中，并于 2016 年 10 月 30 日签署，自 2017 年起临时适用，标志着该制度由构想走向实践。[7]

2018 年 4 月 21 日欧盟与墨西哥达成一项原则性协议，对 20 年前签署的自由贸易协定条款进行了升级。[8] 墨西哥已同意 ICS 和实质性保护规则，并

---

〔1〕 Umair Ghori, "Investment Court System or 'Regional' Dispute Settlement? The Uncertain Future of Investor-State Dispute Settlement", *Bond Law Review*, 30（2018），p. 88.

〔2〕 European Commission, Negotiations and agreements, at https://ec.europa.eu/trade/policy/countries-and-regions/negotiations-and-agreements/#_in-place, Nov. 14, 2020.

〔3〕 参见朱颖、王玮:《解析欧盟-韩国自由贸易协定》，载《世界贸易组织动态与研究》2012 年第 1 期，第 58 页。

〔4〕 即《欧盟及其成员国与哥伦比亚、厄瓜多尔、秘鲁贸易协定》，于 2013 年 6 月 1 日生效。

〔5〕 Article 302, Colombia-Ecuador-EU-Peru Trade Agreement (2012), at https://investmentpolicy.unctad.org/international-investment-agreements/treaty-files/5405/download, Nov. 16, 2020.

〔6〕 International Investment Agreements Navigator, Canada, at https://investmentpolicy.unctad.org/international-investment-agreements/treaty-files/5380/download, Aug. 20, 2019.

〔7〕 Report on Implementation of EU Free Trade Agreements, p. 4, at http://trade.ec.europa.eu/doclib/docs/2018/october/tradoc_157468.pdf, Dec. 6, 2018.

〔8〕 《欧盟和墨西哥达成新自贸协定》，载 http://www.ccpit.org/Contents/Channel_4117/2018/0507/1001169/content_1001169.htm，最后访问日期：2019 年 9 月 6 日。

与欧盟达成协议，以自由贸易协定条款取代现有的 16 个 BITs。[1]

然而，2018 年 7 月 17 日欧盟与日本签署的 JEEPA 投资章节的规则似乎偏离了典型的 BIT 投资者保护框架，不再侧重企业权利或特权保障，而是旨在减少投资面临的歧视性障碍。它取消了传统上投资者可以因政策改变要求全额补偿的公平公正待遇条款和征收保护条款。JEEPA 法律框架更像是典型的 WTO 架构。2019 年 2 月 1 日，JEEPA 正式生效。在 JEEPA 框架协议中，欧盟暂时未就多边投资法庭与日本沟通，但欧盟表示将在进一步的谈判中涉及这个问题。[2]

欧盟正在努力建立 ICS，该制度已经在其最近与越南和新加坡谈判达成的贸易协定中被引入。2019 年 6 月 30 日欧盟与越南签署的 EVFTA[3] 和 EVIPA[4] 都规定了将建立一个永久性的争端解决机制（ICS），设立一审法庭和上诉法庭。对欧盟来说，与作为社会主义国家和发展中国家的越南达成"高标准"协定，既是一大成功，也为将来与中国谈判提供借鉴。[5] 欧盟与新加坡于 2018 年 10 月分别签署的 EUSFTA 和 EUSIPA 在 2019 年 2 月得到欧洲议会的批准。[6] EUSFTA 于 2019 年 11 月 8 日获得欧盟理事会的批准，于 2019 年 11 月 21 日生效。EUSIPA 正在接受欧盟成员国的批准，预计至少需要 2 年时间，[7] 该协议一旦得到所有欧盟成员国的批准，将以更现代的争端解决方式取代新加坡与 12 个欧盟成员国之间的现有双边协议，[8] 并将建立一个平衡良好的投

---

〔1〕 Individual Reports and Info Sheets on Implementation of EU Free Trade Agreements, p. 205, at http://trade. ec. europa. eu/doclib/docs/2018/october/tradoc_157473. PDF, Dce. 6, 2018.

〔2〕 王燕：《欧盟新一代投资协定"反条约挑选"机制的改革——以 CETA 和 JEEPA 为分析对象》，载《现代法学》2018 年第 3 期，第 166 页。

〔3〕 EVIPA: Investment Protection for EU, Vietnam Businesses, at https://www.vietnam-briefing.com/news/investment-protection-eu-vietnam-fta.html, Sep. 2, 2019.

〔4〕 对于 EVIPA 协定，越南和欧盟共同承诺相互对各自企业赋予国民待遇及最惠国待遇，赋予公平、妥当、全面及充分保护。参见《欧盟越南正式签署 EVFTA 及 EVIPA 欧企亦将受惠 CPTPP》，载 http://m. kdnet. net/share-13348298. html? from=singlemessage，最后访问日期：2019 年 10 月 4 日。

〔5〕 刘明礼：《欧越自贸协定对欧盟的战略意义》，载 https://mp. weixin. qq. com/s/r4NeyuGCxG7Z4TYmLVgxJQ，最后访问日期：2019 年 7 月 11 日。

〔6〕 A Singapore Government Agency Website, at https://www.mti.gov.sg/en/Improving-Trade/Free-Trade-Agreements/EUSFTA, Nov. 22, 2019.

〔7〕 European Union-Singapore Free Trade Agreement, A Singapore Government Agency Website, at https://www. mti. gov. sg/en/Improving-Trade/Free-Trade-Agreements/EUSFTA, Nov. 22, 2019.

〔8〕 EU-Singapore free trade deal gets green light in Trade Committee, at http://www.europarl.europa.eu/news/en/press-room/20190124IPR24202/eu-singapore-free-trade-deal-gets-green-light-in-trade-committee, Jun. 20, 2019.

资法院体系,充分保障公共服务和各方的监管权。[1]

继欧盟成员国于2019年1月就欧盟法院在阿奇米亚诉斯洛伐克（I）案[Achmea v. Slovakia（I）][2]中的判决的法律后果以及欧盟的投资保护作出解释性声明之后,2019年10月24日,他们就终止欧盟内部BIT的多边协议案文达成协议,尽管一小部分成员国未能批准该协议。2020年5月5日,有23个成员国签署了终止欧盟内部BIT的协议,以执行阿奇米亚案的裁决,该裁决认定欧盟内部BIT中的投资者与国家之间的仲裁条款与欧盟法律不符。该协议包含了两个附件,第一个附件列出了目前有效的约125个欧盟内部BIT,这些协议将在该协议对相关成员国生效后终止,并阐明其"日落条款"也将终止;第二个附件列出了11个已经终止的欧盟内部BIT,其"日落条款"也将在该协议对相关成员国生效后停止产生法律效力。该协议不涵盖《能源宪章条约》（ECT）下的欧盟内部程序。它表明欧盟作为一个整体和其成员国将在稍后阶段解决此问题。[3]

综上,欧盟在与加拿大的全面经济贸易协定（CETA）以及与越南、新加坡、墨西哥的协定中实施了ICS。它还在与其他贸易伙伴进行的双边谈判中继续追求这一目标。[4]例如,欧盟现在正与中国、印度尼西亚、澳大利亚、新西兰和菲律宾等国家进行贸易和投资谈判,试图继续推行ICS。[5]欧盟也正在参与ECT的现代化进程,其中包括使保护规则和争端解决机制与欧盟现代化方法保持一致。[6]可以说,欧盟提出设立ICS的建议顺应了全球性的促进可持续发展的投资以及建立统一的IIAs范本的政策诉求的趋势。但是,该制度是否能够解决ICSID机制的正当性危机,有待实践的检验。

---

［1］ Agreement with Singapore set to give a boost to EU-Asia trade, at https://trade.ec.europa.eu/doclib/press/index.cfm? id=1980, May. 20, 2019.

［2］ Achmea v. Slovakia (I) (PCA Case No. 2008-13), at https://investmentpolicy.unctad.org/investment-dispute-settlement/cases/323/achmea-v-slovakia-i-, Nov. 14, 2020.

［3］ World Investment Report 2020, p. 108, at https://unctad.org/en/PublicationsLibrary/wir2020_en.pdf, Nov. 7, 2020.

［4］ European Commission, policy, Investment disputes, https://ec.europa.eu/trade/policy/accessing-markets/dispute-settlement/investment-disputes/#_policy, Nov. 14, 2020.

［5］ European Commission, Negotiations and agreements, Agreements being negotiated, at https://ec.europa.eu/trade/policy/countries-and-regions/negotiations-and-agreements/#_in-place, Nov. 14, 2020.

［6］ European Commission, policy, Investment disputes, https://ec.europa.eu/trade/policy/accessing-markets/dispute-settlement/investment-disputes/#_policy, Nov. 14, 2020.

二、欧盟系统式改革的主要内容

欧盟与美国谈判提交的 TTIP 建议文本、与加拿大签署的 CETA、与越南签署的 EVFTA 和 EVIPA、与新加坡签署的 EUSIPA 都规定了 ICS, 但 ICS 的具体规定有所不同。[1]可以说, 目前欧盟与他国签署的 IIAs 中确立的 ICS 已形成解决投资者与国家争端的双层机制, 将传统的投资者-国家仲裁的要素与司法特征相结合。[2]据此, 欧盟 ICS 发展大致可以分成两个阶段: 第一阶段是低版本的 ICS, 主要体现在 CETA 第 8 章 (投资) 第 8.18 节到第 8.45 节中, 开始在 ISDS 机制整体框架下对东道国公共管理权予以回归; 第二阶段是高版本的 ICS, 主要体现在 TTIP 建议文本和 EVFTA、EVIPA 和 EUSIPA 中, 将 ICS 由设想变为现实。

(一) 低版本的 ICS

为了应对欧洲议会的压力, 颇有争议的 ISDS 机制被 ICS 取代, ICS 旨在确保政府对仲裁员的选择进行控制, 并提高透明度。[3]2016 年 2 月, 欧盟与加拿大重新公布 CETA, 以全新的 ICS 取代 2014 年版本中改良式的投资仲裁机制。这是欧盟对 ISDS 机制司法化的最新尝试, 在程序规则方面以法院机制为参照, 建立包括上诉法庭的 ICS。

CETA 对 ISDS 机制的修改内容主要包括: ①涉诉措施究竟是由欧盟还是由欧盟成员国采取的, 究竟应由欧盟还是欧盟成员国作为被申请人[4]; ②仲裁员名单由 5 位具有欧盟成员国国籍的专家、5 位加拿大国籍专家和 5 位第三国国籍的专家共同组成, 仲裁员任期 5 年, 可连任 1 次; ③组成上诉庭, 有权对仲裁庭裁决作出支持、修改或撤销的决定[5]; ④CETA 还对协商[6]、调

---

[1] World Investment Report 2019, p. 101, at https://unctad.org/en/PublicationsLibrary/wir2019_en.pdf, Aug. 16, 2019.

[2] August Reinisch, "Will the EU's Proposal Concerning an Investment Court System for CETA and TTIP Lead to Enforceable Awards? —The Limits of Modifying the ICSID Convention and the Nature of Investment Arbitration", *Journal of International Economic Law*, 19 (2016), p. 761.

[3] CETA: MEPs Back EU-Canada Trade Agreement, at http://www.europarl.europa.eu/news/en/press-room/20170209IPR61728/ceta-meps-back-eu-canada-trade-agreement, Sep. 29, 2019.

[4] CETA 第 8.21 条。

[5] CETA 第 8.27 条。

[6] CETA 第 8.19 条。

解[1]、第三方资助[2]等问题进行了规定。CETA 第 8.31 条规定了相似的提起仲裁依据的法律规则。

欧盟一直关注 IIAs 应在合适范围内采取措施保护社会公共利益，这些规定出现在 CETA 前言、第 23 章（贸易和劳工）和第 24 章（贸易和环境）等章节，却没有出现在第 8 章（投资）中。

相比美国 2012 年 BIT 范本而言，CETA 关于调解和磋商的规定更为具体，更具有可操作性。CETA 对调解程序的规定主要为：若磋商未果，将进入调解或仲裁程序。在程序进行的任何时段内，若双方达成合意，仲裁专家组或调解员可随时终结工作。CETA 协定中包含允许当事人几乎在争端任何阶段，甚至在仲裁开始后，进行调解的规定。在争端双方决定以调解方式解决争端时，双方应尽力在任命调解员之日起 60 天内达成共同商定的解决方案。[3]

由上可知，CETA 中的 ICS 仍是磋商机制，表现为提交诉请的程序化以及法庭组织架构的司法化。从法庭成员的兼职性、上诉庭组织模式的不确定性以及需要借助外部机制的支持和执行方面可以看出，CETA 中的 ICS 是投资仲裁机制与法院机制的混合，仍是对仲裁机制的改良。[4]

（二）高版本的 ICS

相较于 CETA，TTIP 建议文本中对东道国公共管理权的关切更进一步。TTIP 建议文本第 2 节第 2 条首次规定了东道国的规制权，还规定了投资保护条款不是限制政府改变法律框架的承诺，东道国主管部门有权自由决定补贴以及执行国家援助法等。另外，还试图对间接征收进行限制。[5]TTIP 建议文本中提出了一套相对完善的投资法院版本，将现行投资仲裁机制司法化，拟建立起一套类似于 WTO 争端解决机制的准司法化机制。TTIP 建议文本中的 ICS 只是欧盟的设想，EVFTA、EVIPA 和 EUSIPA 则真正将 ICS 变为现实，其中关于 ICS 的规定差不多，主要包括以下六个方面的内容。

---

〔1〕 CETA 第 8.20 条。
〔2〕 CETA 第 8.26 条。
〔3〕 CETA 附件 29-C（调解程序规则）第 4.5 条。
〔4〕 参见叶斌：《〈欧盟与加拿大全面经济贸易协定〉对投资者诉国家争端解决机制的司法化》，载《国际法研究》2017 年第 6 期，第 115 页。
〔5〕 参见梁咏：《欧盟投资法庭机制对 ISDS 机制的发展与中国的选择》，中国欧洲学会欧洲法律研究会 2017 年第十一届年会论文集，2017 年 11 月，第 54 页。

1. 设立上诉机制

TTIP 建议文本创新性地构建了上诉机制，"上诉法庭对初审裁决进行审查后，可以对请求予以驳回（dismiss）或决定全部或部分修改或推翻（modify or reverse）初审裁决的事实和法律认定结果。"[1]欧盟签署的 EVFTA、EVIPA 和 EUSIPA 规定的 ICS 具有初审法庭和上诉法庭双层机制。例如，EVFTA 第 2 章第 4 节规定，设立常设性的国际投资法庭，内设初审法庭和上诉法庭两级机构，排他性地审理该协议项下的所有投资争端，以初审法庭取代投资仲裁机制，以上诉法庭取代投资仲裁复审机制。[2]EVIPA 第 3.39.1 条[3]和 EUSIPA 第 3.10.1 条[4]都规定，设立常设上诉法庭审理对初审法庭裁决的上诉。这三个 IIAs 和 TTIP 建议文本都对 ICS 初审法庭和上诉法庭的成员组成、任期和任职资格进行了规定，但在初审法庭和上诉法庭组成人数上有不同规定，而任期和任职资格的规定都差不多。例如，TTIP 建议文本规定整个投资法庭体系由 15 人组成的初审法庭和 6 人组成的上诉法庭构成。[5]EVFTA 规定，"上诉法庭的法官均由越南—欧盟自贸区贸易委员会指定，默认为 6 人，贸易委员会有权按照 3 的倍数对上述数字予以增减"。[6]EVIPA 第 3.38 条规定了初审法庭由 9 名法官组成，其中 3 名成员应为本联盟成员国的国民，3 名成员应为越南国民，3 名成员应为第三国国民。EVIPA 第 3.39 条规定，上诉法庭由 6 名成员组成，其中 2 名成员为欧盟成员国国民，2 名为越南国民，2 名为第三国国民。由欧盟和越南代表组成的委员会可决定将上诉法庭成员的人数增加或减少 3 倍。上诉法庭成员的任期为 4 年，可连任 1 次。但是，本协议生效后立即任命的 6 人中有 3 人的任期由抽签决定，其任期应延长至 6 年。USIPA 第

---

[1] 欧阳新:《试论欧盟新设投资法庭制度及对中国的影响——兼与 ICSID 仲裁机制比较分析》，载《广东外语外贸大学学报》2017 年第 4 期，第 13 页。

[2] 参见魏艳茹:《越南-欧盟自贸区投资上诉机制研究》，载《广西大学学报（哲学社会科学版）》2017 年第 3 期，第 100 页。

[3] EU-Viet Nam Investment Protection Agreement (2019), at https://investmentpolicy.unctad.org/international-investment-agreements/treaty-files/5868/download, Aug. 10, 2019.

[4] EU-Singapore Investment Protection Agreement (2018), at https://investmentpolicy.unctad.org/international-investment-agreements/treaty-files/5714/download, Aug. 10, 2019.

[5] 参见欧阳新:《试论欧盟新设投资法庭制度及对中国的影响——兼与 ICSID 仲裁机制比较分析》，载《广东外语外贸大学学报》2017 年第 4 期，第 13 页。

[6] 魏艳茹:《越南-欧盟自贸区投资上诉机制研究》，载《广西大学学报（哲学社会科学版）》2017 年第 3 期，第 102 页。

3.9条和第3.10条分别规定了初审法庭和上诉法庭都由6名成员组成。

2. 完善投资法庭法官选任机制

ICS对投资法庭法官的资质与独立性保障设计了一套完整的机制。首先，ICS对法官的资质条件和行为准则的要求高。法官须具有可比于国际法院和WTO上诉机构法官要求的法律专业知识和专业技能，还应具有本国有关任命最高级司法官员的资格条件；同时不得兼职和在任何其他未决投资争端案件中担任顾问、专家或者证人，不得附属于任何政府，不得接受任何与争端事项有关的政府或者组织的指示；[1]一旦获得指定，不得参与审理任何可能造成直接或者间接利益冲突的争端。其次，对法官的独立性提供了保障。规定固定任期为6年且可连任1次；按月给予初审法官和上诉法官薪酬；[2]组成人员不能由争议双方指认，而由投资法庭庭长任命。此外，EUSIPA附件7规定了法庭成员、上诉法庭和调解员行为守则；EVIPA附件8规定了仲裁员和调解员行为守则。

3. 提出更高的透明度要求

ICS吸收了UNCITRAL透明度规则的有关内容，在TTIP建议文本下可以适用UNCITRAL透明度规则。具体对涉诉文件的公开、第三方参与、公开审理以及保护机密信息等问题都作了明确规定，提高了对透明度的要求。首先，扩大了投资法庭的附加义务，即扩大了公开涉诉文件的范围。在投资仲裁实践中，相关法庭对商事仲裁和投资仲裁下的保密义务进行了区分。其次，赋予与争端结果有直接利益关系人作为第三方参与程序的权利[3]，如有权提交意见书、获取与案件相关的资料等。最后，对第三方资助的透明度作出了要求。在接受第三方资助[4]的情况下，要求接受资助的一方应将第三方资助者的相

---

[1] 根据TTIP建议文本的解释，更准确地说，"不附属于任何政府机构"并不意味着本身不得作为政府官员或从政府取得收入，而是指应独立于政府。

[2] 由欧盟提议的初审法官聘用费大致相当于WTO上诉机构成员费用的1/3（约每个月2000欧元）；上诉法庭法官聘用费大致相当于WTO上诉机构成员费用的（每个月约7000欧元）。

[3] 参见陈珺、杨帆：《投资法庭机制探究及中国的应对——以欧盟〈TTIP协定〉投资章节建议案为例》，载《学习与实践》2018年第11期，第87页。

[4] 根据TTIP建议文本的解释，"第三方资助"是指不是争端当事方，但与争端一方签订协议，以依赖于争端结果获取报酬或以捐赠或资助的方式，向与其签订协议的一方提供资金的自然人或法人。

关情况通知争端另一方和审判法庭。[1] EVIPA 和 EUSIPA 都加强了程序透明度的规定。例如，EUSIPA 第 3.16 条（程序的透明度）规定："附件 8（关于公众查阅文件、听证和第三人提交意见的可能性的规则）应适用于本节项下的争议。"EVIPA 第 3.46.1 条规定："除本条第 2~8 款另有规定外，UNCITRAL 透明度规则适用于本节下的争端。"第 3.46.3 条还规定："在不违反 UNCITRAL 透明度规则第 7 条的前提下，不属于 UNCITRAL 透明度规则第 3.1 条和第 3.2 条范围的仲裁庭可主动或应任何人的请求，在与争端各方协商后，决定是否以及如何提供向其提供的或由其签发的任何其他文件。"

4. 赋予东道国规制权

相较于 TPP，TTIP 建议文本中的 ICS 对现行 ISDS 机制威胁到东道国实现公共政策的质疑予以了回应，对东道国规制权规定得更广泛，所列举的监管目标包括劳工、环境、健康、安全、消费者、公共道德和促进文化多样性等领域。[2] EVIPA 和 EUSIPA 也都对东道国的规制权进行了设计。例如，EVIPA 第 2.2 条规定了投资和监管措施及目标，第 4.9（c）条规定："为协助执法或金融监管机构，必要时对转让进行财务报告或记录保存。"EUSIPA 第 2.2 条和第 2.7.2（c）条作出了与 EVIPA 类似的规定。由于上诉法庭审查范围广泛，既审查事实认定、法律适用与解释方面的问题，也审查程序性问题，这有助于东道国利用二审时间形成缓冲期，最大限度地维护本国利益。[3]

5. 设计多边争端解决条款

TTIP 建议文本对多边争端解决机制进行了设计，例如，其第 12 条规定：一旦当事国之间建立的多边投资法庭或多边上诉机制开始生效，将停止适用该章节的相关部分。[4] EVFTA、EVIPA 和 EUSIPA 也设计了类似 TTIP 建议文本的多边争端解决条款，要求缔约方通过协商一致达成该协议投资争端解决部

---

[1] 参见欧阳新：《试论欧盟新设投资法庭制度及对中国的影响——兼与 ICSID 仲裁机制比较分析》，载《广东外语外贸大学学报》2017 年第 4 期，第 13~14 页。

[2] 参见梁咏：《欧盟投资法庭机制对 ISDS 机制的发展与中国的选择》，中国欧洲学会欧洲法律研究会 2017 年第十一届年会论文集，2017 年 11 月，第 55 页。

[3] 参见欧阳新：《试论欧盟新设投资法庭制度及对中国的影响——兼与 ICSID 仲裁机制比较分析》，载《广东外语外贸大学学报》2017 年第 4 期，第 14 页。

[4] 陈珺、杨帆：《投资法庭机制探究及中国的应对——以欧盟〈TTIP 协定〉投资章节建议案为例》，载《学习与实践》2018 年第 11 期，第 89 页。

分的一些内容不再适用多边上诉机制的决议,并在决议中进行过渡性安排。由此可知,欧盟对于未来的多边上诉机构的成立等问题进行了设想。一旦多边争端解决机制正式成立,相关协议项下的争端皆可交由其处理。

6. 规定法律适用和执行机制

ICS 创新性地规定了投资争端解决机制的法律适用体系和执行机制。例如,TTIP 建议文本第二部分第 6.2 条、EVIPA 第 3.33.2 条和 EUSIPA 第 3.6.1 条规定了相似的提起仲裁依据的法律规则,即申诉人可基于《华盛顿公约》、UNCITRAL 仲裁规则等争端双方批准或同意的条约向 ICS 提交争端。EVIPA 第 3.42 条[1]和 EUSIPA 第 3.13 条[2]规定了相似的法律适用和解释规则。

EVFTA 规定了上诉裁决的执行机制,"当事方不得对本协议项下的终局裁决提起上诉、审查、撤销或者任何其他救济。缔约任何一方均应承认根据本协议作出的裁决的终局性,并应在其领土内执行裁决所确定的金钱义务,就像该裁决是该国法院做出的终局判决一样。裁决的执行应受裁决执行地所在国有关执行判决和裁定的法律调整。"[3] EVIPA 第 3.57 条和 EUSIPA 第 3.22 条关于最终裁决的执行机制的规定与 EVFTA 类似。EVFTA 还给了越南为期 5 年的过渡期,即在该协议生效后的最初 5 年内,若涉及越南为被申请人的案件,常设投资法庭则根据《纽约公约》对依据该协议作出的裁决予以执行,越南在 5 年的过渡期内无义务执行 EVFTA 下的终局裁决。[4]

三、对欧盟系统式改革的评价

欧盟在 CETA、TTIP 建议文本、EVFTA、EVIPA 和 EUSIPA 中倡导和设立

---

[1] EVIPA 第 3.42.2 条规定,法庭和上诉法庭在作出决定时,应适用第 2 章(投资保护)的规定和本协定的其他规定(如适用)以及当事双方之间适用的其他国际法规则或原则,并实际上考虑了争议方的任何相关国内法。第 3.42.4 条规定,法庭和上诉法庭应按照 1969 年 5 月 23 日在维也纳缔结的《维也纳条约法公约》编纂的国际公法习惯解释规则解释本协定。

[2] EUSIPA 第 3.13.1 条规定,法庭应裁定作为索赔标的的处理是否违反第 2 章(投资保护)规定的义务。第 3.13.2 条规定,在不违反第 3 款的前提下,法庭应适用根据《维也纳条约法公约》以及当事双方之间适用的其他国际规则和原则解释本协定。

[3] 魏艳茹:《越南-欧盟自贸区投资上诉机制研究》,载《广西大学学报(哲学社会科学版)》2017 年第 3 期,第 104 页。

[4] 参见魏艳茹:《越南-欧盟自贸区投资上诉机制研究》,载《广西大学学报(哲学社会科学版)》2017 年第 3 期,第 104 页。

的 ICS，对欧盟及其他国家具有较大影响力[1]，这种系统式改革模式可以使欧盟在改革现有机制、创立国际法庭方面发挥全球性引领作用。与现有的 ISDS 机制相比较，欧盟系统式改革模式虽然具有加强裁决的合法性与公正性、增强裁决一致性、提高程序的透明度和强化国家规制权等优点，但同时也存在上诉法庭机制规则设计不合理、法官选任机制不科学、程序的透明度规定不充分、东道国规制权模糊、多边争端解决条款不完善、法律适用和执行机制不健全等缺陷。[2]

（一）上诉法庭机制的优劣

ICS 在初审法庭的基础上设置上诉法庭机制，虽然有助于增强投资仲裁的一致性、可预见性和平衡东道国与投资者利益，但裁决的不一致性仍然难以得到根本性的解决。

1. 上诉法庭机制的优点

首先，ICS 的上诉法庭机制本身具有纠正功能。ICS 还强调初审法庭应当尊重上诉法庭所做出的纠正，并对于相同或相似案件，其裁判对初审法庭具有法律溯及力。故上诉法庭可改变同案不同判的现象，尽管无法保证投资仲裁结果完全统一，但有助于增强投资仲裁的一致性和可预见性，构建更加稳定的国际法律环境。ICS 为防止投资者滥用程序，规定了对明显无价值、无依据的诉请适用简易程序，而且对程序规定了严格的时间，使诉讼时限明显短于投资仲裁，简易程序也方便中小型投资者提起诉讼。

其次，上诉法庭机制的确立能够平衡东道国与投资者之间的利益。对仲裁机制的价值定位一直存在公平与效率之争。商事仲裁以效率为主要目标，这也是确立仲裁终局性原则的原因。而在 ISDS 仲裁机制中，由于作为被申请人的国家常会涉及其公共利益政策的合法性问题，故追求效率优先的一裁终局原则并不能完全适用 ISDS 机制。为突破传统仲裁一裁终局的局限，ICS 在初审和上诉两阶段都会考虑国家的公共利益。这种上诉法庭机制能给投资者的投资活动提供可预见的法律指导，同时也降低了东道国因依法执行公共政

---

[1] 参见张正怡：《论晚近区域协定中投资争端解决机制的创新及其启示——以 TPP、TTIP、CETA 为例》，载《国际商务（对外经济贸易大学学报）》2018 年第 3 期，第 148 页。

[2] 参见邓婷婷：《中欧双边投资条约中的投资者-国家争端解决机制——以欧盟投资法庭制度为视角》，载《政治与法律》2017 年第 4 期，第 110 页。

策而招致巨额赔偿的风险。[1]

2. 上诉法庭机制的不足

ICS裁决的一致性问题仍然难以解决，主要原因在于：首先，在实际操作中，上诉法庭机制的主要作用在于纠正初裁裁决的实体性与程序性错误，但不同法官的理解不同会导致对某一条文的解释不同，从而使上诉庭法官可能推翻初裁裁决。其次，在同类型案件的判决中，法官由于无先例制度的约束会作出不同的判决。最后，大量的双边投资法庭的出现可能会加剧国际投资法的碎片化，从而导致不同的投资法庭可能对相同的事项作出不同的裁决，增加裁决的不一致性。[2]

（二）投资法庭法官选任机制的优劣

ICS的投资法庭法官选任机制有助于法官树立独立、公正的信念，但没有具体规定如何选择第三国国民来担任法官，也没有对仲裁员、律师或法学家等担任投资法庭法官的冷却期要求，仍然存在利益冲突的可能性。

1. 投资法庭法官选任机制的优点

CETA对投资法庭法官的资质和道德要求进行了小修小补，TTIP建议文本、EVFTA、EVIPA和EUSIPA从制度上保证投资法庭的设立更符合投资仲裁的公法属性。[3]例如，ICS对投资法庭法官的资格条件和行为规则以附件形式进行了专门规定，促使投资法庭法官必须保持独立、公正，尽量避免直接或间接的利益冲突。[4]ICS规定由条约缔约方而不是争端各方选任投资法庭法官[5]，这是对传统的投资仲裁的重大改变，能进一步提高投资法庭法官裁判的独立性和公正性。此外，EVFTA中规定越南－欧盟自贸区贸易委员会可通

---

〔1〕参见邓婷婷：《中欧双边投资条约中的投资者-国家争端解决机制——以欧盟投资法庭制度为视角》，载《政治与法律》2017年第4期，第107页。

〔2〕陈珺、杨帆：《投资法庭机制探究及中国的应对——以欧盟〈TTIP协定〉投资章节建议案为例》，载《学习与实践》2018年第11期，第88页。

〔3〕梁咏：《欧盟投资法庭机制对ISDS机制的发展与中国的选择》，中国欧洲学会欧洲法律研究会2017年第十一届年会论文集，2017年11月，第55页。

〔4〕TTIP建议文本第3节附件二第5条、CETA附件29-B、EVIPA附件8和EUSIPA附件11均有相同规定。

〔5〕TTIP建议文本第9.2条，CETA第8.27.2条。

过决议的方式将月聘任费和其他费用永久地换算为固定的薪金。[1]这种固定薪金制能阻断争端方对投资法庭法官的操纵，保证投资法庭法官全职提供服务，确保投资法庭法官的独立性，也能大幅缩减投资者在海外的诉讼成本，将促进中小型企业的海外投资活动。

2. 投资法庭法官选任机制的不足

ICS 虽然规定了初审法庭和上诉法庭的法官必须包含第三国国民，而且第三国国民在初审法庭与上诉法庭中可以担任主席与副主席，并且在小组审理案件中担任组长，但是对于如何选任并无充分具体的规定。首先，没有考虑成员数量的需求。在上诉法庭中，第三国的成员将轮流担任上诉法庭的主席和副主席。目前有一半的上诉案件由他们主持，其责任和负担非常大，但是仅仅规定 2 名第三国的成员担任法官，并在 2 年内出任，没有考虑到实践中出现的大量仲裁案件需要更多的投资法庭法官。其次，缺乏担任投资法庭法官的冷却期。目前活跃于国际投资仲裁领域的仲裁员、律师或法学家都有可能进入法官名单，而法官在任职前后没有冷却期要求，可能导致存在利益冲突。[2]再次，ICS 规定的投资法庭法官的一些其他标准并不令人信服，例如，ICS 不要求指定的法官有资格在其本国担任司法职位。最后，ICS 对法官道德要求没有具体的标准，可能导致申请人滥用异议程序，出现大量要求法官回避的情形，[3]间接导致仲裁效率的降低。此外，ICS 的规定使投资者不能自由选择投资法庭法官，会降低对投资者的吸引力。

（三）程序透明度规定的优劣

CETA、TTIP 建议文本、EVFTA、EVIPA 和 EUSIPA 中的 ICS 都有能确保程序的公开性和透明度等规定，但没有规定和解程序的透明度，也没有规定法庭考虑法庭之友意见的义务。

1. 程序透明度规定的优点

ICS 规定了较高的透明度义务，不仅法院作出的裁决需要公开，而且当事

---

[1] 参见魏艳茹：《越南-欧盟自贸区投资上诉机制研究》，载《广西大学学报（哲学社会科学版）》2017 年第 3 期，第 103 页。

[2] 参见刘京莲：《国际投资仲裁正当性危机之仲裁员独立性研究》，载《河北法学》2011 年第 9 期，第 122 页。

[3] 参见张庆麟、黄春怡：《简评欧盟 TTIP 投资章节草案的 ISDS 机制》，载《时代法学》2016 年第 2 期，第 93 页。

方提交的诉讼申请、证据、答辩材料等都会被公开。这样的规定能确保程序的公开性和透明度以及确保所有受影响者的有效参与。[1]例如，EVIPA 附件 7 和 EUSIPA 附件 9 都规定了法庭之友可向法庭提交意见的程序规则。CETA、TTIP 建议文本、EVIPA 和 EUSIPA 都纳入了 UNCITRAL 透明度规则，根据 UNCITRAL 透明度规则第 4 条的规定，可预见到法庭可能会接受法庭之友意见，因为接受法庭之友意见无疑比不接受它们更好，更能促进仲裁程序的透明度。

2. 程序透明度规定的不足

首先，ICS 没有规定和解程序的透明度。"和解程序在司法程序外秘密进行，且同样会涉及东道国政策的改变及数额巨大的公共资金支出。据估计，在 ICSID 仲裁中，争端双方于最终裁决作出前达成和解的概率约为 30%～40%，在和解比例并不低的情况下，欧盟仍然不把争议双方达成的和解协议纳入到公开文件范围中，这显然无法完全消除公众的疑虑。"[2]其次，虽然由于透明度的提高，可能会导致正在进行的仲裁程序会在公共领域被广泛讨论，但这只会使仲裁程序的最终结果受益。而 ICS 的致命弱点似乎是法庭没有严格的义务来考虑法庭之友意见，因此不足以保证所有受影响的人都能有意义地参与诉讼程序。[3]

(四) 东道国规制权条款的优劣

ICS 的东道国规制权条款有利于维护国家的主权，特别是能平衡投资者与东道国的利益，但应注意该条款的缺点。

1. 东道国规制权条款的优点

在现行 ISDS 机制下，投资者可能重复运用司法解决（包括仲裁地法院）和仲裁解决来拖延其对东道国政府承担的责任。[4]例如，TPP 第 9 章第 20 条

---

〔1〕 例如，TTIP 建议文本第 22 条，CETA 第 8.38 条。

〔2〕 张庆麟、黄春怡：《简评欧盟 TTIP 投资章节草案的 ISDS 机制》，载《时代法学》2016 年第 2 期，第 97 页。

〔3〕 Lisa Diependaele, Ferdi De Ville, Sigrid Sterckx, "Assessing the Normative Legitimacy of Investment Arbitration: The EU's Investment Court System", *New Political Economy*, 24 (2019), p. 50.

〔4〕 Chevron v. Ecuador 案和 Renco v. Peru 案都体现了 ISDS 机制越来越多被运用于逃避东道国国内法院的司法救济。See Chevron and TexPet v. Ecuador (II), at https://investmentpolicy.unctad.org/investment-dispute-settlement/cases/341/chevron-and-texpet-v-ecuador-ii-, Nov. 12, 2020; Renco v. Peru (II), at https://investmentpolicy.unctad.org/investment-dispute-settlement/cases/1017/renco-v-peru-ii-, Nov. 12, 2020.

中禁止平行诉讼，但是并不禁止仲裁前的国内司法程序，故当投资者不满东道国诉讼判决的结果时，投资者仍有可能诉至 ISDS 机制，这样投资者实际拥有了两次救济机会，而东道国政府仅享有一次救济机会。在 ICS 中，投资者无法获得双重救济，东道国也可利用享有的规制权在二审中维护公共利益，ICS 的投资法庭也会考虑公共利益，"这种安排更加符合公平公正的原则，更有助于将投资者与东道国利益进行有效平衡"。[1]

2. 东道国规制权条款的不足

首先，TTIP 建议文本、CETA、EVIPA 和 EUSIPA 对东道国规制权的规定都不够明确，条款中的"公共健康与安全""公共道德"等词语含义模糊，个案中主要依赖于法官的解释，从而扩大了法官的自由裁量权。这种纯粹依赖法官主观裁量的规定容易引发实体上的不公正，让争端方难以服从。[2] 其次，上述法律文本中最重要的变化不是程序性规定，而是一些实质性标准（公平公正待遇和征收规则）的范围受到限制，并且普遍重申了包括监管权在内的国家权力。故 ICS 的程序规定虽然不会直接降低国家的监管能力，但并不能保证所有相关公共利益都在 ICS 法律框架内得到解决，因为可能存在比被诉国的监管权更多的利益。

（五）多边争端解决条款的优劣

ICS 规定了平行的多边争端解决机制，试图取代当前的投资法院制度，虽有利于应对投资法庭上诉机制的不一致和执行难问题，但并没有提供一个切实可行的路径。

1. 多边争端解决条款的优点

为了应对 ICS 上诉机制的裁决不一致和执行难问题，ICS 规则的制定者认为，最有效的途径就是将当前的 ICS 多边化。若越来越多的国家参与到该机制之中，就意味着裁决得以执行的范围越来越广。多边投资法庭制度的应用将更有利于建立先例制度以解决仲裁裁决的不一致问题，从而引导国际投

---

[1] 梁咏：《欧盟投资法庭机制对 ISDS 机制的发展与中国的选择》，中国欧洲学会欧洲法律研究会 2017 年第十一届年会论文集，2017 年 11 月，第 55 页。
[2] 参见欧阳新：《试论欧盟新设投资法庭制度及对中国的影响——兼与 ICSID 仲裁机制比较分析》，载《广东外语外贸大学学报》2017 年第 4 期，第 16~17 页。

立法在实体内容上趋于同一，为最终实现全球投资法制奠定基础。[1]故在 TTIP 建议文本、EVFTA、EVIPA 和 EUSIPA 中对 ICS 的多边化进行了规定。

2. 多边争端解决条款的不足

ICS 的多边化规定，只是指明在当前 ICS 的基础上如何实现多边化，并没有规定缔约方为建立多边投资法庭制度付出行动的相应义务，也没有提供一个切实可行的路径，更没有考虑其所带来的问题。[2]这样的规定虽然顺应了 ICS 的多边化趋势，却又阻碍了多边化的实现。因为，若双边 ICS 得到高效良好运作，必然会打消建立多边 ICS 的意愿。而多边化 ICS 会因谈判、制度安排等增加各种成本，加大成员方的经济负担。另外，虽然可以在 UNCITRAL 或 ICSID 建立一个多边投资争端解决机构，但由于涵盖国家数量巨大且各国发展水平参差不齐，目前无法达成一致。

（六）法律适用和执行机制的优劣

ICS 虽然创新了投资解决机制的法律适用和执行机制，但并没有对欧盟法在 ICS 中的适用问题作出明晰的回答，也没有明确 ICS 裁决是否为仲裁裁决，导致执行难。

1. 法律适用和执行机制的优点

TTIP 建议文本、EVIPA 和 EUSIPA 中规定了 ICS 的法律适用问题，EVFTA 不但规定了 ICS 上诉裁决的执行机制，也规定了该机制与 ICSID 仲裁撤销机制[3]、非 ICSID 仲裁的裁决复审机制[4]之间的关系。这样的规定理论上有利于解决 ICS 裁决的执行问题。若 ICS 裁决符合《华盛顿公约》规定的仲裁裁决的条件，则可依据该公约予以承认与执行；若不符合《华盛顿公约》规定的条件，则可依《纽约公约》予以承认与执行。

---

[1] 参见陈珺、杨帆：《投资法庭机制探究及中国的应对——以欧盟〈TTIP 协定〉投资章节建议案为例》，载《学习与实践》2018 年第 11 期，第 88~89 页。

[2] 参见陈珺、杨帆：《投资法庭机制探究及中国的应对——以欧盟〈TTIP 协定〉投资章节建议案为例》，载《学习与实践》2018 年第 11 期，第 88~89 页。

[3] EVFTA 规定："为更明确起见，如果申请人依据第 7 条第 2 款第 1 项起诉，则常设投资法庭发布的裁决应属于 1965 年《华盛顿公约》第 6 节项下的裁决。"参见魏艳茹：《越南-欧盟自贸区投资上诉机制研究》，载《广西大学学报（哲学社会科学版）》2017 年第 3 期，第 104 页。

[4] EVFTA 规定："为了《纽约公约》第 1 条的目的，常设投资法庭就该协议项下的投资争端作出的裁决应被认为属于仲裁裁决，且与源自于商事交易关系的仲裁请求相关。"参见魏艳茹：《越南-欧盟自贸区投资上诉机制研究》，载《广西大学学报（哲学社会科学版）》2017 年第 3 期，第 104 页。

2. 法律适用和执行机制的不足

首先，欧盟签署的 EVFTA、EVIPA 和 EUSIPA 都设立了 ICS，规定仲裁申请可以依据不同的争端解决规则提起，如 ICSID 仲裁规则、ICSID 附加便利性规则以及 UNCITRAL 仲裁规则或其他双方同意的规则，但又同时规定上述规则必须服从上述 IIAs 中提出的规则，因此，仲裁庭组成等重要的程序性规则将会被上述 IIAs 中的规则取代。这种混合型的规则是否会在实践中引发问题，目前尚不能确定。另外，欧盟方面较为担忧的还有 CETA 和上述 IIAs 的关系问题。CETA 尚未生效，一旦 CETA 生效，无数在加拿大有分支机构或实际经营活动的美国公司都可以基于 CETA 向欧盟及其成员提起仲裁，从而规避上述生效的 IIAs 设立的 ICS。[1]

其次，投资法庭作出的裁决在执行时将面临阻碍，主要原因在于：①ICS 只对缔约方具有法律约束力，对非缔约方则无法律约束力，故非缔约方可以拒绝承认与执行 ICS 法庭作出的裁决。上诉制度中案件审理的时间延长，增加了对中小企业和发展中国家的负担。如有一方滥用上诉机制，必然会给另一方带来经济上和时间上的双重损害。②ICS 没有明确规定投资法庭作出的裁决是否为仲裁裁决以及能否根据《纽约公约》予以执行。虽然 EVFTA 规定 ICS 裁决属于《纽约公约》下的裁决，但实践中对 ICS 是否为《纽约公约》下常设仲裁庭以及 ICS 裁决是否为《纽约公约》所界定的裁决是有争议的。[2]③由于 ICS 排除投资者选任仲裁员的权利，投资者在投资法庭的组成上不能发挥任何作用，这也会导致投资者不愿意执行 ICS 裁决。

总之，ICS 存在上述诸多问题，这种改革不充分的风险意味着再次建立一个不够合法的机制，这个机制已在执行，不太可能在不久的将来被放弃或修改。由此似乎增加了 ISDS 机制的合法性，因为虽然 ISDS 机制存在风险，但不太会被严格审查。即使 ICS 可能解决 ISDS 机制的合法化问题，但这并不意味着有足够的理由接受它。而且由于 ICS 并未明确确保所有受影响的人能够公

---

[1] 参见张庆麟、黄春怡:《简评欧盟 TTIP 投资章节草案的 ISDS 机制》,载《时代法学》2016 年第 2 期,第 97 页。

[2] 参见邓婷婷:《中欧双边投资条约中的投资者-国家争端解决机制——以欧盟投资法庭制度为视角》,载《政治与法律》2017 年第 4 期,第 109 页。

平地诉诸程序并平等考虑他们的利益,故ICS并不是一个极好的解决方案。[1]况且ICS不是一种法院制度,而是一种仲裁制度,由于该制度并非真正意义上的"独立",即对仲裁员的任命仍由争端双方的代表作出,故不存在确保独立制度的基本保障措施。[2]因此,建立一个类似法院的机制来解决投资争端的做法仍然处境艰难。[3]

第三节 欧盟系统式改革对中国的影响与启示

欧盟设立 ICS 的目的是将其推广为全球使用。尽管未能证明 ICS 是解决现有 ISDS 机制缺陷的良策,但 ICS 或将成为欧盟在投资争端解决领域革新的一把利剑,对中国具有重要的影响与启示。

一、中国与欧盟成员国 BITs 中的 ISDS 规则与实践

迄今为止,中国已与 27 个欧盟成员国签订了 25 个 BITs[4],这些 BITs 规定相对简单,对 ISDS 机制的规定不尽相同。其中,中国与 9 个欧盟成员国签订的 BITs 中规定提交 ICSID 管辖的投资争端仅限征收赔偿金额的争议,与 2 个欧盟成员国签订的 BITs 规定提交 ICSID 管辖的投资争端仅限征收赔偿金额及其他需要经过双方同意的争议,与 15 个欧盟成员国签订的 BITs 规定完全接受 ICSID 的管辖(参见表3-1)。

需注意的是,最初设置 ISDS 机制的目的是保护海外投资者(主要是发达

---

〔1〕 Romain Pardo, "ISDS and TTIP—A Miracle Cure for a Systemic Challenge?", *European Policy Centre Policy Brief*, Jul. 14, 2014.

〔2〕 Friends of the Earth Europe, Investment Court System, ISDS in Disguise: 10 Reasons Why the EU's Proposal Doesn't Fix a Flawed System, December 2015, at http://www.foeeurope.org/sites/default/files/eu_us_trade_deal/2016/investment_court_system_isds_in_disguise_10_reasons_why_the_eus_proposal_doesnt_fixed_a_flawed_system_english_version_0.pdf, Aug. 10, 2019. See also Natacha Cingotti, Pia Eberhardt, Nelly Grotefendt, Cecilia Olivet and Scott Sinclair, "Investment Court System Put to the Test", *Report*, *Friends of the Earth Europe*, April 2016.

〔3〕 Umair Ghori, "Investment Court System or 'Regional' Dispute Settlement? The Uncertain Future of Investor-State Dispute Settlement", *Bond Law Review*, 30 (2018), pp. 91-92.

〔4〕 由于欧盟成员国中的爱尔兰未与中国签订 BIT,而比利时和卢森堡联合与中国签订了 1 个 BIT,因此中国与欧盟成员国签订的 BIT 数量是 25 个。

表3-1　中国与欧盟成员国签订的 BITs 中对 ISDS 机制的具体规定

ISDS 条款的规定	与中国签订 BIT 的国家
仅限征收赔偿金额的争议可提交国际投资仲裁庭	丹麦、意大利、奥地利、波兰、英国、爱沙尼亚、匈牙利、斯洛文尼亚、克罗地亚
仅限征收赔偿金额及其他需要经过双方同意的争议可提交国际投资仲裁庭	希腊、立陶宛
完全接受国际投资仲裁庭的管辖	瑞典、法国、德国、芬兰、保加利亚、比利时、卢森堡、捷克、塞浦路斯、马耳他、葡萄牙、西班牙、荷兰、罗马尼亚、斯洛伐克

资料来源：中国商务部网站以及 UNCTAD 网站。

国家的投资者）免受来自东道国（主要是发展中国家）的不当行为而导致的不公平、不合理的对待。发展中国家为了吸引外资，一般也接受使用 ISDS 机制来解决投资争端。20 世纪 90 年代以来，该机制因损害公共利益、缺乏合法性和公正性而遭到各界的质疑与批评。近年来，许多 IIAs 实践对 ISDS 机制进行了改革与完善。虽然中国在近几年与加拿大、澳大利亚签订的 IIAs 中对 ISDS 机制进行了一定的改进[1]，中国和部分欧盟成员国重新签订了 BITs 或者修改了其中的部分内容，但并未涉及对 ISDS 机制的改进，[2]也没有规定关于常设投资仲裁法院或法庭的条款和关于对投资者与东道国间的仲裁裁决提起上诉的条款。

2019 年中欧 BIT 谈判取得了重要进展，2019 年 4 月 9 日下午，第 21 次中欧领导人会晤，双方通过并发表了《第二十一次中国-欧盟领导人会晤联合声明》，称"双方承诺 2019 年将在谈判中，特别是投资自由化承诺方面，取得结束谈判所必需的决定性进展，以便在 2020 年达成高水平的中欧投资协定"[3]。

中国与欧盟成员国之间的投资仲裁纠纷很少，目前只有 2 例，即中国平

---

[1] 参见 2012 年签订的中国-加拿大 BIT 和 2015 年签订的中国-澳大利亚 FTA 中的投资章节。
[2] 邓婷婷：《中欧双边投资条约中的投资者-国家争端解决机制——以欧盟投资法庭制度为视角》，载《政治与法律》2017 年第 4 期，第 101 页。
[3] 参见环中投资仲裁团队：《投资仲裁的新发展与贸仲投资仲裁规则》，载 https://mp.weixin.qq.com/s/oo-suoYLzQMC7JZU7x6NpQ，最后访问日期：2019 年 8 月 20 日。

安诉比利时案[1]和德国海乐·西亚泽诉中国案[2]。

二、欧盟系统式改革对中国的影响

由于中国与欧盟 27 个成员国都签订了 BITs，因此，欧盟系统式改革对中欧 BIT 谈判、中国与欧盟成员国 BITs 的重新谈判或修订、中国投资法律政策、中国国内组织与海外投资者都将产生深远影响。

（一）对中欧 BIT 谈判及中国与欧盟成员国 BIT 重签的影响

目前欧盟正积极倡导和推进建立 ICS，在 TTIP 建议文本、CETA、EVFTA、EVIPA 和 EUSIPA 中都规定了 ICS，欧盟与发展中国家进行 IIAs 谈判时坚持纳入 ISDS 机制。[3]因此，虽然中欧 BIT 谈判现在还未涉及投资争端解决问题，但结合欧盟成员国与中国现有的 BITs 实践，欧盟很可能会将改革后的 ISDS 机制纳入与中国的 BIT 谈判中。因为欧盟认为，中国法院审判的公平公正性备受外界质疑，法庭审判受到各级权力机构的干涉和地方保护主义及利益关系的影响，故认为在投资协定中加入 ISDS 机制能更有效地保护欧洲投资者利益。[4]即便是对 ISDS 机制素来采取保守态度的欧洲议会，也在《与中欧双边投资谈判有关的决议》中认为：作为重中之重，欧盟应当在中欧 BIT 中加入有效的 SSDS 机制和 ISDS 机制，使投资者获得公平救济。因此，ISDS 机制将是中欧 BIT 谈判中的核心内容，在中欧 BIT 中出现 ISDS 机制的可能性较大。中国在中欧 BIT 谈判中应予以重视，分析 ICS 对中国的风险，并事先做好应对之策。此外，中国与欧盟 27 个成员国签订的 BITs 都规定了 ISDS 机制，其中一些已重签，一些有效期限即将届满，正面临着重签或修改，中国应结合欧盟已设立的 ICS，慎重考虑并合理规定 ISDS 机制，以维护中国利益。这些谈判经验将为中国在新一轮 ISDS 机制改革中积累丰富的经验。

---

[1] See Ping An v. Belgium (ICSID Case No. ARB/12/29), at https://investmentpolicy.unctad.org/investment-dispute-settlement/cases/480/ping-an-v-belgium, Nov. 13, 2020.

[2] Hela Schwarz v. China (ICSID Case No. ARB/17/19), at https://investmentpolicy.unctad.org/investment-dispute-settlement/cases/805/hela-schwarz-v-china, Nov. 13, 2020.

[3] 参见叶斌：《欧盟 TTIP 投资争端解决机制草案：挑战与前景》，载《国际法研究》2016 年第 6 期，第 81 页。

[4] 参见江清云：《中欧双边投资协定谈判的现状、问题与应对》，载《德国研究》2014 年第 4 期，第 85 页。

(二) 对中国投资法律政策的影响

首先，ICS 规定了东道国对外国投资的管制权，若将此规定纳入中欧 BIT 将对中国产生一些不利因素，因为中国管理投资的立法权限比较分散且相互之间缺乏协调性。其次，ICS 规定的仲裁文件公开义务也将对中国不利。虽然保密信息可以拒绝公开，但一般是根据东道国的法律来判断是否属于保密信息。[1]中国的保密文件一般用"计划""纲领""政策"和"方针"等作标头，从形式上看不符合保密信息的要求，很难被仲裁庭认为是保密信息。而且《中华人民共和国保守国家秘密法》还不够完善，[2]很难将所有保密信息都纳入该法的保护范围。

(三) 对中国国内组织和海外投资者的影响

首先，ICS 将会面临当地发达的市民社会的挑战。保护国家对投资的管制权是 ICS 的另一个重要目的。当以保护国家安全、保护文化多样性、公共健康等理由对投资进行管制时，不需要承担赔偿责任。特别是在诉讼中，法院允许非政府组织以法庭之友的方式参与诉讼程序，而在西欧基于发达的市民社会形态，非政府组织的影响力比较大，往往会引导投资法庭作出对东道国有利的判决。[3]但中国国内非政府组织很少参与国际仲裁，很难对 ICS 的裁决产生影响。

其次，ICS 对中国海外投资者的影响较大。①ICS 规定的启动事由不只局限于《华盛顿公约》、UNCITRAL 仲裁规则规定的事由，还可以根据双方达成的任何规则启动该机制，这使得投资者启动争端解决机制将更加自由。②ICS 规定按月给予初审法官和上诉法官薪酬，这能够减轻投资者的费用负担，有利于促进投资活动的发展。ICS 规定的特殊费用分担规则让败诉的投资者也能受益。③ICS 为防止投资者滥用程序，规定了对明显无价值、无依据的诉请适用简易程序，而且对程序规定了严格的时间，使诉讼时限明显短于投资仲裁时限，简易程序也方便中小型投资者的诉讼。④ICS 促使投资者提高保密意

---

〔1〕 参见黄德明、杨帆:《试析欧盟各机构对 ISDS 机制的态度及对中欧投资谈判的影响》,载《东北农业大学学报 (社会科学版)》2015 年第 3 期,第 43～44 页。

〔2〕 参见赵骏、刘芸:《国际投资仲裁透明度改革及我国的应对》,载《浙江大学学报 (人文社会科学版)》2014 年第 3 期,第 160 页。

〔3〕 参见陈珺、杨帆:《投资法庭机制探究及中国的应对——以欧盟〈TTIP 协定〉投资章节建议案为例》,载《学习与实践》2018 年第 11 期,第 90 页。

识。ICS 规定了较高的透明度义务，不仅法院作出的裁决需要被公开，而且当事方提交的诉讼申请、证据、答辩材料等都会被公开，这提高了透明度。故中国的海外投资者需提高保密意识，在诉前处理好机密文件的保密问题。

三、欧盟系统式改革对中国的启示

迄今为止，中欧 BIT 谈判已进行到了第十九轮，中欧双方已就文本中不少投资自由化和投资保护方面的重要条款达成了一致。[1]投资争端解决机制的谈判不久之后也将被提上日程。[2]欧盟极可能在中欧 BIT 谈判中提出建立 ICS 的建议，中国可以参与 ICS 的规则设定，且在上诉机制的建立、常设法官的选任、透明度的要求和东道国规制权条款等问题上予以审慎考虑，以期通过谈判累积参与国际投资治理的经验。[3]

（一）衔接上诉机制与先例制度

首先，尽管 ICS 中的上诉机制有助于促进裁决的一致性、公正性，但上诉法庭的审查范围既包括对法律适用和法律解释的审查，也包括对事实（包括国内法）认定错误的审查。而中国-澳大利亚 FTA 规定的上诉审查机制只审理有关法律问题的上诉。[4]这说明中国在上诉机制审查范围的立场上不同于欧盟。因此，在进行中欧 BIT 谈判时，中国应当坚持自己的立场，还需考虑上诉机制的成本及效率问题。

其次，为了彻底解决裁决的不一致问题，上诉机制一般与先例制度衔接适用，充分发挥先例制度对上诉机制的补充作用。然而，目前欧盟与中国都没有先例制度，但为了从源头上限制法官的自由裁量权，在中欧 BIT 谈判中可对此问题进行协商，若双方都愿意接受先例制度，则应准确界定有关先例制度的重要术语的含义，还应将该制度的实体条文尽可能细致化、明确化。

---

〔1〕《中欧投资协定谈判进入了一个新的阶段》，载 http://www.chinanews.com/cj/2018/11-15/8677962.shtml，最后访问日期：2019 年 5 月 22 日。

〔2〕参见欧阳新：《试论欧盟新设投资法庭制度及对中国的影响——兼与 ICSID 仲裁机制比较分析》，载《广东外语外贸大学学报》2017 年第 4 期，第 16 页。

〔3〕参见邓婷婷：《中欧双边投资条约中的投资者-国家争端解决机制——以欧盟投资法庭制度为视角》，载《政治与法律》2017 年第 4 期，第 110 页。

〔4〕中国-澳大利亚 FTA 第 9 章第 23 条规定："自本协定生效之日起 3 年内，双方应启动谈判，以期建立上诉审查机制……此上诉审查机制将审理有关法律问题的上诉。"

(二)加强培养投资法庭法官和法庭之友

首先,加强培养合格的投资法庭法官。ICS 配备的是缔约国自己选拔出来的常设法官,并且对法官的职业素养、专业技能的要求高。这意味着中国的投资法律专家很可能会作为法官审理涉及中欧双方的投资争议。由于之前中国的法律专家缺少参与国际投资仲裁的经验,故中国应加强对投资仲裁人才的培养,尽快培养合格的投资法庭法官,为 ICS 的谈判与设计做好准备。中国在 WTO 的诉讼经历表明,专业技能的提升不仅可以节约诉讼成本,还可以利用其自身对中国实际的熟悉,给出更加有效的法律意见。

其次,加强对非政府组织等法庭之友的培养。ICS 规定了法庭之友制度,中国与欧盟进行 BIT 谈判时,应考虑到将在中欧 BIT 中纳入法庭之友制度,而中国的非政府组织不多且参与投资仲裁的经验不足。因此,应大力加强非政府组织等法庭之友的相关专业知识培养。

(三)完善国内保密规定

ICS 增强了透明度要求,这对中国提出了极高的要求。由于《中华人民共和国保守国家秘密法》对应当保密的文件范围规定十分宽泛,故在中欧 BIT 谈判过程中,中国应当谨慎评估高透明度所导致的风险。与此同时,应完善《中华人民共和国保守国家秘密法》,具体包括:明确界定国家秘密的含义,列举保密范围;限制保密主体的范围;建立损害测试和公共利益测试机制;建立严格的保密程序和内部监督机制等。各部门在制定涉及投资的法律法规时应当顾及彼此的权力范围,避免法律法规出现冲突。[1]

(四)审慎考虑东道国规制权

ICS 赋予了东道国规制权,在中国今后商签新的 IIAs 时,应基于双向投资大国的身份审慎考虑在 IIAs 加入东道国规制权条款。东道国规制权的保护是公众最为关心和谈判双方最为敏感的话题,因而规制权保护范围的界定至关重要。由于各个国家的经济、政治以及文化民俗等情况各异,无法完全列举东道国规制权的构成,但可在具体的判断标准上进行限缩。这主要是为了限制仲裁员的自由裁量权,也为仲裁员个案判断提供基本的分析依据。对中

---

[1] 陈珺、杨帆:《投资法庭机制探究及中国的应对——以欧盟〈TTIP 协定〉投资章节建议案为例》,载《学习与实践》2018 年第 11 期,第 91~92 页。

国来说,仍需谨慎确定裁判事项的范围,特别要考虑到中国的管制政策较多,跨国公司可能挑战这些政策的情况。[1]故中国应重点审查中国的管制政策是否符合公共利益的标准。

(五)参与投资法庭制度的多边化

欧盟对 ICS 的多边化设计是中欧 BIT 谈判需要考虑的 ISDS 机制设立的方向。中国目前签署的 IIAs 尽管对争端解决机制作了规定,但除了中国-加拿大 BIT 中体现出了投资争端解决程序所需要的透明度以及第三方参与外,其他投资条约不仅实体条款保护水平低,ISDS 条款的内容也过于简单,无法反映当前国际投资治理的发展趋势。而中欧 BIT 谈判为中国提供了主导国际投资治理的契机,既为 ISDS 机制的改革积累了参与国际投资治理的经验,也为中国话语权夺得了场所。故中国目前需要分析 ICS 多边化的利弊,从参与全球治理体系、保护中国及其海外投资者的利益等角度出发,事先对多边化进行具体制度设计,以应对今后的多边化谈判,同时还可为今后 IIAs 的缔结积累丰富的经验。目前的最佳路径是推进中美 BIT、中欧 BIT 谈判,促使谈判成功,为构建多边投资框架提供范本和平台,从而撬动多边投资体系的建立。

(六)完善裁决的国内执行机制

中欧 BIT 谈判在涉及 ISDS 条款的谈判时,需要考虑投资仲裁裁决的承认与执行问题。中国与欧盟成员国都是《华盛顿公约》的缔约国,都有义务承认与执行 ICSID 裁决。然而,中国国内法尚未与《华盛顿公约》下的承认与执行制度接轨,故中国有必要完善国内承认与执行 ICSID 裁决的配套机制,而且明确 ICSID 裁决在中国承认与执行的要求及程序等问题,这将有利于提高裁决执行的透明度,增强可预见性,具体可采取以下措施予以完善:①指定国内主管机构。②制定完善相关法律法规。目前中国尚未制定《国家豁免法》,而国家豁免将成为中国政府不予承认与执行裁决的重要抗辩理由,对于维护中国主权权利具有重要意义,故应在不违反《联合国国家及其财产管辖豁免公约》精神的前提下,尽快制定中国的《国家豁免法》。另外,中国尚未确立债权转让制度,而实践中已出现判决确定债权转让的行为。例如,美国法院已经遇到 ICSID 裁决确定债权受让方的执行请求,故中国应及时考虑通

---

[1] 江清云:《中欧双边投资协定谈判的现状、问题与应对》,载《德国研究》2014 年第 4 期,第 89 页。

过运用调解结合法院执行等设计完善国内的判决债权转让制度。[1]

总之,今后中国在与欧盟继续进行 BIT 谈判时,既要坚持自己的立场,又要考虑欧盟及其成员国的 IIAs 的立法实践与仲裁实践,争取中国话语权和维护中国的最大利益。

---

[1] 参见张倩雯:《多元化纠纷解决视阈下国际投资仲裁裁决在我国的承认与执行》,载《法律适用》2019 年第 3 期,第 120 页。

第四章
投资者与东道国争端解决机制的范式改革

ISDS机制因其存在的缺陷受到大量关注，有支持者也有反对者。这些主张总是意味着维护一个群体的利益会自动损害另一个群体的利益，正是这种观念推动了改革的呼声。各国正在寻找合适的改革模式，这种摸索将是漫长而艰难的。上述渐进式改革和系统式改革并未得到所有国家的认可，并且这两种改革模式亦存在不足。甚至有学者认为，实际上目前ICS存在的问题多于解决的问题。[1]而一些加入《华盛顿公约》和未加入《华盛顿公约》但订有包含ISDS条款的IIAs的国家都在投资仲裁实践遇到了困境，因此提出了与上述两种改革模式不同的模式。例如，巴西在最近签署的BITs采取了双边争端预防机制模式，可以作为拉丁美洲国家区域争端解决制度范式改革的例证，而南非2015年颁布了《促进和保护投资法案》（Promotion and Protection of Investment Bill），终止了该国业已签订的投资条约。该法案将成为保护南非外国投资的唯一基础，将投资保护纳入南非宪法的目标和南非法院的程序。[2]南非做法成了范式改革的典型代表。

第一节 范式改革及其主要观点

外国投资者和东道国争端解决问题往往源于潜在的BITs和FTAs，从长远来看，通常起草的ISDS条款是亲近投资者而不是亲近国家的。结果，一些发展中国家虽然加入了《华盛顿公约》，但在执行地方法规或公共政策决定方面

---

[1] Umair Ghori, "Investment Court System or 'Regional' Dispute Settlement? The Uncertain Future of Investor-State Dispute Settlement", *Bond Law Review*, 30 (2018), p.109.

[2] M. Sornarajah, "The Unworkability of 'Balanced Treaties' and the Importance of Diversity of Approach Among the BRICS", *American Journal of International Law*, 112 (2018), p.226.

遇到了困难，故这些国家重新考虑 ISDS 机制带来的负面影响，甚至退出该机制。而一些国家虽然并未加入《华盛顿公约》，但在各自签署的 BITs 中规定了 ISDS 条款，受 ISDS 机制正当性危机的影响，这些国家或终止或重签 BITs，有些国家甚至提出了新的改革模式。

一、范式改革的缘起与发展

加入和未加入《华盛顿公约》的一些亚洲、欧洲和拉丁美洲国家受 ISDS 案件的影响，在执行地方法规或公共政策决定方面遇到了困难，从而引起了对 ICSID 仲裁制度的不满。

印度尼西亚加入《华盛顿公约》后，作为被申请人的 ISDS 案件有 7 起[1]。例如，1998 年，帕图哈电力有限公司（Patuha Power Ltd.，以下简称"Patuha"）和汉普纳加州能源有限公司（Himpurna California Energy Ltd.，以下简称"Himpurna"）发起了针对印度尼西亚国家电力公司（Persero Perusahaan Listruik Negara，以下简称"PLN"）和印度尼西亚的仲裁程序。印度尼西亚发生经济危机后，PLN 基于公共政策理由违反电力项目合同，拒绝购买电力。仲裁庭认定 PLN 违约，并向 Patuha 赔偿 154 907 976 美元，向 Himpurna 赔偿 273 757 306 美元。[2] 受该案的影响，为了使 BITs 包含的权利和义务更加平衡，印度尼西亚分别终止了与保加利亚、柬埔寨、中国、埃及、芬兰、新加坡、斯洛伐克、土耳其、越南等十余个国家的 BITs。同样基于公共政策理由，俄罗斯商业法院于 2002 年驳回了一起案件，理由是索赔人的案件是公共资助的。争议的公共性质将案件置于仲裁庭的管辖范围之外。[3]

由于 ICSID 案件的激增[4]，有几个拉丁美洲国家通过退出《华盛顿公

---

[1] Indonesia, Cases as Respondent State, at https://investmentpolicy.unctad.org/investment-dispute-settlement/country/97/indonesia, Aug. 10, 2019.

[2] 印度尼西亚国家电力公司在雅加达地区法院成功地提起诉讼，要求禁止继续进行的仲裁程序，但法庭在荷兰安排了另一场听证会而无视禁令。印度尼西亚还向 ICSID 提出了撤销仲裁庭的申请，但被驳回。

[3] Umair Ghori, "Investment Court System or 'Regional' Dispute Settlement? The Uncertain Future of Investor-State Dispute Settlement", *Bond Law Review*, 30 (2018), pp. 109-110.

[4] 在过去的 20 年中，在 ICSID 提起的 ISDS 仲裁案件实际上发生了爆炸式增长。ICSID 案件总数中有很大一部分是针对拉丁美洲国家（占 ICSID 案件总数的 39%），涉及公共利益方面的监管措施的索赔。在拉丁美洲国家中，仅阿根廷被诉就有 56 起，委内瑞拉被诉有 49 起，墨西哥被诉有 25 起，厄瓜多尔被诉有 14 起和玻利维亚被诉有 5 起。See Search ICSID Cases, at https://icsid.worldbank.org/en/Pages/cases/Advanced Search.

约》、修改 BITs 等措施表达了对 ICSID 仲裁制度的不满。例如，厄瓜多尔于 2010 年 1 月 7 日正式退出《华盛顿公约》。在退出《华盛顿公约》之前，厄瓜多尔遵循了与玻利维亚类似的宪法道路。2008 年 10 月 20 日生效的《厄瓜多尔宪法》对投资争端的国际仲裁解决机制进行了严格限制。该宪法第 422 条禁止国家在新的国际条约中将任何管辖权移交给 ISDS 仲裁庭，禁止在厄瓜多尔与私人投资者缔结的合同中，规定将投资合同争端或商事争端交于类似于 ICSID 的国际仲裁机构解决。但是，对第 422 条的效力规定了具体的例外，即将上述争端交予区域性（如拉丁美洲）仲裁机构解决是合法的。所以，该宪法意在以拉丁美洲区域仲裁取代 ICSID 仲裁，从而在国际投资争端仲裁中最大限度地保障厄瓜多尔本国的利益。此外，尽管存在投机，但这一规定确实表明拉丁美洲国家的政策制定者似乎更喜欢来自该地区而非世界其他地区（尤其是欧洲）的投资。如果投资确实来自欧洲，那么根据《华盛顿公约》的 ISDS 规则似乎已不在考虑之列。[1]在退出《华盛顿公约》前后，厄瓜多尔陆续终止了一系列 BITs，这些 BITs 涉及古巴、多米尼加、萨尔瓦多、芬兰等十余个国家。[2]玻利维亚于 2007 年 11 月退出《华盛顿公约》之后，就宣布重新谈判和修改 BITs，并已经终止了与奥地利、法国、德国、荷兰、西班牙、瑞典及美国的 BITs。玻利维亚特别强调其对石油和天然气等特定领域国际投资纠纷的本国绝对司法主权，禁止通过国际仲裁解决上述行业的投资争议，并将该内容写入了 2009 年《玻利维亚宪法》的第 336 条中，该条清楚地体现了卡尔沃主义[3]的规定，这样做就是不承认外国管辖权。[4]此外，外国投资

---

aspx，Sep. 10，2019.

〔1〕 Umair Ghori,"Investment Court System or 'Regional' Dispute Settlement? The Uncertain Future of Investor-State Dispute Settlement", *Bond Law Review*, 30（2018），pp. 110–111.

〔2〕 参见韩立余主编：《国际投资法》，中国人民大学出版社 2018 年版，第 204 页。

〔3〕 卡尔沃主义以阿根廷外交官和学者卡洛斯·卡尔沃（Carlos Calvo）的名字命名。该学说定义了规范政府对外国投资者和外国人所拥有财产的管辖权的国际规则，进一步界定了外国投资者的母国对其提供的保护的范围，以及在扣押和没收时使用武力收取赔偿金的范围。该学说试图对所有国家实行统一规则，而不论其发展状况如何，而且进一步使外国人对这些国家的政府提出主张，应向当地法院申请补救，而不是通过外交干预。参见大英百科全书"Calvo Doctrine"，载 https://www.britannica.com/topic/Calvo-Doctrine，最后访问时间：2019 年 8 月 9 日。

〔4〕 Silvia Karina Fiezzoni, "The Challenge of UNASUR Member Countries to Replace ICSID Arbitration", *Beijing Law Review*, 2（2011），p. 138.

者在要求国际仲裁或提出外交索赔时不能援引任何特殊情况。[1]除了玻利维亚和厄瓜多尔对ISDS采取措施外，委内瑞拉的经验说明了拉丁美洲国家在解决投资争端时必须采取一种着眼于内部的区域办法。委内瑞拉从玻利维亚退出《华盛顿公约》中得到启示，亦于2012年1月24日宣布退出该公约。

未加入《华盛顿公约》的印度曾与多个国家签署了含有ISDS条款的BITs，如印度-澳大利亚BIT、印度-英国BIT。自2003年起，多个国际投资者就与印度的投资纠纷根据本国与印度签署的BITs提出仲裁请求。迄今为止，印度作为被申请人的ISDS案件有24起，其中，裁决结果有利于投资者的案件1起，有利于印度的案件1起，和解案件9起，正在审理中的案件12起。[2]这些境况对印度殊为不利。基于上述原因，印度政府在2012年后即开始对其签订的BITs进行全面审查，审查特别注重ISDS条款。2015年12月25日，印度政府公布了新的BIT范本，该范本对依据《华盛顿公约》的仲裁、ICSID附加便利仲裁及UNCITRAL特设仲裁等内容规定得十分详尽。该范本还将用尽东道国当地救济规定为国际仲裁的前置程序，并尝试了设立仲裁上诉机构的可能性。最近，印度在与欧盟进行的贸易协定磋商中拒绝了ISDS条款，而试图制定投资条约的"平衡方法"[3]是行不通的。

未加入《华盛顿公约》的巴西在20世纪90年代通过谈判与多个国家达成了一系列BITs。然而，巴西议会认为这些BITs中的间接征收和投资争端解决条款违宪而且影响了公共政策的实施而不予批准，以至于外国投资者在发生争议时，无法通过援引上述投资仲裁条款解决纠纷。因此，当上述国家正在减少其对以BIT为主的国际投资体系的曝光甚至是退出时，巴西决定引入

---

[1] Umair Ghori, "Investment Court System or 'Regional' Dispute Settlement? The Uncertain Future of Investor-State Dispute Settlement", *Bond Law Review*, 30 (2018), p. 110.

[2] India, Cases as Respondent State, at https://investmentpolicy.unctad.org/investment-dispute-settlement/country/96/india, Aug. 9, 2019.

[3] 印度在2015年制定了新的示范条约，这是旨在"平衡"国家主权和投资者保护价值的最新BIT模式。在阿尔瓦拉克（Al Warraq）诉印度尼西亚案中，如果投资者要援引针对该国法庭的管辖权，则要求外国投资者继续遵守对东道国的义务。据称，这种"平衡"条约基本上是不可行的。它们注定要失败，因为它们试图在单一的条约框架内将相互不相容的目标结合起来。印度的最新BIT模式没有实现投资保护，因为它包含了很多国家责任的例外情况，投资者几乎无法维持索赔。See M. Sornarajah, "The Unworkability of 'Balanced Treaties' and the Importance of Diversity of Approach Among the BRICS", *American Journal of International Law*, 112 (2018), pp. 224-226.

自己的模式。巴西最近签署的投资协定从以下几个方面打破了 BIT 的模式：①将重点从投资保护转移到了便利化；②将投资担保纳入一个考虑到其他公共政策目标的更广泛的监管环境中；③巴西示范投资协定的目的是保持自己在规范上独立于主要 BIT 条款；④示范投资协定作为国际公法的经典条款，将投资关系视为条约缔约方之间的横向互动。[1]这种合作与便利投资协定（CFIA）模式，有利于预防投资争端，又称双边争端预防机制模式，是拉丁美洲国家区域争端解决制度的范式改革。CFIA 显示，国内投资法允许这种创新，而不受结构性（或"宪法性"）约束的阻碍。该模式以多种方式进行创新，包括引入重要的投资便利化概念。而巴西最近的经验表明，其他国家也愿意将 CFIA 与 BIT 结合在一起。这表明国际投资立法中存在创新的空间。即使 CFIA 远离 BIT，也绝不会挑战投资者保护，也不与 BIT 模式相互不兼容、完全不同。[2]同样未加入《华盛顿公约》的南非曾与多个国家签署了含有 ISDS 条款的 BITs，但在遭遇了第一个被投诉到 ICSID 的案件后，正在终止这些 BITs，并修改国内法，将投资者与东道国投资争端诉诸南非法律和法院。

总之，上述国家最近的投资条约政策已经从一种过于保护外国投资者的不平衡做法转变为过于保护东道国的另一种做法。

二、范式改革的主要观点及其困惑

不管是巴西的双边争端预防机制模式，还是印度 2015 年 BIT 范本中的"平衡方法"，抑或南非的国内投资法的范式改革模式，都有一个共同的主要观点，即现行 ISDS 机制不可逆转的缺陷需要全盘替代，需要创设一种全新的投资争端解决机制，我们将之称为"范式改革"。因为范式改革者支持的变革程度不同，因此他们不会从现行 ISDS 机制的偏好中获益，而是需要培养比系统式改革者更大的改革意愿。与系统式改革者不同的是，范式改革者往往在提出不需要集体同意的方法方面具有先进性，可以单独决定退出其投资条约

---

[1] Henrique Choer Moraes, Felipe Hees, "Breaking the BIT Mold: Brazil's Pioneering Approach to Investment Agreements", *American Journal of International Law*, 112 (2018), p. 197.

[2] Henrique Choer Moraes, Felipe Hees, "Breaking the BIT Mold: Brazil's Pioneering Approach to Investment Agreements", *American Journal of International Law*, 112 (2018), pp. 200-201.

并寻求其他选择。签订新投资条约需要集体协商，通过国内立法却不需要。集体签约虽然有助于减少与这种行动有关的任何污名和潜在竞争力的丧失，但这并不是必要的，对国内立法的影响也不大。

对于范式改革倡导者来说，最大的困惑在于是否支持比他们理想偏好更为温和的改革。像南非这样的国家，连同许多非政府组织一起查明了他们需要根本改革制度的程序和实体问题。他们是否应该支持由系统式改革者推动的程序改革？这些改革者在解决他们关切的问题的过程中知道，如果他们这样做了，这条道路可能会以一种强化体制存在并削弱更多革命性改革可能性的方式，中和体制中的一些问题。

他们对这一困境的回答可能取决于两个因素：他们在多大程度上认为这些问题主要是实质或程序问题，以及他们在多大程度上评价范式改革的前景。如果他们把问题放在更实质性的层次上，他们更有可能得出结论说，仅仅进行程序改革是不够的，同样仅仅进行实体改革也是不行的。当然，系统式改革者认为，修复 ISDS 程序将有助于防止对实质性义务的解释出现问题。如果范式改革不太可能实现 ISDS 机制的程序改革（至少在近期内不太可能实现），那么系统式改革就可能实现。当然上述观点虽然是在假设的情况下得出的结论，但从另一角度说明，若要成功实现 ISDS 机制的改革，需从程序法与实体法两方面进行完善，但仅仅采取范式改革是不可能实现 ISDS 机制的改革目标的。

第二节 南非范式改革的主要内容与评析

许多国家利用投资条约为外国投资者提供法律保护，并规定在国际仲裁法庭直接执行，从而促进经济发展。然而，南非走了一条不同的改革道路，即终止原先签订的包括 ISDS 条款的 BITs，通过国内立法保护以及在国内法院进行调解和争端解决，来取代投资条约和投资者-国家仲裁，即范式改革模式。该模式虽然有利于保护本国投资者和国家利益，但也存在一些问题。

一、南非范式改革的历史沿革

南非最初签署了一些投资条约,这些协议中的 ISDS 规定大致相同,[1]当时几乎没有考虑到由此产生的义务将如何影响其宪法承诺及其国内法院的权威。但南非在经历了第一次以条约为基础的投资争端解决的失败后,从无休止地加入 BITs 转变为缺乏令人信服的经济和政治理由来缔结与这些 BITs 对立的条约,寻求以国内立法保护以及在国内法院进行调解和争端解决,来取代投资条约和投资者-国家仲裁。[2]

(一)南非范式改革的缘起

南非在 1993 年成为一个民主国家并重新进入国际舞台之后缔结了一些 BITs。早期南非签订的 BITs 大多规定了 ISDS 条款。自 2000 年后,南非与他国签订的投资协议中不再包含上述条款。南非与他国共签订的 50 个 BITs 中只有 11 个规定了投资规则。南非缔结这些含有 ISDS 条款的 BITs 是为了使现有和潜在的外国投资者放心,他们的投资将受到保护,从而减轻其经济政策未来方向的不确定性。但事实上,南非政府在签订这些 BITs 时,没有明显意识到他们有能力在各级层面限制国家行为,包括在国家社会经济改革计划方面。政府也在没有制定任何相关法规来规范外国投资者行为的情况下完成了这些 BITs。[3]更糟糕的是,在 BITs 谈判阶段或签署之前或期间进行的民主审议很少(如果有的话)。有学者对"国会议事录"的述评为,议会或其委员会没有讨论政府关于 BITs 的政策。在大多数情况下,南非加入的 BITs 也缺乏议会讨论。[4]由于南非的一些内部政策和国内立法导致对违反条约行为的投诉,

---

[1] Engela C. Schlemmer, "An Overview of South Africa's Bilateral Investment Treaties and Investment Policy", *ICSID Review*, 31 (2016), p.167.

[2] Engela C. Schlemmer, "Dispute Settlement in Investment-Related Matters: South Africa and the BRICS", *American Journal of International Law*, 112 (2018), p.212.

[3] Engela C. Schlemmer, "Dispute Settlement in Investment-Related Matters: South Africa and the BRICS", *American Journal of International Law*, 112 (2018), p.212.

[4] 唯一的例外似乎是与津巴布韦就 BIT 进行的事后讨论,这是南非签署的最后一个 BIT。See Bilateral Investment Treaties (BITs), South Africa, at https://investmentpolicy.unctad.org/international-investment-agreements/countries/195/south-africa, Aug. 30, 2018.

当南非签署的BITs介入投资仲裁时，可能弊大于利。[1]BITs引起了投诉，诉称南非的国内监管行动（包括一些根据国内法规定采取的行动）违反了南非在国际法下的义务。最著名的案例是2007年弗雷斯蒂诉南非案（Foresti v. South Africa）[2]，涉及南非《矿物和石油资源开发法》的生效。依据该法的规定，索赔人所拥有的某些旧有订单的矿产权被废除，某些运营公司的投资者股份被要求实行强制性资产剥离，南非因此被诉违反了国家条约的承诺。因此，南非在这次投资争端失败后，审查其所有的投资条约，并为未来制定新的办法。[3]

(二) 南非范式改革的发展

南非面临着从白人至上主义统治向民主过渡所产生的国内问题，必须迎合其人民改革的需要。显然南非采取的一些政策措施将违反投资条约的规定。例如，南非黑人经济振兴政策（South Africa's Black Economic Empowerment Policies）要求实行逆向歧视或积极歧视，以支持那些因种族歧视而处于不利地位的人。[4]区域和人民的快速经济发展需要采取措施，这些措施可能被视为违反平等保护规范，或侵犯那些支持种族隔离政策的人的财产权利。在这种情况下，由外国法庭执行的外国投资保护制度似乎是不适当的。弗雷斯蒂诉南非案是外国矿业投资者对该政策措施提出的挑战，显示了投资保护与南非国家利益之间的冲突，南非试图消除长期存在的种族主义统治所造成的社会经济失调。从2010年开始，南非政府决定终止一些BITs，并允许其他一些BITs失效。截至2020年11月16日，南非与其他国家签订了50个BITs，已经单方面终止了与11个国家签订的BITs，即南非-西班牙BIT（1998年）、比利时-卢森堡经济联盟-南非BIT（1998）、阿根廷-南非BIT（1998年）、意大利-南非BIT（1997年）、奥地利-南非BIT（1996年）、丹麦-南非BIT（1996

---

[1] Engela C. Schlemmer, "An Overview of South Africa's Bilateral Investment Treaties and Investment Policy", *ICSID Review*, 31 (2016), p. 167.

[2] Foresti v. South Africa [ICSID Case No. ARB (AF) /07/1], at https://investmentpolicy.unctad.org/investment-dispute-settlement/country/195/south-africa, Aug. 20, 2019.

[3] Kanu Agrawal, "Bilateral Investment Treaties: A Developing History", *Jindal Global Law Review*, 7 (2016), p. 195.

[4] Engela C. Schlemmer, "Dispute Settlement in Investment-Related Matters: South Africa and the BRICS", *American Journal of International Law*, 112 (2018), p. 215.

年)、法国-南非 BIT（1995 年)、德国-南非 BIT（1995 年)、南非-瑞士 BIT（1995 年)、荷兰-南非 BIT（1995 年）和南非-英国 BIT（1994 年)。还有 1 个 BIT 即将终止，即南非-津巴布韦 BIT（2009 年)，只剩下 12 个 BITs 生效。[1]

南非采取了终止其条约的极端做法之后，制定了新的促进和保护外国投资的国内框架，包括颁布 2015 年《促进和保护投资法案》，该法案于 2018 年 7 月 13 日生效，取代了上述 BITs 的最初目的。该法案阐明的立法目的是采取措施以保护或增进南非历史上由于歧视而处于不利地位的人或某些种类的人的待遇。为此目的，该法案试图规定国家的规制权。最关键的是，该法案规定国家间仲裁是投资者-国家争端的最终救济手段，从而排除了投资者-国家仲裁。[2]南非《促进和保护投资法案》的实施，使其国内立法成为南非境内唯一有关外国投资的法律，并使其法院成为投资争端的最终裁决机构。南非法院根据南非法律解决投资者与东道国之间的争端，类似于卡尔沃主义的情况和新自由国际经济秩序文件所支持的情况（中国、印度和巴西在新自由主义时代之前所支持的）已经出现。在很大程度上，这一情况是由弗雷斯蒂诉南非案促成的，这一案例使人们怀疑南非是否有能力采取措施纠正历史上对种族隔离的滥用。[3]

二、南非范式改革的主要内容

南非《促进和保护投资法案》有几个值得注意的特点：①它略去了南非签署的 BITs 中规定的 ISDS 机制。因此，出于实际目的，投资者与东道国之间的争端仅限在国内法院进行调解和诉讼。②该法案仅在用尽国内补救措施后，并在政府同意的情况下才允许国际仲裁，并且仅在南非和投资者母国之间适用。该法案因此消除了投资者与国家政府就任何与投资有关的争端进行仲裁的可能性。通过这种方式，该法案使外国投资者恢复了他们在适用《华盛顿

---

[1] Bilateral Investment Treaties (BITs), South Africa, at https://investmentpolicy.unctad.org/international-investment-agreements/countries/195/south-africa, Nov. 16, 2020.

[2] 韩立余主编：《国际投资法》，中国人民大学出版社 2018 年版，第 205~206 页。

[3] M. Sornarajah, "The Unworkability of 'Balanced Treaties' and the Importance of Diversity of Approach Among the BRICS", *American Journal of International Law*, 112 (2018), p. 226.

公约》之前所持有的令人满意的立场。《华盛顿公约》首先承认授予他们在国际法庭上起诉东道国违反国际法义务的权利的重要性。在保护外国投资方面，南非的做法逆转显然不是渐进式的，但从维护国家主权的角度来看，一些人会认为这是渐进式的。

《促进和保护投资法案》创造了另一种可能性，即 3 个甚至可能 4 个[1]法律制度中的任何一个都可能管理投资者与国家争端的解决。①在南非的外国投资者可能只有在一般南非法律下才能得到保护。[2]这项法律可能包含不与南非宪法相冲突的国际法原则（特别是关于国家责任和外国人待遇的原则）。②根据投资者的国籍，投资者可能会受到 BIT 的保护，要么因为该条约没有失效或终止，或者因为它包含一项所谓的存续条款，该存续条款使其条款适用于条约生效期间所作的投资。南非与中国、德国、津巴布韦等国家签订的 BITs 说明了这种情况。这些 BITs 可能仍然有效，但即使失效，每个 BIT 都包含一个存续条款，即在投资时享有 BIT 利益和保护的外国投资者将在 BIT 失效后的特定年限内继续享有该等利益和保护。例如，南非与中国、德国、津巴布韦等国家签订的 BIT 的存续期为 10 年。[3]③将来出现但未受 BIT 保护的外国投资争端可能受 2015 年《促进和保护投资法案》管辖，但给予南非的外国投资者的保护期限和类型可能会有重大差异。[4]与印度 2015 年 BIT 范本所谓"平衡条约"[5]的幌子不同，南非的范式改革模式是对投资保护问题的实际解决模式，而且可能会更有效。

---

〔1〕 南非是南部非洲发展共同体的成员国，受修订《南部非洲发展共同体金融和投资议定书》附件 1 的协定的约束。该协定（于 2010 年 4 月 16 日生效）消除了国际仲裁作为 ISDS 机制的可能性。SADC Investment Protocol, at https://investmentpolicy.unctad.org/international-investment-agreements/treaty-files/2730/download, Nov. 14, 2020.

〔2〕 在 2018 年 7 月 13 日南非《促进和保护投资法案》实施之前，没有规定保护外国投资者的法令。此外，该法案并不具有追溯力。因此，所有在 2018 年 7 月 13 日之前进行的投资，以及在比特框架之外的投资，都缺乏除南非普通法以外的国内法律保护。然而，南非宪法的确以权利的形式提供了一些保护，防止任意剥夺财产。

〔3〕 参见中国-南非 BIT 第 12 条、南非-津巴布韦 BIT 第 12 条、南非-德国 BIT 第 13 条，载 https://investmentpolicy.unctad.org/international-investment-agreements/countries/195/south-africa，最后访问日期：2019 年 5 月 10 日。

〔4〕 Engela C. Schlemmer, "Dispute Settlement in Investment-Related Matters: South Africa and the BRICS", *American Journal of International Law*, 112 (2018), p. 214.

〔5〕 印度 2015 年 BIT 范本寻求在国家主权和投资保护的要求之间实现更大的"平衡"。

三、对南非范式改革的评价

南非范式改革对于保护其本国投资者和国家利益来说具有优势,但是已经从一种过于保护外国投资者的不平衡做法转变为另一种过于保护东道国的不平衡做法。[1]南非单方面终止 BITs 的做法,实质上改变了已经确定的外国投资保护政策,打破了已经形成的区域性外国投资保护平衡。这一做法将对其所在地区以及周边国家带来不可预知的负面影响。在特定情况下,每个国家都必须自行决定什么是适当的外国投资政策。虽然南非采取最直接的方式将投资保护纳入南非宪法的目标和南非法院的程序,[2]但也在一定程度上接受过投资仲裁这一争端解决方式。[3]因此,南非面临着包含同意投资仲裁条款的 BITs 终止之前与南非采取范式改革的过渡阶段如何适用 ISDS 机制的困惑。另外,还存在三个有待解决的问题:①外国投资者在提起国内诉讼时,是否仍然能够依靠国际法的保护?②如果是这样,南非宪法作为国内法是否会取代国际法下的任何有关承诺?③南非的新 ISDS 制度是否符合国际法?[4]

(一)外国投资受国际法保护的问题

BITs 使外国投资者能够诉诸基于条约的主张,从而使外国投资者在与南非的仲裁案中依赖国际法原则维权。随着越来越少的 BITs 继续有效,它们失去了作为法律渊源的重大意义。从理论上讲,只要这些 BITs 已被纳入南非法律,条约中的国际法原则就是南非国内法的一部分,争端当事方就可以在国内法院依据条约规定来主张权利。但是,由于 BITs 尚未被纳入南非国内法,故 BITs 中的国际法原则并非能被适用。而在南非 2015 年《促进和保护投资法案》下,外国投资是否仍受国际法的保护?该法案第 3 条规定,必须按照国际法解释和适用该法。鉴于习惯国际法(CIL)要求国家通常以市场价值提供

---

〔1〕 Cai Congyan, "Balanced Investment Treaties and the BRICS", *American Journal of International Law*, 112 (2018), p. 217.

〔2〕 M. Sornarajah, "The Unworkability of 'Balanced Treaties' and the Importance of Diversity of Approach Among the BRICS", *American Journal of International Law*, 112 (2018), p. 227.

〔3〕 参见陶立峰:《金砖国家国际投资仲裁的差异立场及中国对策》,载《法学》2019 年第 1 期,第 138 页。

〔4〕 Engela C. Schlemmer, "Dispute Settlement in Investment-Related Matters: South Africa and the BRICS", *American Journal of International Law*, 112 (2018), p. 212.

第四章　投资者与东道国争端解决机制的范式改革

补偿,如果征收私有财产,人们可能会想象投资者使用类似的论据来推进基于 CIL 的索赔以免被征用,但这种争论仍未经过验证。[1]

投资者母国的参与也引发了不确定性。例如,在外国投资者与南非的仲裁案中,投资者母国会争辩什么?它会作为外国投资者的代表还是代表自己?它是否会争辩说南非政府没有遵守自己的法规(投资者本来会提出的论点),或者说它未能为外国投资者提供最低标准的待遇而违反了 CIL?除了提到公平管理的模糊标准外,该法案没有明确规定仲裁管辖的实体法。如果投资争端是根据该法案产生的,那么除非当事方同意仅根据此法案解决争端,否则南非法院能成功依据国际法原则解决投资争端是值得怀疑的。国际法与南非法律之间的相互作用,特别是关于法规的解释和 CIL 的适用,尚未解决。因此,根据 2015 年《促进和保护投资法案》对投资者与东道国争端的解决可能会充满不确定性。

(二) 南非宪法取代习惯国际法的问题

虽然 2015 年《促进和保护投资法案》第 3 节要求该法案的解释和适用必须与国际法一致,但该法案受南非宪法的约束。南非宪法规定 CIL 构成南非法律的一部分,除非 CIL 与其宪法或议会法案不一致。对于投资者而言,这种权力等级可能会产生问题,因为南非的《黑人权利法》(Black-Letter Law)规定,征收后的补偿不需要反映市场价值,这只是影响裁决数额的几个因素之一。此外,南非目前正在考虑修改其宪法的提案,以允许无偿征收。如果这一提议成功,基于 CIL 的反对征用的主张可能比以往任何时候都更明确地与宪法相冲突,因此会因宪法至上主义而失败。

南非宪法取代 CIL 的可能性是显著的,原因有几个:①如果南非法院没有能力依赖国际法,与南非关系不大的国家投资者将不得不依赖其本国在政府间层面或在将来根据 2015 年《促进和保护投资法案》进行的仲裁程序中提出基于国际法的反对意见。[2]②宪法上的取代可能会在类似的争议中产生不

---

[1] Engela C. Schlemmer, "Dispute Settlement in Investment-Related Matters: South Africa and the BRICS", *American Journal of International Law*, 112 (2018), pp. 214-215.

[2] 在国内补救办法用尽的情况下,政府可能同意对《促进和保护投资法案》所涵盖的投资进行国际仲裁。对国际仲裁请求的审议将受《促进和保护投资法案》第 6 节规定的行政程序的约束。此类仲裁将在南非和适格的外国投资者母国之间进行。因此,南非政府没有义务同意与外国投资者的母国进行国际仲裁。See Engela C. Schlemmer, "Dispute Settlement in Investment-Related Matters: South Africa and the BRICS", *American Journal of International Law*, 112 (2018), p. 215.

同的结果，这取决于投资者的国籍：在基于 BITs 的国际投资仲裁中，仲裁员不一定要考虑影响政府的宪法法律，而仲裁员作出的裁决往往决定政府的行动。因此，来自与南非仍有 BITs 的国家的投资者不太可能遇到争端解决路径被南非宪法取代的问题。相比之下，其他与南非无 BITs 的国家的投资者可能不得不将争端提交必须遵守南非宪法的国内法院。在南非有一个统一的 ISDS 机制之前，这个问题可能会持续存在。

（三）南非的新 ISDS 机制与国际法一致的问题

一个国家一般有权选择其在本国境内实行的政策。尽管如此，不管国内法可能会规定什么，所有国家都受国际法的约束。如果没有 BITs，南非对外国投资监管的合法性可能在很大程度上取决于 CIL，但 CIL 的外延经常受到质疑并充满不确定性。从这个意义上讲，南非监管措施与国际法的一致性可能更难确定。[1]

投资仲裁是国际法的一部分，依据《国际法院规约》第 38 条第 1 款的规定，习惯是国际法的渊源之一，因此习惯是投资仲裁的法律渊源，必须适用于投资者与国家之间的仲裁。在国际投资法领域中形成习惯规则的基本原则与一般国际法中存在的原则没有不同。例如，国际投资法中任何习惯规则的存在都需要国家实践和法律意见的证据。实际上，这两项要求已由各国在仲裁程序中的诉状中得到认可，并且也被仲裁庭始终采用。同样，法庭也承认一项基本原则，即指控习惯法规则存在的当事方通过提供有关国家实践和法律意见的相关证据来证明该规范已获得这种地位。因此，可以得出结论，在两个法律领域中以相同的方式创建了习惯规则。法官和仲裁员在习惯规则的形成过程中所起的作用如何？显然，司法裁决不会创造法律，而法官不是立法者。因此，法官在习惯规则的制定中确实没有起到任何正式作用。[2]因此，南非的范式改革，即通过终止一系列 BITs 和颁布 2015 年《促进和保护投资法案》建立的新 ISDS 制度，是否符合国际法的规定很难由法官进行判断。而且在仲裁实践中，涉及南非的 ISDS 案件极少。南非作为被申请人的国际仲裁案

---

〔1〕 Swissbourgh and others v. Lesotho, at https://investmentpolicy.unctad.org/investment-dispute-settlement/cases/668/swissbourgh-and-others-v-lesotho, Nov. 16, 2020.

〔2〕 James Crawford SC FBA, John S. Bell FBA (eds.), *The Formation and Identification of Rules of Customary International Law in International Law*, Cambridge: Cambridge University Press, 2016, pp. 412-413.

例仅有 1 起（表 4-1），该案因申请人申请终止审理而结案。南非投资者作为申请人的国际仲裁案例有 3 起（表 4-2），目前唯一结案的南非投资者诉莱索托案，即斯威斯堡等诉莱索托案（Swissbourgh and others v. Lesotho）[1]的仲裁裁决并未涉及赔偿问题，因而在实践中难以确定胜诉方。故也很难判断在南非适用国际投资仲裁解决投资者与东道国争端是利大于弊还是弊大于利。

第三节 南非范式改革对中国的影响与启示

南非与中国虽然都是金砖国家，但两国的投资仲裁实践存在差异。南非加快了对投资协定的审议，中国与南非的 BIT 已到期，面临修改或终止，因此，中国应注意南非在 BITs 与 FTAs 中商签的态度，做好应对的准备。

一、中国与南非的投资仲裁规则与实践

一国签订的 IIAs 的内容，可以作为研判该国投资环境优劣和投资政策包容度的参考指标。例如，该协定中有无规定投资仲裁、发生投资纠纷后启动仲裁的条件、当事人可以提出仲裁请求的事项范围，以及该国参与投资仲裁的案件办理情况，均可以作为研判指标。据此而言，分析中国与南非两国的投资条约和投资仲裁情况，是分析两国投资仲裁差异的实践起点。[2]

（一）中国与南非投资仲裁规则与实践的差异

首先，中国与南非对投资仲裁的立场存在差异。中国对投资仲裁的态度包容，南非坚持在用尽当地救济之前提下有限度地接受投资仲裁。中国与南非虽然都属于金砖国家，两国之间也签署了 BIT，但中国加入了《华盛顿公约》，而南非没有加入。南非和中国签署的 BITs 的数量悬殊，南非签署的 50 个 BITs 中只有 11 个包含 ISDS 条款，在晚近签订的经贸协定中基本没有该条款，仅保留了 SSDS 仲裁条款。中国签署的 145 个 BITs 都包含 ISDS 条款。中国的投资协定内容比较规范，且全部包含有解决投资者与东道国争端的仲裁

---

[1] James Crawford SC FBA, John S. Bell FBA (eds.), *The Formation and Identification of Rules of Customary International Law in International Law*, Cambridge: Cambridge University Press, 2016, pp. 412-413.

[2] 参见陶立峰：《金砖国家国际投资仲裁的差异立场及中国对策》，载《法学》2019 年第 1 期，第 135 页。

条款。除印度、印度尼西亚以外，中国对于绝大多数的投资协定，都在到期后进行了更新签署。[1]中国一直持欢迎外国投资、接受通过投资仲裁途径解决投资争端的立场。[2]然而，中国与不同国家签署的投资协定，在投资仲裁处理争端范围上宽泛程度不一。[3]一个具有特色的情况是，中国签订的大多数投资协定，要求外国投资者在中国用尽东道国的行政复议，以此作为提起投资仲裁的前置条件。

其次，中国与南非的投资仲裁实践也存在一定差距。南非及其投资者所涉 ISDS 案件少于中国。根据 UNCTAD 官网统计，ICSID 登记的南非为被申请人的案件仅有 1 起，即弗雷斯蒂诉南非案，该案以投资者申请终止仲裁程序，南非得到 40 万欧元的仲裁成本补偿而告终（表 4-1）。[4]而南非投资者作为申请人提起的投资仲裁有 3 起，只有 1 起结案，并且仲裁裁决不支持任何一方（虽已认定责任但未判处赔偿金），1 起案件程序正在进行中，1 起案件程序已停止（表 4-2）。中国涉案的投资争端仲裁相较南非稍多。中国投资者作为申请人，对外国政府提起的投资仲裁申请共 6 起，被申请东道国多是秘鲁、也门、蒙古、老挝等发展中国家，也有比利时等发达国家（表 2-3）。迄今为止，中国作为被申请人参与的投资仲裁案件只有 3 起，分别是 2011 年因撤销土地使用权被马来西亚投资者提起的投资仲裁，即伊佳兰诉中国案[5]（最终双方达成和解）；2014 年韩国投资者因高尔夫球场建设项目纠纷提起的国际投资仲裁，即安城诉中国案[6]（最终中国胜诉）；2017 年德国投资者提起的投资

---

〔1〕 例如，中国与瑞典签署 BIT 时，由于缺乏签署国际投资协议的经验，在协议中并未约定有东道国国内司法或仲裁救济的内容，而仅约定了争端的国际仲裁解决机制。这对于作为东道国的中国十分不利。发现此问题后，中国及时通过议定书方式，补充了东道国法院管辖、东道国行政复议以及 ICSID 仲裁解决等多种争端处理方式，弥补了上述缺陷。然而，这一弥补是在与瑞典通过后续协商一致的方式进行的，显然增加了原协议签订后的法律风险。

〔2〕 参见陶立峰：《金砖国家国际投资仲裁的差异立场及中国对策》，载《法学》2019 年第 1 期，第 137 页。

〔3〕 中国于 1993 年 1 月 7 日通知 ICSID，仅就因征收或国有化产生的赔偿投资争议提交 ICSID 解决。参见 https://icsIbid.worldbank.org/en/Pages/about/MembershipStateDetails.aspx? state=ST30，最后访问日期：2018 年 5 月 30 日。

〔4〕 参见韩立余主编：《国际投资法》，中国人民大学出版社 2018 年版，第 206 页。

〔5〕 Ekran v. China (ICSID Case No. ARB/11/15), at https://investmentpolicy.unctad.org/investment-dispute-settlement/cases/427/ekran-v-china, Nov. 13, 2020.

〔6〕 Ansung Housing v. China (ICSID Case No. ARB/14/25), at https://investmentpolicy.unctad.org/investment-dispute-settlement/cases/602/ansung-housing-v-china, Nov. 13, 2020.

仲裁,即海乐·西亚泽诉中国案[1]（目前尚未裁决）（表2-4）。

表 4-1　南非作为被申请人的案件统计表[2]

起始年份	案名简称	主要内容	原始程序的结果	被诉国	投资者的母国
2007	弗雷斯蒂诉南非案[3]	索赔是由于《矿物和石油资源开发法》生效,索赔人所称的某些旧有订单的矿产权已失效,以及对某些投资者的股份经营公司实行强制性资产剥离的规定。	决定对任何一方均不支持（认定了责任但未判处赔偿金）。	南非	意大利卢森堡

表 4-2　南非投资者作为申请人的案件统计表[4]

起始年份	案名简称	主要内容	原始程序的结果	被诉国	投资者的母国
2012	斯威斯堡等诉莱索托案[5]	索赔是由于向南部非洲发展共同体法庭提起由于政府没收索赔人的采矿租赁权的行为而引起的。	决定对任何一方均不支持（认定了责任但未判处赔偿金）。	莱索托	南非
2014	贝塞尔利克诉莫桑比克案[6]	索赔是由于索赔人涉嫌投资联合捕捞作业而被没收的捕虾限额而引起的。	正在进行中。	莫桑比克	南非

---

[1] Hela Schwarz v. China (ICSID Case No. ARB/17/19), at https://investmentpolicy.unctad.org/investment-dispute-settlement/cases/805/hela-schwarz-v-china, Nov. 13, 2020.

[2] South Africa, Cases as Respondent State, at https://investmentpolicy.unctad.org/investment-dispute-settlement/country/195/south-africa, Nov. 16, 2020.

[3] Foresti v. South Africa [ICSID Case No. ARB (AF) /07/1], at https://investmentpolicy.unctad.org/investment-dispute-settlement/cases/262/foresti-v-south-africa, Nov. 13, 2020.

[4] South Africa, Cases as Home State of claimant, at https://investmentpolicy.unctad.org/investment-dispute-settlement/country/195/south-africa, Nov. 16, 2020.

[5] Swissbourgh and others v. Lesotho (PCA Case No. 2013-29), at https://investmentpolicy.unctad.org/investment-dispute-settlement/cases/668/swissbourgh-and-others-v-lesotho, Nov. 13, 2020.

[6] Besserglik v. Mozambique [ICSID Case No. ARB (AF) 14/2], at https://investmentpolicy.unctad.org/investment-dispute-settlement/cases/606/besserglik-v-mozambique, Nov. 13, 2020.

续表

起始年份	案名简称	主要内容	原始程序的结果	被诉国	投资者的母国
2016	伯米拉信托基金等诉莱索托案[1]	索赔是由于莱索托涉嫌没收以前授予索赔人的采矿租赁权而引起的,索赔发生在建造大坝时,洪水淹没了索赔人拥有采矿权的某些地区。	已停止。	莱索托	南非

(二) 两国投资仲裁存在差异的原因

中国与南非存在上述投资仲裁立场和实践差异的原因是多方面的,例如,双方在投资领域和投资事项上的关注点、法治水平和文化传统不同,其中主要原因有:两国的经济发展定位不同,两国对国家主义的态度不同。

1. 经济发展定位不同

中国对国际资本的经济发展参与度较高,且在中国的可控监管下,中国有意愿接受投资仲裁以更好地保护外国投资者,最终实现其经济利益。[2]从20世纪70年代开始,中国推行对外开放政策,强调国内资本走出去和外国资本引进来。中国在2015年以前是典型的资本输入国,为了吸引外资,中国不断完善营商环境:在国内层面,中国不断完善国内法律法规,"三资企业法"[3]的颁布为保护外国投资者提供了国内法依据;《中华人民共和国外商投资法》于2020年1月1日实施,取代"三资企业法"更好地促进和保护外国投资。在国际层面,中国签订了大量的双边投资协定、自由贸易区协定和多边投资协定。在国际投资争端解决方面,中国在相关条约中倾向于赋予外国投资者通过国际投资仲裁方式寻求救济的权利。随着我国对外投资水平的不断提升,为了保障本国投资者权益,中国也更加愿意通过国际仲裁的方

---

[1] Burmilla Trust and others v. Lesotho (PCA Case No. 2016-21), at https://investmentpolicy.unctad.org/investment-dispute-settlement/cases/760/burmilla-trust-and-others-v-lesotho, Nov. 13, 2020.

[2] 参见陶立峰:《金砖国家国际投资仲裁的差异立场及中国对策》,载《法学》2019年第1期,第138页。

[3] 即《中华人民共和国中外合资经营企业法》《中华人民共和国中外合作经营企业法》和《中华人民共和国外资企业法》于2020年1月1日废止。

式解决国际投资争端。[1]一国对双边国际贸易投资的争端解决机制具有包容性，是其在国际社会中更多地参与分工合作、发挥自身优势的体现方式之一。在经济全球化成为国际合作基本趋势的今天，基于全人类经济共同体而参与国际合作，是现代工业化国家的必然选择，中国亦不例外。

南非法律体系比较健全，经济开放程度较高，国内生产总值占整个非洲的25%，对外贸易占全非洲的24%。南非国内投资走势渐强，但过分依赖外资。自2000年以来，南非颁布和实施了一系列与矿业有关的法律法规，加强了对矿业的行业管理。《矿产与石油资源开发法》《南非矿业行业提高社会弱势群体经济地位章程》《黑人经济振兴法》以及《选矿战略》等一系列法律、规章的出台，强调了环境保护、经济的可持续发展、支持和鼓励以黑人为主的弱势群体参与矿产资源行业。但南非的部分法律法规的前后不一致、内容不清晰加大了投资者投资的不确定性。[2]而且南非在弗雷斯蒂诉南非案败诉后，出于维护本国公共利益的目的，不再支持ISDS机制，改以国内法解决投资争端。

2. 对国家主义的态度不同

东道国为了吸引外资，赋予外国投资者通过国际仲裁方式解决投资争端的权利，实际上是司法主权的让渡。这一方面有利于提高自身的投资吸引力，另一方面也限制了东道国对外国投资者的管制。因此，许多发展中国家并不是一贯支持国际投资仲裁的。

中国早期签署的BITs，基于对中国是主要的资本输入国的考量，为保护中国海外投资者的利益，规定了"岔路口条款"和用尽当地救济条款，对ICSID投资争端事项进行了保留，只同意将与征收赔偿额有关的争端提交ICSID解决。但是，这并不妨碍中国在BIT中约定争端解决事项。例如，2007年中国和韩国签订的BIT规定了"任何争端"都可以提交临时仲裁庭解决，这就突破了征收补偿额争端的限制。中国新版的投资协定有扩大仲裁解决争端范围的倾向，未来的投资争端将更多地由国际投资仲裁管辖，这也反映了投资

---

[1] 实证研究显示，中国并未运用自己的经济权力使得他国接受更多国际授权的争端解决机制。参见陈兆源、田野、韩冬临：《双边投资协定中争端解决机制的形式选择——基于1982—2013年中国签订双边投资协定的定量研究》，载《世界经济与政治》2015年第3期，第122页。

[2] 参见王健、李秀芬：《南非投资环境及风险防范》，载《中国经贸导刊》2013年第23期，第7页。

自由主义趋势。[1]现在中国正致力于推动国际贸易自由化进程，倡导建立"一带一路"投资争端解决机制。

南非独立之后，为防止外国资本利用国际仲裁影响本国外资政策，对投资仲裁持谨慎态度。[2]虽然南非没有全面排斥国际临时仲裁庭管辖投资争端，但南非并没有加入《华盛顿公约》，投资争端不能通过 ICSID 解决。南非政权为了提高黑人的经济地位，通过无偿征收白人土地的方式压缩白人的生存空间。为了防止西欧国家投资者通过国际仲裁方式在国际上提出诉求，南非从 2013 年起逐步终止了与西班牙等西方国家的 BITs，在新签定 BITs 中明确投资争端应被纳入国内程序解决。[3]用尽当地救济是外交保护的前提，南非将其作为投资争端解决的明确规定。2015 年的《促进和保护投资法案》规定投资者必须用尽当地救济，才能进一步提交国际仲裁解决投资争端。南非对用尽当地救济条款的重视表明国家主义的回归，外资投资权益本地化和外资争端解决本地化要求，进一步加强了东道国对外资的管控。[4]

二、南非范式改革对中国的影响

伴随新的力量对比在全球直接投资领域的形成，新兴经济体无论在吸引国际资本还是在对外投资方面都发挥了日益重要的作用，世界已进入到发展中国家投资的时代。[5]尽管包括中国、南非在内的金砖国家在投资规则制定过程中的话语权日渐增强，但它们在投资仲裁选择立场上的差异又进一步增加了投资仲裁变革的不确定性。详言之，中国对投资仲裁的态度包容，而南非不接受 ICSID 仲裁。南非加快了对投资协定的审议，以用尽当地救济等手段增加投资仲裁的适用限制条件，南非在自由贸易协定投资规则的商签上显

---

〔1〕 参见沈伟:《论中国双边投资协定中限制性投资争端解决条款的解释和适用》，载《中外法学》2012 年第 5 期，第 1066 页。

〔2〕 例如，南非更多地关注黑人，确保外国投资中黑人经济利益的保护，通过出台《黑人经济振兴法》以及修改其他国内法律，强制南非的矿业公司向当地黑人转让股份，增加管理层中黑人的人数等。参见朱伟东:《南非〈投资促进与保护法案〉评析》，载《西亚非洲》2014 年第 2 期，第 5 页。

〔3〕 Han Xiuli, "The China-South Africa Bilateral Investment Treaty: National Rule of Law Versus International Rule of Law", *South African Journal of International Affairs*, 24（2017），p. 269.

〔4〕 参见陶立峰:《金砖国家国际投资仲裁的差异立场及中国对策》，载《法学》2019 年第 1 期，第 140 页。

〔5〕 李妍:《"金砖国家"引领国际投资变局》，载《国际商报》2011 年 1 月 4 日，第 A2 版。

示出其摒弃 ISDS 条款的迹象，正在向巴西的做法靠拢。巴西不仅拒绝批准含有投资仲裁条款的 BITs，而且在区域经贸协定投资规则中以争端预防和国家间争端解决全面替代 ISDS 仲裁机制。[1]因此，中国应注意南非自由贸易协定的商签态度，做好应对的准备。

首先，作为最具活力的新兴经济体，中国与南非为了促进经济发展采取了诸多吸引外资的政策，但两国分处不同的地理区域，拥有不同的政治、经济、文化传统与法律制度，不利于两国之间相互资本的流动，也导致了相互间的深层合作面临着挑战。[2]

其次，增加了投资仲裁机制变革的不确定性。当前，国际投资仲裁面临深刻挑战，不仅存在本身开放性和透明度欠缺等问题，而且存在与东道国宪法原则相冲突的问题。[3]"投资仲裁机制的变革引发了国际社会前所未有的关注和行动"。[4]各国对该制度采取了不同的改革模式，ISDS 机制进入全面反思与改革阶段。南非采取的范式改革模式是寻求投资仲裁改革困境的一种全新突破，以国内法代替 IIAs，与中国接受国际投资仲裁的态度迥异。这将给两国进行 BIT 的修改或重新签订谈判带来阻碍。

2010 年 12 月，中国与俄罗斯、印度、巴西一致商定，吸收南非作为正式成员加入"金砖国家"合作机制。长期的经贸合作使得南非和中国的关系更加紧密，中国更加重视南非广阔的投资市场。[5]虽然中国与南非没有投资仲裁纠纷，但为了保护本国的经济贸易和市场，南非往往习惯借助高关税或采取反倾销等手段打击中国外贸。近年来，中国、南非在国际和地区事务上一直保持着良好合作，在人权领域的协调和合作日益加强，在南非越来越重视发展南南关系的大背景下，中国与南非关系的重要性将进一步提升，中国与

---

[1] 参见陶立峰：《金砖国家国际投资仲裁的差异立场及中国对策》，载《法学》2019 年第 1 期，第 142 页。

[2] 参见刘晓红：《金砖国家间多元化争议解决机制的构建》，载《上海法治报》2015 年 11 月 16 日，第 A07 版。

[3] Stephan W. Schill, "Reforming Investor-State Dispute Settlement: A Comparative and International Constitutional Law Framework", *Journal of International Economic Law*, 20 (2017), p.649.

[4] 陶立峰：《金砖国家国际投资仲裁的差异立场及中国对策》，载《法学》2019 年第 1 期，第 142 页。

[5] 参见张跃东：《中国与南非经贸关系中存在的问题及前景展望》，载《辽宁行政学院学报》2011 年第 3 期，第 56 页。

南非的经贸、政治关系可望得到进一步的实质性发展。

三、南非范式改革对中国的启示

由于南非与中国的投资仲裁立场存在差异，因此，中国应根据中国国情和南非的投资仲裁实践和范式改革，在与南非进行投资保护协议谈判时坚持互惠原则，并从用尽当地救济的方式和时限着手来应对南非投资争端条款的新变化。

南非并非唯一在投资者-国家仲裁方面存在问题的国家。尤科斯环球有限公司诉俄罗斯案（Yukos Universal v. Russia）[1]引起了广泛的关注，尽管南非等国家最初同意国际投资仲裁，但显然不愿接受裁决，甚至更不愿遵守裁决。从政治角度看，特别是考虑到在某些情况下仲裁裁决的损害赔偿数额巨大和上诉制度的缺乏，这种态度是可以理解的；但从法律角度看，协定必须遵守，损害赔偿的裁决是在认定存在非法行为之后才作出的，不服从裁决是站不住脚的。

ISDS仲裁机制的缺陷是否会导致各国政府回避妥善解决争端、遵守裁决和执行裁决的方式，这是一个值得怀疑的问题，也是中国谈判代表未来必须考虑的问题。若我们的目标是平等对待南非国家内部的所有投资者，则各国目前所采取的保护投资者和解决争端的不同方式，应该被统一或协调的方式取代。此外，各国应承诺承认、执行和遵守彼此的仲裁裁决和国内判决。明智的做法是，两国根据互惠原则以及两国宪法规定，就保护投资者的一般原则达成协议，同时需明确规定投资者、投资的保护类型和解决争端的不同方式。在现阶段，是否能够达成解决争端的统一办法是值得怀疑的，但需要竭尽全力找到一种办法，使所有投资者都能通过尽可能适用同样的法律原则得到公平对待。[2]

---

[1] 该案是被申请人俄罗斯对尤科斯石油公司采取的一系列行动引起的索赔，包括逮捕、大额税款评估和留置权，以及拍卖尤科斯主要设施等，据称这些行动导致了该公司破产，并消除了索赔人在尤科斯的所有股份的价值。See Yukos Universal v. Russia (PCA Case No. 2005-04/AA227), at https://investmentpolicy.unctad.org/investment-dispute-settlement/cases/213/yukos-universal-v-russia, Jan. 10, 2019.

[2] Engela C. Schlemmer, "Dispute Settlement in Investment-Related Matters: South Africa and the BRICS", *American Journal of International Law*, 112 (2018), pp. 215-216.

中国是南非的重要资本输入国,但随着南非民族主义、种族主义争议以及经济不断衰退,南非对中国投资者的限制也越来越多,中国投资者在南非的投资因此面临较大风险。南非审查投资协定的步伐正不断加快,中国-南非BIT也面临审查,南非可能提出修订要求。[1]从南非和其他国家的谈判来看,南非重点关注用尽当地救济条款。中国为了促成中国-南非BIT的修订,并保障中国投资者在南非的利益,应重视用尽当地救济条款的途径和最高时间限制。用尽当地救济原则包括行政和司法等多种方式,中国不能将其限定为行政复议。然而,用尽当地救济可能成为东道国限制投资者诉求的方式,司法或行政效率低下、人为拖延程序都有可能损害中国投资者的正当诉求。为此,中国可以采取双方平等互利、相互承认用尽当地救济原则的手段来应对南非投资争端条款的新变化,并在用尽当地救济条款谈判中,可就司法救济和行政救济的特点设定不同时限要求,例如可分别设为90天和1年;同时明确当地救济的最长时限,例如可参考2018年荷兰BIT范本草案,规定东道国的当地救济最长时限为2年;也可以不加区分地针对所有当地救济设置一个最高上限,如2年或3年等。[2]

---

〔1〕 中国-南非BIT于1998年4月1日生效。根据该BIT第12条的规定,10年有效期届满后,任一方可经提前1年书面通知程序随时终止BIT。

〔2〕 印度2015年BIT范本对包括行政和司法救济在内的当地救济设置了5年的上限,但该时限过长不应接受,因为国际投资仲裁处理案件的平均时间为4年。这意味着在印度投资的中国投资者如不满意当地救济再寻求国际投资仲裁解决,将会耗费9年时间才能得到最终裁决,此举无疑不利于保护投资者的权益。参见王彦志、王菲:《印度2015年双边投资条约范本草案评析——White Industries v. India案裁决阴影下的重大立场变迁》,载《国际经济法学刊》2015年第2期,第161页。

第五章
投资者与东道国争端解决机制的改革趋向

ISDS 机制是目前唯一能够公正解决投资争端的机制，主要资本输出国已利用 ISDS 机制作为巩固经济实力的工具，它还被用来作为一种机制，以纠正资本输入国国内法治方面的明显缺陷。但许多发展中国家发表声明，对该机制的运作方式表示不满，对由 ICSID 运作的制度化争端解决机制批评更甚。在此背景下，本章以 UNCITRAL 最近几年颁布的世界投资报告为依据，分析 IIAs 中 ISDS 条款的改革走向，并根据各国和政府间国际组织就 ISDS 机制的可能改革提交给 UNCITRAL 的意见，探讨 ISDS 机制的改革趋势及中国的应对之策。

第一节　新国际投资协定中 ISDS 条款的改革

截至 2020 年 11 月 7 日，世界各国总共签订了 2901 个 BITs，390 个 TIPs。[1] 2018 年签署了 40 个新国际投资协定，包括 30 个 BITs 和 10 个 TIPs。[2] 2019 年，各国缔结了 22 个 IIAs（16 个 BITs 和 6 个 TIPs），至少终止了 34 个生效的 IIAs。到 2019 年年底，条约总数达到 3284 个。2019 年与 2017 年一样，终止生效条约的数量超过了新条约缔结的数量。[3] 2018 年和 2019 年新签署的 IIAs（以下简称"新 IIAs"）中的 ISDS 机制含有更多的改革内容和不同的改

---

[1] International Investment Agreements Navigator, at https://investmentpolicy.unctad.org/investment-dispute-settlement, Nov. 7, 2020.

[2] World Investment Report 2019, p. 99, at https://unctad.org/en/PublicationsLibrary/wir2019_en.pdf, Aug. 16, 2019.

[3] World Investment Report 2020, p. 106, at https://unctad.org/en/PublicationsLibrary/wir2020_en.pdf, Nov. 7, 2020.

革方法，但也面临着挑战与风险，各国应作出相应的政策选择。

一、新 IIAs 中 ISDS 的改革内容与改革方式

投资者-国家仲裁是 IIAs 改革的一个核心焦点，也是一个仍有争议的问题，激发了投资和发展界以及广大公众的争论。[1]具有前瞻性的 IIAs 改革正在顺利进行，涉及各个发展水平的国家和所有地理区域。2018 年和 2019 年缔结的所有新 IIAs 包含了若干 ISDS 改革内容和改革方法，都包括 UNCTAD 可持续发展投资政策框架中规定的若干条款，或遵循 UNCTAD 的 IIAs 改革路线图。

（一）新 IIAs 中 ISDS 的改革内容

2018 年和 2019 年缔结的所有新条约都包含符合 UNCTAD 国际投资制度改革一揽子计划的若干改革。可查阅案文的 2018 年、2019 年分别缔结的 29 个、15 个 IIAs 中，各有 19 个、12 个详细规范了 ISDS，各有 4 个、3 个省略了 ISDS。其中分别约有 75%、73% 的 IIAs 至少包含一个 ISDS 改革内容，许多 IIAs 包含多项内容（参见表 5-1、表 5-2）。这些改革内容中的大多数符合 UNCTAD 在"可持续发展投资政策框架"中确定的备选方案。

表 5-1　2018 年缔结的 IIAs 中 ISDS 的改革内容[2]

IIAs	有无 ISDS 改革内容									
	❶	❷	❸	❹	❺	❻	❼	❽	❾	❿
阿根廷-日本 BIT				√	√	√	√	√	√	√
阿根廷-阿联酋 BIT					√	√	√	√	√	√
亚美尼亚-日本 BIT					√	√	√	√	√	√
澳大利亚-秘鲁 FTA					√	√	√	√	√	√
白俄罗斯-印度 BIT			√	√	√	√	√	√	√	

---

[1] World Investment Report 2019 (Overview), p. 19, at https://unctad.org/en/PublicationsLibrary/wir2019_overview_en.pdf, Aug. 16, 2019.

[2] World Investment Report 2019, p. 108, at https://unctad.org/en/PublicationsLibrary/wir2019_en.pdf, Aug. 16, 2019.

续表

IIAs	有无 ISDS 改革内容									
	❶	❷	❸	❹	❺	❻	❼	❽	❾	❿
白俄罗斯-土耳其 BIT					√					
巴西-智利 FTA	√	否	否	否	否	否	否	否	否	否
巴西-埃塞俄比亚 BIT	√	否	否	否	否	否	否	否	否	否
巴西-圭亚那 BIT	√	否	否	否	否	否	否	否	否	否
巴西-苏里南 BIT	√	否	否	否	否	否	否	否	否	否
柬埔寨-土耳其 BIT				√						
加拿大-摩尔多瓦 BIT					√	√	√		√	√
中美洲-韩国 FTA					√	√	√	√		√
刚果-摩洛哥 BIT										
CPTPP					√	√	√	√	√	√
EUSIPA		√			√	√	√	√	√	√
日本-约旦 BIT					√	√			√	√
日本-阿联酋 BIT					√	√			√	√
哈萨克斯坦-新加坡 BIT				√	√					
哈萨克斯坦-阿联酋 BIT								√		
吉尔吉斯斯坦-土耳其 BIT										
立陶宛-土耳其 BIT					√	√	√		√	
马里-土耳其 BIT										
马里-阿联酋 BIT										
毛里塔尼亚-土耳其 BIT										
新加坡-斯里兰卡 FTA			√	√	√			√		√
巴勒斯坦-土耳其 BIT				√						
阿联酋-乌拉圭 BIT						√		√		√
USMCA			√	√	√	√	√	√	√	√

第五章　投资者与东道国争端解决机制的改革趋向

表 5-2　2019 年缔结的 IIAs 中 ISDS 的改革内容[1]

IIAs	❶	❷	❸	❹	❺	❻	❼	❽	❾	❿
亚美尼亚-新加坡服务和投资贸易协定				√	√	√	√	√		√
澳大利亚-中国香港投资协定				√	√	√	√	√	√	√
澳大利亚-印度尼西亚 CEPA				√	√	√	√	√		√
澳大利亚-乌拉圭 BIT					√	√	√	√		
白俄罗斯-匈牙利 BIT					√		√		√	
巴西-厄瓜多尔 BIT	√	否	否	否	否	否	否	否	否	否
巴西-摩洛哥 BIT	√	否	否	否	否	否	否	否	否	否
巴西-阿联酋 BIT	√	否	否	否	否	否	否	否	否	否
布基纳法索-土耳其 BIT				√						
佛得角-匈牙利 BIT					√		√		√	
欧盟-越南投资保护协定（EVIPA）		√			√		√			
中国香港-阿联酋 BIT				√						
印度-吉尔吉斯斯坦 BIT			√	√	√	√	√	√	√	√
伊朗-尼加拉瓜 BIT										
缅甸-新加坡 BIT				√	√	√	√	√		√

说明："√"表示 IIAs 中有该项改革内容，空白栏表示 IIAs 中无该项改革内容，"否"表示该项改革内容在 IIAs 中不适用。

表 5-1、表 5-2 中的 ISDS 改革内容都分为四类，分别都有 10 项改革内容：

❶省略 ISDS 机制（例如，支持国内法院和/或国家-国家争端解决）。

❷将临时仲裁和当事人指定的仲裁员制度改为由任期固定的仲裁员组成的类似常设法院的仲裁庭（包括上诉庭）。

❸在诉诸仲裁之前，要求投资者寻求当地补救措施（18 个月或更长时间）或用尽当地补救办法。

❹限制条约规定受 ISDS 机制约束和/或将某些政策领域排除在 ISDS 机制之外。

---

[1] World Investment Report 2020, p.116, at https://unctad.org/en/PublicationsLibrary/wir2020_en.pdf, Nov. 7, 2020.

❺设置提交 ISDS 索赔的时限。

❻加强国家在 ISDS 机制中的作用：具有约束力的联合解释，反对共同决定，无争端当事方的参与，对仲裁裁决草案的审查，提交反诉。

❼加强仲裁员或法官的合格性和公正性：任职资格、行为准则、利益冲突规则、禁止"身兼数职"[1]规则。

❽提高争端解决的效率：尽早驳回无聊的索赔，合并诉讼，最长诉讼时限，自愿替代性争端解决程序。

❾向公众和第三方开放 ISDS 程序：透明度规则，法庭之友参与。

❿限制法庭的补救权力：法律补救措施，损害赔偿的类型。

其中❶属于"没有 ISDS 机制"；❷属于"常设的 ISDS 仲裁庭"；❸~❺属于"有限的 ISDS 机制"；❻~❿属于"改进的 ISDS 机制"。

（二）新 IIAs 中 ISDS 的主要改革方式

在 2018 年签署的新 IIAs 中，出现了五种主要的改革 ISDS 方式（单独使用或组合使用）：①没有 ISDS 机制。这类条约并未赋予投资者将其与东道国的争端提交国际仲裁的权利（ISDS 机制根本不包括条约在内），或者该国有权对每一具体争端以所谓"逐案同意"的形式给予或拒绝仲裁同意。其中有四个 IIAs 完全没有 ISDS 机制，[2]有两个 IIAs 在特定各方之间选择退出双边 ISDS 机制。[3]②常设 ISDS 仲裁庭。这类条约[4]取代特设投资者-国家仲裁和当事人任命制度，设立类似常设法院的仲裁庭（包括上诉庭），由缔约方任命有固定期限的仲裁员。③有限的 ISDS 机制。这类条约[5]可能包括要求诉诸仲裁之前用尽当地司法补救措施（或在当地法院进行长期诉讼），缩小 ISDS 机制的范围。例如，限制受 ISDS 机制约束的条约规定，政策领域将不被包括在 ISDS 机制的范围内，和/或设置提交 ISDS 机制索赔的时限。④改进的 ISDS 程

---

[1] "身兼数职"是指在一个案件中的仲裁员同时在另一个案件中做法律顾问。参见曾建知译：《程序、政策和进程：寻找投资者与国家争端解决规则改革共识——ICSID 秘书长关于投资者与国家争端解决规则改革的演讲》，载 http://www.yidianzixun.com/article/0J1Dadhs，最后访问日期：2019 年 8 月 23 日。

[2] 这四个 IIAs 是巴西-智利 FTA、巴西-埃塞俄比亚 BIT、巴西-圭亚那 BIT、巴西-苏里南 BIT。

[3] 这两个 IIAs 是 CPTPP 和 USMCA。CPTPP 的五个成员签署的五个双边 BITs 选择退出 ISDS 机制。在 USMCA 的成员中，加拿大-墨西哥 BIT 和加拿大-美国 BIT 选择退出 ISDS 机制。

[4] 这类条约有 1 个，即 EUSIPA。

[5] 这类条约有 19 个。

序。这类条约[1]保留了投资者-国家仲裁制度，但有一些重要的修改。除其他目标外，这些修改可能旨在增加国家对诉讼程序的控制，向公众和第三方提起诉讼，提高仲裁员的合格性和公正性，提高诉讼效率或限制 ISDS 仲裁庭的补救权力。⑤未改革的 ISDS 机制。这类条约[2]保留了旧 IIAs 中通常使用的基本 ISDS 机制设计，其特点是范围广泛，缺乏程序改进。

由于投资者与国家之间的仲裁仍是 IIAs 更广泛改革行动的核心，各国继续在 2019 年签署的 IIAs 中采用四种主要改革方式来实施许多 ISDS 的改革内容：①没有 ISDS 机制（如巴西-厄瓜多尔 BIT、巴西-摩洛哥 BIT 和巴西-阿联酋 BIT）；②常设 ISDS 仲裁庭［如欧盟-越南投资保护协定（EVIPA）］；③有限的 ISDS 机制（这类条约有 11 个[3]）；④改进的 ISDS 程序（这类条约有 9 个[4]）。[5]

2018 年[6]和 2019 年，最常用的 ISDS 改革方式都是"有限的 ISDS 机制"和"改进的 ISDS 程序"，通常组合使用。[7]不同地区和不同发展水平的国家都在推行 ISDS 机制改革。与此同时，对 ISDS 机制改革的多边参与日益普遍，UNCITRAL 和 ICSID 等一些机构也参与进来。[8]

此外，2019 年签署的 IIAs 包括几个创新的 ISDS 改革特点，这些特点在早期 IIAs 中很少遇到和/或有新突破：①不包括与公共卫生措施有关的 ISDS 索赔（如澳大利亚-印度尼西亚 CEPA）；②给予被告国在投资者进行仲裁之前

---

[1] 这类条约有 15 个。

[2] 这类条约有 6 个。

[3] 即亚美尼亚-新加坡服务和投资贸易协定、澳大利亚-中国香港投资协定、澳大利亚-印度尼西亚 CEPA、澳大利亚-乌拉圭 BIT、白俄罗斯-匈牙利 BIT、布基纳法索-土耳其 BIT、佛得角-匈牙利 BIT、欧盟-越南投资保护协定、中国香港-阿联酋 BIT、印度-吉尔吉斯斯坦 BIT、缅甸-新加坡 BIT。

[4] 即亚美尼亚-新加坡服务和投资贸易协定、澳大利亚-中国香港投资协定、澳大利亚-印度尼西亚 CEPA、澳大利亚-乌拉圭 BIT、白俄罗斯-匈牙利 BIT、佛得角-匈牙利 BIT、欧盟-越南投资保护协定、印度-吉尔吉斯斯坦 BIT、缅甸-新加坡 BIT。

[5] World Investment Report 2020, p. 113, at https://unctad.org/en/PublicationsLibrary/wir2020_en.pdf, Nov. 7, 2020.

[6] World Investment Report 2019, p. 106, at https://unctad.org/en/PublicationsLibrary/wir2019_en.pdf, Aug. 16, 2019.

[7] World Investment Report 2020, p. 114, at https://unctad.org/en/PublicationsLibrary/wir2020_en.pdf, Nov. 7, 2020.

[8] 《2019 年世界投资报告（要旨与概述）》，第 20 页，载 https://unctad.org/en/PublicationsLibrary/wir2019_overview_ch.pdf，最后访问日期：2018 年 9 月 29 日。

请求强制调解的可能性（如澳大利亚-印度尼西亚 CEPA）；③不包括实体为提起索赔而获得投资的索赔管辖权，即所谓的时效重建［如欧盟-越南投资保护协定（EVIPA）］。除 ISDS 的特定改革内容外，许多 IIAs 还对 ISDS 改革有影响的其他条约组成部分进行了重要修改（例如，完善条约范围、明确实质性条款和增加例外规定）。区域、跨区域和多边各级（在 UNCITRAL 和 ICSID 以及其他机构中）也正在进行 ISDS 改革。[1]

二、ISDS 条款改革面临的挑战与风险

IIAs 改革行动带来了新的挑战。新 IIAs 着眼于改善平衡和灵活性，但也降低了 IIAs 制度的同质性。新 IIAs 中的 ISDS 创新条款尚未在仲裁程序中得到检验。ISDS 改革的不同方式，从传统的特设法庭到常设法院乃至不设 ISDS 机制，增加了广义的系统复杂性。改革努力是同时进行的，而且往往相互孤立。[2]为促进 ISDS 机制的改革成功，各国和政府间国际组织需要应对 ISDS 条款改革带来的挑战与风险。

（一）IIAs 与国家法律之间互动带来的挑战与风险

尽管国家和国际投资政策的制定在结构上有所不同，但在以可持续发展目标为导向的政策改革的一些核心要素（如环境法）方面会相互作用（表1-3）。[3]这种互动至少会带来三个具体挑战：①负责国家和国际投资政策的政策制定者可能会孤立无援，产生不相互支持或更糟的相互冲突的结果。②国家和国际投资政策不一致可能会导致 IIAs 改革无效。同样，在旧 IIAs 中广泛制定的条款也有可能使新的、更现代的投资法中的改革努力归于无效。③当国家法律包括预先同意国际仲裁作为解决投资者-国家争端的手段时，国内投资法和 IIAs 之间的不一致也可能产生与 ISDS 相关的风险，这可能导致平行诉讼。[4]

---

[1] World Investment Report 2020, p. 114, at https://unctad.org/en/PublicationsLibrary/wir2020_en.pdf, Nov. 7, 2020.

[2]《2019 年世界投资报告（要旨与概述）》，第 20 页，载 https://unctad.org/en/PublicationsLibrary/wir2019_overview_ch.pdf，最后访问日期：2018 年 9 月 29 日。

[3] 例如，在国家投资法中，17 条关于间接征收的条款中没有一条是"细化的"，9 条 FET 条款中只有 2 条是"细化的"。对于国际投资协定而言，这些改进已成为现代条约起草的标准特征。See World Investment Report 2018, p. 106, at https://unctad.org/en/PublicationsLibrary/wir2018_en.pdf, Aug. 20, 2019.

[4] World Investment Report, 2018, p. 107, at https://unctad.org/en/PublicationsLibrary/wir2018_en.pdf, Aug. 20, 2019.

尽管基于条约的 ISDS 机制已成为当今国际投资政策辩论的重点，但迄今为止，ISDS 机制被纳入国家投资法以及由此产生的争议较少。事实上，根据国家法律提起的 ISDS 案件数量相对较少。ISDS 条款是 IIAs 的典型条款，95% 的 IIAs 有 ISDS 条款。ISDS 条款不太常见但仍然存在于国家法律中。[1]基于不同法律在 ICSID 登记的 640 起案例中，根据投资法提起的 ICSID 案件有 61 起，其中仅根据国家投资法提起的 ICSID 案件有 26 起，根据国家投资法和 IIAs 提起的 ICSID 案件有 35 起。表 5-3 中的国家根据其国家法律受到更多 ICSID 案件的影响。根据国家法律至少受到 ICSID 案件影响的其他国家还包括喀麦隆、科特迪瓦、加蓬、格鲁吉亚、约旦、马达加斯加、毛里塔尼亚、黑山、莫桑比克、尼日尔、尼日利亚、巴布亚新几内亚、塞内加尔、南苏丹、坦桑尼亚、东帝汶和也门。[2]

表 5-3　基于国家法律和 IIAs 在 ICSID 登记的案例[3]

国　　家	基于国家法律登记的 ICSID 案件总数	基于 IIAs 登记的 ICSID 案件总数
委内瑞拉	12	39
乌兹别克斯坦	6	6
几内亚	5	0
哈萨克斯坦	5	11
阿尔巴尼亚	4	6
埃及	3	28
萨尔瓦多	3	3
吉尔吉斯斯坦	3	3
刚果（金）	2	4
突尼斯	2	1

---

[1]　据统计，在 111 部国家法律中有 66 部规定了 ISDS 条款（约占 59%）（66 部法律中只有 24 部规定了预先同意），77% 的非洲国家法律中包含 ISDS 条款，70% 的转型国家的法律中有 ISDS 条款。See World Investment Report, 2018, p. 107, at https://unctad.org/en/PublicationsLibrary/wir2018_en.pdf, Aug. 20, 2019.

[2]　根据 ICSID 仲裁规则或附加便利规则于 2018 年 1 月登记的 640 个案件（包括待审或结案的）。

[3]　See World Investment Report 2018, p. 108, at https://unctad.org/en/PublicationsLibrary/wir2018_en.pdf, Aug. 20, 2019.

在纳入 ISDS 机制时,国家投资法采取更谨慎的方法,通常采用所谓的"逐案同意"。这些条款提供了 ISDS 的可能性,但在 ISDS 仲裁可以推进之前需要东道国政府另外的同意行为。在 66 部国家投资法中,规定逐案同意 ISDS 的国家投资法占 52%,规定预先同意 ISDS 的国家投资法占 36%(图 5-1)。规定逐案同意的 BITs 共 4 个,[1]其中多数是在 1970 年代缔结的;泛非投资法(2015)也规定了逐案同意 ISDS。[2]

图 5-1 国家投资法中对国际仲裁的同意类型(百分比,总数=66)[3]

在 IIAs 和国家投资法中规定的预先同意 ISDS 条款可能存在以下风险:可以增加各国对 IIAs 的了解,延长诉讼时间,并使被诉国承担更高的费用,有可能产生相互矛盾的裁决。具体来说:①增加平行诉讼风险。例如,在萨拉托夫诉哈萨克斯坦案(Caratube v. Kazakhstan)[4]中,在最初的 IIA 索赔因管辖权理由被驳回后,投资者根据相同的 IIA 重新提出索赔。此外,还根据国家投资法提出了索赔要求。投资者最终获得了 3900 万美元的赔偿金。②延长诉讼程序。例如,在冠军控股公司等诉埃及案(Champion Holding Company et al. v. Arab Republic of Egypt)[5]中,在基于条约的索赔被驳回之后(案件仍悬

---

〔1〕 这四个 BITs 分别是:瑞典-南斯拉夫 BIT(1978)、瑞典-马来西亚 BIT(1979)、埃及-瑞典 BIT(1978)和斯里兰卡-瑞士 BIT(1981)。

〔2〕 World Investment Report 2018, p.108, at https://unctad.org/en/PublicationsLibrary/wir2018_en.pdf, Aug. 20, 2019.

〔3〕 World Investment Report 2018, p.107, at https://unctad.org/en/PublicationsLibrary/wir2018_en.pdf, Aug. 20, 2019.

〔4〕 Caratube v. Kazakhstan (ICSID Case No. ARB/08/12), at https://investmentpolicy.unctad.org/investment-dispute-settlement/cases/297/caratube-v-kazakhstan, Feb. 28, 2019.

〔5〕 Champion Holding Company et al. v. Arab Republic of Egypt (ICSID Case No. ARB/16/2), at https://investmentpolicy.unctad.org/investment-dispute-settlement/cases/701/champion-holding-company-and-others-v-egypt, Feb. 28, 2019.

而未决），投资者根据国家法律和 IIA 提出了随后的索赔。③诉讼成本较高。例如，在太平洋边缘开曼群岛有限公司诉萨尔瓦多案（Pac Rim Cayman Ltd. v. Republic of El Salvador)[1]中，仲裁庭在管辖阶段驳回了基于条约的索赔，但允许基于国家法律的索赔继续进行；诉讼时间又延长 4 年，产生了巨大的诉讼和仲裁费用。

（二）ISDS 案件剧增和重大国际发生带来的风险

新 IIAs 虽然对 ISDS 机制进行了改革，但基于条约的新 ISDS 案件仍然居高不下。2018 年，投资者针对 41 个国家至少提起了 71 起公开的基于条约的 ISDS 案件。截至 2019 年 1 月 1 日，公开的 ISDS 案件总数已达 942 起。迄今为止，几乎所有已知的 ISDS 案件都是基于老一代投资条约。目前有 117 个国家是一项或多项 ISDS 案件中的被申请人。由于一些仲裁可以保密，2018 年和前几年提交的争端实际数量可能还要多一些。[2]

ICSID 迄今受理的案件累计达 705 起。与以往情况类似，大多数案件的申请人为来自发达国家的投资者，而在 ISDS 机制中成为被申请人的，往往是发展中国家及转型经济体。其中，来自美国的投资者发起了 15 起投资仲裁案件，位居榜首，而哥伦比亚共和国却在 6 起投资仲裁案件中被诉。[3]2019 年，投资者根据 IIAs 至少发起了 55 起公开的 ISDS 案件。大多数投资仲裁是根据 20 世纪 90 年代或更早时期签订的 IIAs 进行的。根据最新披露的信息，2018 年的已知案件数调整为 84 起。截至 2020 年 1 月 1 日，公开的 ISDS 案件总数已达到 1023 起。[4]因此，发达国家与发展中国家都应重视 ISDS 机制改革带来的案件剧增的风险，特别是发展中国家及转型经济体更应在 ISDS 机制改革中慎重考虑，妥善应对。

---

[1] Pac Rim Cayman Ltd v. Republic of El Salvador (ICSID Case No. ARB/09/12), at https://investmentpolicy.unctad.org/investment-dispute-settlement/cases/356/pac-rim-v-el-salvador, Feb. 28, 2019; ABCI Investments N. V. v. Republic of Tunisia (ICSID Case No. ARB/04/12), at https://investmentpolicy.unctad.org/investment-dispute-settlement/cases/172/abci-investments-v-tunisia, Feb. 28, 2019.

[2] 《2019 年世界投资报告（要旨与概述）》，第 18 页，载 https://unctad.org/en/PublicationsLibrary/wir2019_overview_ch.pdf，最后访问日期：2018 年 9 月 29 日。

[3] 《2018 年投资者-东道国争端解决案件报告》，载 https://mp.weixin.qq.com/s/XySDXR1GY_eFRnKQD5rIMA，最后访问日期：2019 年 8 月 19 日。

[4] World Investment Report 2020, p. 110, at https://unctad.org/en/PublicationsLibrary/wir2020_en.pdf, Nov. 7, 2020.

三、应对 ISDS 改革风险与挑战的政策选择

最大化可持续发展效益需要最大化 IIAs 制度与国家投资法律机制之间的协同作用。各国应对上述挑战与风险采取相应的改革行动,并找到 IIAs 制度与国家投资法律机制协同作用的切入点(表 5-4)。[1]

(一)各国政府采取的改革行动

各国正在着手使现有的旧条约现代化,最近采取的第二阶段的改革行动主要有:①联合解释条约规定。一些国家最近对其现有 IIAs 和/或已建立的联合机构发布了联合解释,其任务是对条约规定发布具有约束力的解释。②修改条约规定。各国对 2018 年的双边和区域投资协定进行了修订。在大型 IIAs 中,缔约方采用协议和交换附函或说明进行修订。修正案可以实现更高程度的变革,并确保修订后的条约反映不断变化的政策偏好。③取代"过时的"条约。越来越多的最近缔结的 IIAs 正在取代旧条约,通常用新条约代替旧条约。通过过渡条款可以确保从旧条约到新条约的有效过渡。这些条款规定了在旧 IIAs 终止后多长时间内,投资者可以援引旧 IIAs 提起 ISDS 案件。[2]④整合 IIAs 网络。越来越多的区域 IIAs 规定缔约方之间条约替代的具体条款。通过创建一个新条约废除两个或多个旧条约,有助于使条约内容现代化,并避免 IIAs 网络的分散。[3]⑤管理共存条约之间的关系。在追求政策一致性时,管理条约关系至关重要。在一些 TIPs 中,各国继续受到重叠的、已有的条约的约束。[4]为了减轻因条约关系重叠而可能产生的不利后果,一些 TIPs 载有冲突条款,澄清在冲突或不一致的情况下哪些共存条约将占上风。⑥参照全球标准。保证投资行为逐渐成为一种全球性的规范化、规范化的特征,它可以帮助克服 IIAs 与其他国际法和决策机构之间的分裂。在 2018 年签署的可获得文本的 29 个条约中,至少有 18 个涉及实现可持续发展目标。⑦多边参与。

---

〔1〕 World Investment Report 2018, p. 108, at https://unctad.org/en/PublicationsLibrary/wir2018_en.pdf, Aug. 20, 2019.

〔2〕 例如,在 USMCA (2018)、新加坡-斯里兰卡 FTA (2018)、澳大利亚-鲁 FTA (2018) 三个 TIPs 中,这一期限限于新协定生效后 3 年。

〔3〕 例如,EUSFTA (2018) 将取代欧盟成员国和新加坡之间的 12 个旧 BITs。

〔4〕 就 CPTPP 而言,总共有 37 个较早的 IIAs 仍然有效并与 CPTPP 共存。

多边参与可能是改革现有 IIAs 最有效但也最困难的途径。2018 年，投资决策方面的多边发展继续受到重视，几个论坛（如 ICSID、OECD、WTO、UNCITRAL、联合国工商业和人权工作组）都在进行讨论。然而，目前的工作不太可能为以可持续发展为导向的老一代投资条约现代化带来"大局"结果。⑧放弃未批准的旧条约。对于尚未生效的旧条约，一个国家可以正式表明其不受该条约约束的决定，作为帮助清理其 IIAs 网络的手段。⑨终止现有的旧条约，使各方免除其义务。到 2018 年底共终止 309 个 IIAs。⑩退出多边条约。目前还没有找到这种改革方案的例子，这表明退出多边条约不是首选的改革途径。[1]从各国正在采取的改革行动可知，改革行动的核心重点正在向 ISDS 迈进，[2] ISDS 机制的多边改革是有可能的。

一些经济体、经济集团和区域组织采用了非约束性原则进行投资决策，旨在指导国家和国际投资政策的发展。这些原则通常以贸发会议《可持续发展投资政策框架》（UNCTAD，2015）中规定的核心原则为依据。[3]

（二）国内与国际投资制度之间的相互促进

在改进新条约的谈判方法并将现有条约现代化之后，改革过程的最后一步（第三阶段）是确保国内投资政策与其他国际法的统一。[4]国内投资规则与 IIAs 之间的相互促进可以确保在一个政策制定领域吸取的经验教训有益于另一个领域。促进互相启发不仅需要政策制定者之间加强合作，而且还需要仔细查明潜在可转移的经验教训。值得注意的是，经验教训不能机械地转移。相反，必须注意不同政权之间的关键结构和背景差异。例如，一个国家在国内层面拥有广泛开放的投资制度，这一事实并不会自动转化为将这种开放程度纳入 IIAs 的必要性。相反，各国可能希望在外国投资的准入条件方面保留监管空间。鉴于当今可持续发展导向的 IIAs 改革的必要性，考虑这些动态是

---

[1] World Investment Report 2019, pp. 110 - 113, at https://unctad.org/en/PublicationsLibrary/wir2019_en.pdf, Aug. 16, 2019.

[2] World Investment Report 2019, p. 104, at https://unctad.org/en/PublicationsLibrary/wir2019_en.pdf, Aug. 16, 2019.

[3] World Investment Report 2020, p. 109, at https://unctad.org/en/PublicationsLibrary/wir2020_en.pdf, Nov. 7, 2020.

[4] 《2018 年世界投资报告（要旨与概述）》，第 19 页，载 https://unctad.org/en/PublicationsLibrary/wir 2018_overview_ch.pdf，最后访问日期：2019 年 5 月 20 日。

特别重要的。有人担心,在某些条件下(国家投资法包括先前同意国际仲裁作为解决投资者-国家争端以及落实传统投资保护条款的手段),未经改革的国家投资法可能使可持续发展导向的 IIAs 改革更具挑战性。同样,未经改革的 IIAs 可能会削弱包含可持续发展特征的更多现代投资法律的相关性,甚至取消它们。因此,有必要在 IIAs 和国家投资法律机制之间找到以下最大化协同作用的切入点(表 5-4):加强决策者之间的相互合作;改善两种制度之间的相互作用;确保两种制度之间的相互促进。通过国内与国际投资制度的相互促进、相互融合,最终有可能建立多边化的国际投资制度。

表 5-4　IIAs 和国家投资法律机制:最大化协同作用的切入点[1]

加强决策者之间的合作
・促进负责国家和国际投资决策的机构之间的协调 ・鼓励投资体制中各利益相关者之间进行协商
促进两种制度之间的相互作用
・建立明确的制度各要素相互作用的原则 ・IIAs 保护遵守国内法律的投资者的前提条件是此类法律符合国际承诺 ・利用分歧探求战略政策目标
确保两种制度之间的相互促进
・确定国家投资法律框架可从现代 IIAs 要素中获益之处 ・确定 IIAs 谈判者可考虑国家投资政策共同特点之处

资料来源:UNCTAD。

第二节　投资者与东道国争端解决机制改革的多边化

如前所述,针对 ISDS 机制的改革问题,各国提出了不同的改革模式,主要有美国渐进式改革、欧盟系统式改革和南非范式改革。由于各种模式各有利弊,还有待实践的进一步检验,并不能说哪种改革模式能像 WTO 机制一样为大多数国家所接受。因此,UNCITRAL 获得了召集各国和国际组织商讨投

---

[1] World Investment Report 2018, p. 109, at https://unctad.org/en/PublicationsLibrary/wir2018_en.pdf, Aug. 20, 2019.

资者与东道国争端解决机制改革的任务，UNCITRAL 授权其第三工作组分三个阶段调查可能的投资者-国家争端解决机制改革，组织关于 ISDS 机制的可能改革的问卷调查和专题讨论会。目前约有 100 个国家和观察员实体参加了第三工作组会议，10 个政府间国际组织和几十个非政府间国际组织参加 ISDS 机制改革的讨论。ISDS 机制改革问题的探讨主要从程序方面进行，第三工作组秘书处陆续收到了很多国家和政府间国际组织关于投资者与东道国争端解决框架的问卷调查结果和就 ISDS 机制改革方案提交的建议，下面结合这些意见、新 IIAs 的改革动向及相关理论观点，分析 ISDS 机制的改革趋势及其可能的改革模式下 ISDS 程序的完善。

一、ISDS 机制改革的多边化走向

从前文分析的新 IIAs 中 ISDS 条款的改革动态可以推断，在实践中进行 ISDS 机制的多边化改革是有可能的。结合国家或国际组织就 ISDS 机制的可能改革所提出的建议，以及理论界关于 ISDS 机制改革的观点进行分析也可推断，未来 ISDS 机制的改革将走向多边化。

（一）官方意见支持 ISDS 机制改革的多边化

UNCITRAL 第三工作组组织各国和政府间国际组织就 ISDS 机制的改革问题进行了问卷调查，收到了 40 份关于投资者与东道国争端解决框架的意见，对这 40 份意见进行统计分析（表5-5）可知，有 18 个国家或政府间国际组织对关于投资者与东道国争端解决框架的问题进行了回应，并对国际投资争端解决中心研究报告讨论的改革投资者-东道国仲裁机制的可能办法提出了意见。另外有 24 个参加 UNCITRAL 第三工作组组织召开的关于 ISDS 机制改革问题的国家或政府间国际组织[1]也提出了相关意见。

1. 官方关于 ISDS 机制问卷调查的意见

根据表5-5可知，这 18 个国家或政府间国际组织就 ISDS 机制的可能改革提出的意见集中在以下几个方面：

---

[1] 这 24 个国家或政府间国际组织是：印度尼西亚、欧洲联盟及其成员国、摩洛哥、泰国、智利、以色列、日本、哥斯达黎加、巴西、哥伦比亚、厄瓜多尔、南非、中国、韩国、巴林、马里、墨西哥、秘鲁、科威特、哈萨克斯坦、俄罗斯联邦、荷兰、秘鲁和土耳其。See Working Group III: Investor-State Dispute Settlement Reform, UNCITRAL, at https://uncitral.un.org/en/working_groups/3/investor-state, Nov.16, 2020.

(1) 7个国家或政府间国际组织支持建立解决投资争端的多边机制，包括欧盟[1]、葡萄牙[2]、斯洛伐克[3]、西班牙[4]、厄瓜多尔[5]、巴基斯坦[6]、加拿大[7]。

(2) 2个国家支持构建类似于《毛里求斯公约》的选择性适用制度，包括西班牙[8]和德国[9]，并认为这将避免需要对各项投资协定逐一进行修改。德国还支持构建上诉机制。[10]

(3) 5个国家支持建立一个解决投资者与东道国争端的常设国际法庭，包括厄瓜多尔[11]、突尼斯[12]、法国[13]、巴基斯坦[14]，并认为建立一个解决投资者与东道国争端的常设国际法庭可能是解决仲裁裁决之间缺乏一致性的

---

[1] 《A/CN.9/918—投资人与国家间争端解决框架—意见汇编》，第11页，载 https://undocs.org/zh/A/CN.9/918，最后访问日期：2018年8月30日。

[2] 《A/CN.9/918/Add.2—投资人与国家间争端解决框架—意见汇编》，第8页，载 https://undocs.org/zh/A/CN.9/918/Add.2，最后访问日期：2019年8月10日。

[3] 《A/CN.9/918/Add.2—投资人与国家间争端解决框架—意见汇编》，第9~10页，载 https://undocs.org/zh/A/CN.9/918/Add.2，最后访问日期：2019年8月10日。

[4] 《A/CN.9/918/Add.2—投资人与国家间争端解决框架—意见汇编》，第11页，载 https://undocs.org/zh/A/CN.9/918/Add.2，最后访问日期：2019年8月10日。

[5] 《A/CN.9/918/Add.3—投资人与国家间争端解决框架—意见汇编》，第10页，载 https://undocs.org/zh/A/CN.9/918/Add.3，最后访问日期：2019年8月10日。

[6] 《A/CN.9/918/Add.5—投资人与国家间争端解决框架—意见汇编》，第14页，载 https://undocs.org/zh/A/CN.9/918/Add.5，最后访问日期：2019年8月10日。

[7] 《A/CN.9/918/Add.6—投资人与国家间争端解决框架—意见汇编》，第4页，载 https://undocs.org/zh/A/CN.9/918/Add.6，最后访问日期：2019年8月10日。

[8] 《A/CN.9/918/Add.2—投资人与国家间争端解决框架—意见汇编》，第11页，载 https://undocs.org/zh/A/CN.9/918/Add.2，最后访问日期：2019年8月10日。

[9] 《A/CN.9/918/Add.3—投资人与国家间争端解决框架—意见汇编》，第8页，载 https://undocs.org/zh/A/CN.9/918/Add.3，最后访问日期：2019年8月10日。

[10] 《A/CN.9/918/Add.3—投资人与国家间争端解决框架—意见汇编》，第10页，载 https://undocs.org/zh/A/CN.9/918/Add.3，最后访问日期：2019年8月10日。

[11] 《A/CN.9/918/Add.3—投资人与国家间争端解决框架—意见汇编》，第10页，载 https://undocs.org/zh/A/CN.9/918/Add.3，最后访问日期：2019年8月10日。

[12] 《A/CN.9/918/Add.1—投资人与国家间争端解决框架—意见汇编》，第13页，载 https://undocs.org/zh/A/CN.9/918/Add.1，最后访问日期：2019年8月10日。

[13] 《A/CN.9/918/Add.5—投资人与国家间争端解决框架—意见汇编》，第11页，载 https://undocs.org/zh/A/CN.9/918/Add.5，最后访问日期：2019年8月10日。

[14] 《A/CN.9/918/Add.5—投资人与国家间争端解决框架—意见汇编》，第14页，载 https://undocs.org/zh/A/CN.9/918/Add.5，最后访问日期：2019年8月10日。

有效方式。法国还支持建立"投资法庭体系"。[1]泰国认为，虽然建立国际投资法庭可能会带来一些益处，但是除了建立一项新的机制以外，也应继续讨论其他备选方案，来解决与现有机制相关的挑战。[2]

（4）5个国家支持将ISDS机制纳入IIAs并进行改革，包括中国[3]、英国[4]、希腊[5]、印度[6]、科特迪瓦[7]，这使投资者在与东道国发生争端时有独立的补救手段。中国还支持采取措施使申诉取得公平结果，仲裁员秉持高道德标准，法庭进行透明审理。[8]印度还认为，建立的更公平、更合法、更加自成一体的ISDS机制还应可无缝融入现有的裁决执行格局。[9]以色列强调，支持ISDS机制的改革，但并不意味着支持常设法院或上诉机制的想法，也不意味着如果最终就此问题达成一项公约，以色列将加入这项公约。[10]

（5）只有白俄罗斯坚决主张加强区域层面仲裁制度。[11]据上可知，提交意见的97.5%的国家或组织签署的IIAs中载有ISDS条款，38.9%的国家或政府间国际组织支持建立解决投资争端的多边机制。

---

[1]《A/CN.9/918/Add.5—投资人与国家间争端解决框架—意见汇编》，第11页，载https://undocs.org/zh/A/CN.9/918/Add.5，最后访问日期：2019年8月10日。

[2]《A/CN.9/918/Add.4—投资人与国家间争端解决框架—意见汇编》，第10页，载https://undocs.org/zh/A/CN.9/918/Add.4，最后访问日期：2019年8月10日。

[3]《A/CN.9/918/Add.1—投资人与国家间争端解决框架—意见汇编》，第3页，载https://undocs.org/zh/A/CN.9/918/Add.1，最后访问日期：2019年8月10日。

[4]《A/CN.9/918—投资人与国家间争端解决框架—意见汇编》，第9页，载https://undocs.org/zh/A/CN.9/918，最后访问日期：2018年8月30日。

[5]《A/CN.9/918/Add.1—投资人与国家间争端解决框架—意见汇编》，第4页。载https://undocs.org/zh/A/CN.9/918/Add.1，最后访问日期：2019年8月10日。

[6]《A/CN.9/918/Add.6—投资人与国家间争端解决框架—意见汇编》，第11页，载https://undocs.org/zh/A/CN.9/918/Add.6，最后访问日期：2019年8月10日。

[7]《A/CN.9/918/Add.6—投资人与国家间争端解决框架—意见汇编》，第6页，载https://undocs.org/zh/A/CN.9/918/Add.6，最后访问日期：2019年8月10日。

[8]《A/CN.9/918/Add.1—投资人与国家间争端解决框架—意见汇编》，第3页，载https://undocs.org/zh/A/CN.9/918/Add.1，最后访问日期：2019年8月10日。

[9]《A/CN.9/918/Add.6—投资人与国家间争端解决框架—意见汇编》，第11页，载https://undocs.org/zh/A/CN.9/918/Add.6，最后访问日期：2019年8月10日。

[10]《A/CN.9/918/Add.8—投资人与国家间争端解决框架—意见汇编》，第3页，载https://undocs.org/zh/A/CN.9/918/Add.6，最后访问日期：2019年8月10日。

[11]《A/CN.9/918/Add.4—投资人与国家间争端解决框架—意见汇编》，第4页，载https://undocs.org/zh/A/CN.9/918/Add.4，最后访问日期：2019年8月10日。

表 5-5 关于投资者与东道国争端解决框架的意见的问卷调查结果表[1]

序号	国别或组织	问题1 IIAs中有无ISDS条款	问题2 有无ICS	问题3 有无上诉机制	问题4 有无将建立上诉机制(或ICS)	问题5 有无修正IIAs(或过渡安排的规定)	问题6 有无承认和执行国际法院判决的依据(或机制)	问题7 有无对仲裁裁决提起上诉的规定	问题8 有无对ISDS机制改革的可能备选方案的意见
1	奥地利	有	无	无	无(无)	无(无)	无(无)	无	无
2	芬兰	有	无	无	(0)有	有(0)	无(无)	有	无
3	荷兰	有	无	无	有(无)	有(0)	无(无)	有	无
4	英国	有	无	无	有(无)	有(0)	无(无)	有	有
5	欧盟	有	有	有	有(有)	有(0)	0(0)	0	有
6	中国	有	0	无	有(0)	有(有)	无(无)	无	无
7	希腊	有	0	0	有(无)	有(0)	无(0)	0	无
8	日本	有	0	无	有(无)	有(0)	无(无)	无	无
9	毛里求斯	有	无	无	有(无)	有(0)	无(无)	无	无
10	波兰	有	无	无	有(无)	有(0)	有(0)	无	无
11	罗马尼亚	有	无	有	(0)无	有(无)	无(无)	无	0
12	突尼斯	有	有	有	有(有)	有(有)	有(有)	有	无
13	阿根廷	有	0	0	有(无)	有(0)	无(无)	无	0
14	牙买加	有	无	无	有(有)	无(0)	无(无)	无	无
15	葡萄牙	有	无	有	有(有)	有(有)	无(有)	无	无
16	斯洛伐克	有	0	无	有(无)	有(0)	无(无)	无	无
17	西班牙	有	有	有	有(有)	有(无)	无(无)	无	无
18	阿尔及利亚	有	无	无	有(无)	有(0)	无(无)	无	0
19	捷克	有	无	无	有(无)	有(0)	无(无)	无	无
20	厄瓜多尔	有	无	有	有(有)	无(0)	无(0)	无	无
21	德国	有	无	无	有(无)	有(有)	有(有)	无	无
22	拉脱维亚	0	0	0	0(0)	0(0)	无(有)	无	0

[1] 根据 UNCITRAL 在第 50 届会议已收到的《投资人与国家间争端解决框架—意见汇编》进行整理,载 https://uncitral.un.org/zh/working_groups/3/investor-state,最后访问日期:2018 年 8 月 30 日。

续表

序号	国别或组织	问题要点							
		问题1 IIAs中有无ISDS条款	问题2 有无ICS	问题3 有无上诉机制	问题4 有无将建立上诉机制(或ICS)	问题5 有无修正IIAs(或过渡安排的规定)	问题6 有无承认和执行国际法院判决的依据(或机制)	问题7 有无对仲裁裁决提起上诉的规定	问题8 有无对ISDS机制改革的可能备选方案的意见
23	白俄罗斯	有	无	0	无(无)	有(有)	有(无)	无	无
24	哥伦比亚	有	无	0	有(0)	有(无)	有(无)	无	无
25	毛里塔尼亚	有	无	无	有(有)	有(0)	有(0)	无	0
26	泰国	有	无	无	无(无)	有(无)	有(无)	无	无
27	比利时	有	无	无	有(有)	有(0)	有(无)	无	无
28	智利	有	无	无	有(有)	有(0)	有(无)	无	无
29	法国	有	无	无	有(有)	有(有)	有(有)	无	无
30	墨西哥	有	无	无	有(有)	有(无)	有(无)	无	无
31	巴基斯坦	有	无	无	有(有)	有(无)	有(0)	无	无
32	俄罗斯	有	无	无	无(无)	有(无)	有(无)	无	无
33	瑞士	有	无	无	有(有)	有(无)	有(无)	无	无
34	加拿大	有	有	有	有(有)	有(有)	有(有)	无	无
35	科特迪瓦	无	无	无	无(无)	无(无)	无(无)	无	无
36	萨尔瓦多	有	无	无	有(无)	有(无)	有(无)	无	0
37	印度	有	无	无	无(无)	有(无)	有(无)	无	无
38	以色列	有	0	0	有(无)	有(无)	有(无)	无	无
39	韩国	有	0	无	无(无)	有(无)	有(无)	无	0
40	印度尼西亚	有	无	0	无(无)	有(无)	有(无)	无	0

注：表中标记为"0"表示该国或政府间国际组织没有对该问题进行回复。

说明：2016年，UNCITRAL秘书处分发了一份关于投资者与东道国争端解决框架的问卷，问卷设计的8个问题如下：

（1）贵国是否是有关外国投资保护双边或多边条约的缔约方，包括是否是载有有关投资保护章节的自由贸易协定（IIAs）的缔约方？如果有，贵国的IIAs中是否载有有关投资人与国家间争端解决的条款？

（2）贵国缔结的任何IIAs或贵国的示范IIAs（如果有）是否有针对解决投资人与国家间争端（而非投资人与国家间仲裁）的常设法院或法庭？如果有，能否向我们提供这些

IIAs 的案文，或任何与之相关的资料，包括有关这些常设法院或法庭所作裁决的任何资料？

（3）贵国缔结的任何 IIAs 或贵国的示范 IIAs（如果有）是否载有有关可就投资人与国家间仲裁裁决提起上诉（有别于废止）的规定？如果有，能否向我们提供这些 IIAs 的案文，或任何与之相关的资料？

（4）贵国缔结的任何 IIAs 或贵国的示范 IIAs（如果有）是否述及今后可能设立（a）有关投资人与国家间仲裁裁决的双边或多边上诉机制；和（或）（b）双边或多边常设投资法庭或法院？如果有，能否向我们提供这些 IIAs 的案文，或任何与之相关的资料，包括这些 IIAs 的缔约方是否采取任何措施来落实这些规定的任何资料？

（5）贵国缔结的 IIAs 是否载有有关修正 IIAs 的规定？如果有，能否向我们提供这些 IIAs 的案文，或任何与之相关的资料，包括已诉诸这些修正程序的任何实例的任何资料？贵国缔结的任何 IIAs 是否载有在修改或修正 IIAs 情形中保障投资人权利或为之提供过渡安排的规定？

（6）贵国是否有承认和执行国际法院判决（而非外国仲裁裁决）的任何法律依据或司法机制？如果有，能否向我们提供任何与之相关的资料（只要与国际刑事法院和法庭的判决无关）？贵国的国内法院是否曾被请求承认或执行国际法院的判决？如果是，能否向我们提供这些法院的任何裁决或与之相关的任何资料（只要这些判决或资料与国际刑事法院和法庭无关）？

（7）贵国有关国际仲裁的立法是否载有有关国家法院或法庭对仲裁裁决提起上诉（而非撤销）的任何规定？

（8）贵国对国际投资争端解决中心研究报告讨论的改革投资人与国家间仲裁机制的可能办法有何意见？[1]

2. 官方关于 ISDS 机制可能改革的意见

UNCITRAL 第三工作组组织并召开了关于 ISDS 改革问题的第 34~39 届研讨会[2]，在这几届研讨会期间秘书处陆续收到了各国或各政府间国际组织提交的关于 ISDS 机制改革的建议。截至 2020 年 11 月 16 日，UNCITRAL 第三工作组秘书处共收到了 26 份就 ISDS 机制可能的改革方案各国提交的材料和意见书。[3] 结合秘书处关于 ISDS 机制的可能改革的说明，上述国家或政府间国

---

〔1〕 参见《A/CN.9/918—投资人与国家间争端解决框架—意见汇编》，第 3~4 页，载 https://undocs.org/zh/A/CN.9/918，最后访问日期：2018 年 8 月 30 日。

〔2〕 Working Group III: Investor-State Dispute Settlement Reform, UNCITRAL, at https://uncitral.un.org/en/working_groups/3/investor-state, Nov. 16, 2020.

〔3〕 A/CN.9/1044-Report of Working Group III (Investor-State Dispute Settlement Reform) on the Work of Its Thirty-Ninth Session, p. 4, at https://uncitral.un.org/sites/uncitral.un.org/files/media-documents/uncitral/en/rep-ort_wg_iii_advance_copy.pdf, Nov. 16, 2020.

际组织的意见主要集中在是建立独立的复审或上诉机制还是建立常设投资法庭两种模式上。而一些意见书不仅述及改革方案，而且述及方案的实施工作。[1]

（1）建立独立的复审或上诉机制。6份意见书提出了建立独立的复审或上诉机制的初步建议。[2]1份意见书指出，建议建立一种事先审查仲裁裁决的程序，这类似于国际商会国际仲裁法院所采用的程序；也可从现有仲裁机构中选出一个机构，由一个独立的机构在其之下对仲裁裁决进行事先审查。复审机制通常并不意味着对案件实体进行审查。[3]2份意见书建议考虑设立一个独立的上诉机制。[4]1份意见书指出，这种机制将被视为更高一级的司法机关，其任务是确保BITs条款解释的一致性，并纠正裁决中可能对公共资金产生重大影响的错误。[5]1份意见书将这一改革方案称为加强投资争端解决制度合法性的一种手段。[6]工作组认为，可以结合不同的改革框架，建立有效的复审或上诉机制。例如，在被拒绝司法的情况下，可以由一个上诉机制负责审查仲裁庭、常设投资法院、区域投资法院、国际商事法院和国内法院作出的裁决和裁定。需要指出的是，需要审议对复审或上诉机制所作出的裁定的执

---

[1] 提及实施多种改革方案的意见书包括：《A/CN.9/WG.Ⅲ/WP.159/Add.1—欧洲联盟及其成员国提交的意见书》《A/CN.9/WG.Ⅲ/WP.173—哥伦比亚政府提交的意见书》《A/CN.9/WG.Ⅲ/WP.175—厄瓜多尔政府提交的意见书》；另见《A/CN.9/WG.Ⅲ/WP.182—智利、以色列、日本、墨西哥和秘鲁政府提交的意见书》，其中建议采用"成套"办法实施改革方案。

[2] 《A/CN.9/WG.Ⅲ/WP.159/Add.1—欧洲联盟及其成员国提交的意见书》，第4页，载https://undocs.org/zh/A/CN.9/WG.Ⅲ/WP.159/Add.1；《A/CN.9/WG.Ⅲ/WP.161—摩洛哥政府提交的意见书》，载https://undocs.org/en/A/CN.9/WG.Ⅲ/WP.161；《A/CN.9/WG.Ⅲ/WP.163—智利、以色列和日本政府提交的意见书》，载https://undocs.org/zh/A/CN.9/WG.Ⅲ/WP.163；《A/CN.9/WG.Ⅲ/WP.175—厄瓜多尔政府提交的意见书》，载http://undocs.org/zh/A/CN.9/WG.Ⅲ/WP.175；《A/CN.9/WG.Ⅲ/WP.177—中国政府提交的意见书》，载https://uncitral.un.org/sites/uncitral.un.org/files/wp177c.pdf，最后访问日期：2019年8月10日。

[3] 《A/CN.9/WG.Ⅲ/WP.161—摩洛哥政府提交的意见书》，载https://undocs.org/en/A/CN.9/WG.Ⅲ/WP.161，最后访问日期：2019年8月10日。

[4] 《A/CN.9/WG.In/WP.161—摩洛哥政府提交的意见书》，载https://undocs.org/en/A/CN.9/WG.Ⅲ/WP.161；《ACN.9/WG.Ⅲ/WP.177—中国政府提交的意见书》，载https://uncitral.un.org/sites/uncitral.un.org/files/wp177c.pdf，最后访问日期：2019年8月10日。《A/CN.9/WG.Ⅲ/WP.188—俄罗斯联邦政府提交的意见书》，第3页，载http://undocs.org/zh/A/CN.9/WG.Ⅲ/WP.188，最后访问日期：2020年10月16日。

[5] 《A/CN.9/WG.Ⅲ/WP.161—摩洛哥政府提交的意见书》，载https://undocs.org/en/A/CN.9/WG.Ⅲ/WP.161，最后访问日期：2019年8月10日。

[6] 《A/CN.9/WG.Ⅲ/WP.177—中国政府提交的意见书》，载https://uncitral.un.org/sites/uncitral.un.org/files/wp177c.pdf，最后访问日期：2019年8月10日。

行问题。[1]

（2）设立配有专职法官的初审和上诉投资法庭。1 份意见书就包括建立投资法庭的改革方案提出了初步建议，还提出建立常设初审和上诉投资法庭的建议。这项建议依据的观点是，工作组所确定的不同关切事项相互交织，具有系统性，以零敲碎打的方式处理具体关切事项将使一些关切事项得不到解决。[2] 根据这份意见书，配有专职审裁员的常设机制应当有两级审裁。初审法庭将对争端进行审理。按照仲裁庭现今的做法，初审法庭先进行事实调查，然后对事实适用有关法律。如果是上诉法庭无法处理的案件，初审法庭还将处理上诉法庭发回的案件。这项改革方案将涵盖其他一些改革建议，并可能使这些建议变得多余。该方案也可与其他方案结合起来，如前文提到的上诉机制。[3]

据上可知，提交的意见中多数支持建立独立的上诉或复审机制，这需要进行 ISDS 机制的多边化改革。因为在已经发现的众多问题中，部分制度性问题难以通过成员彼此间的 BITs 予以解决，而是需要通过完善 ISDS 的多边规则和机制建设予以解决，需要研究、制定平衡的争端解决规则。[4]

（二）理论观点支持 ISDS 机制改革的多边化

关于 ISDS 机制改革问题政府间组织在各种研讨会上或研究报告中发表了相关意见，学术界和实务界也对该问题提出了相关意见。

1. 政府间国际组织的倡议

2019 年，ICSID 秘书处与各国联系的一个重点是修订 ICSID 的投资者与东道国争端解决程序规则。除了在世界银行集团总部与成员国举行了 2 次协商会议外，ICSID 还在华盛顿特区和世界其他城市的办事处举行了多次双边会议。ICSID 还继续与《华盛顿公约》非会员国官员会晤，讨论加入《华盛顿

---

[1]《A/CN.9/WG.III/WP.166——投资人与国家间争端解决制度的可能改革》，第 7 页，载 https://undocs.org/zh/A/CN.9/WG.III/WP.166，最后访问日期：2019 年 8 月 10 日。

[2]《A/CN.9/WG.III/WP.159/Add.1——欧洲联盟及其成员国提交的意见书》，载 https://undocs.org/zh/A/CN.9/WG.III/WP.159/Add.1，最后访问日期：2019 年 8 月 10 日。

[3]《A/CN.9/WG.III/WP.166——投资人与国家间争端解决制度的可能改革》，第 7 页，载 https://undocs.org/zh/A/CN.9/WG.III/WP.175，最后访问日期：2019 年 8 月 10 日。

[4]《ACN.9/WG.III/WP.177——中国政府提交的意见书》，第 2 页，载 https://uncitral.un.org/sites/uncitral.un.org/files/wp177c.pdf，最后访问日期：2019 年 8 月 10 日。

公约》的好处和程序。[1] ICSID 研究报告中审议的可行改革倡议以下列诸方面为主要依据。首先，设想制定一项真正的多边争端解决制度，这可能会促使设立一个单一的国际投资法庭。其次，经建议的改革倡议将针对 IIAs 改革的一个具体问题，即条约的投资者-东道国仲裁规定。最后，《择入公约》的机制将有效地把各国从目前 3000 个 IIAs 所载的有可能十分复杂和冗长的修正程序负担中解放出来。[2] 自 2011 年以来，一个由经合组织主办的汇集了全世界 55 个经济体[3]的政府间圆桌会议，定期对投资条约以及 ISDS 机制进行分析和讨论。企业、公民社会和非政府组织以及专家的投入丰富了讨论。[4] 参加圆桌会议的大多数国家都认为 ISDS 机制可发挥宝贵作用，不过仍可改进。若干国家认为重要的是要认识到 ISDS 机制总体上运作良好。[5] 在《2017 年世界投资报告》中，UNCTAD 对改革现有旧版 IIAs 提出了十项政策选择并分析了利弊。投资争端解决制度的改革已被排在议程优先位置，同时采取了具体步骤，包括多边一级步骤。一些改革步骤可能将延伸到现有的更老的条约。哥伦比亚可持续投资中心（哥伦比亚投资中心）为荷兰外交部编写了一份关于在国际投资协定下的程序中保障适当的法律辩护的概略研究报告，该报告提供的信息旨在促进关于建立或扩大一个或多个援助机制的可取性和可行性的讨论，以协助各国以及国际投资协定和投资人与国家间争端解决（投资争端解决）

---

[1] 2019 ICSID Annual Report, p. 36, at https://icsid.worldbank.org/en/Documents/ICSID_AR19_EN.pdf, Oct. 10, 2019.

[2] 《A/CN.9/918—投资人与国家间争端解决框架—意见汇编》，第 2~3 页，载 https://undocs.org/zh/A/CN.9/918，最后访问日期：2018 年 8 月 30 日。

[3] 以下经济体应邀参加圆桌会议：阿根廷、澳大利亚、奥地利、比利时、巴西、保加利亚、加拿大、智利、中国、哥伦比亚、哥斯达黎加、捷克、丹麦、埃及、爱沙尼亚、芬兰、法国、德国、希腊、匈牙利、冰岛、印度、印度尼西亚、爱尔兰、以色列、意大利、约旦、日本、约旦、韩国、拉脱维亚、立陶宛、卢森堡、马来西亚、墨西哥、摩洛哥、荷兰、新西兰、挪威、巴拉圭、秘鲁、波兰、葡萄牙、罗马尼亚、俄罗斯联邦、沙特阿拉伯、新加坡、斯洛伐克、斯洛文尼亚、南非、西班牙、瑞典、瑞士、泰国、突尼斯、土耳其、乌克兰、英国、美国、欧盟。参见《A/CN.9/918/Add.7—投资人与国家间争端解决框架—意见汇编》，第 2~3 页，载 https://undocs.org/zh/A/CN.9/918/Add.7，最后访问日期：2018 年 8 月 30 日。

[4] 《A/CN.9/918/Add.7—投资人与国家间争端解决框架—意见汇编》，第 2 页，载 https://undocs.org/zh/A/CN.9/918/Add.7，最后访问日期：2018 年 8 月 30 日。

[5] 《A/CN.9/918/Add.7—投资人与国家间争端解决框架—意见汇编》，第 4 页，载 https://undocs.org/zh/A/CN.9/918/Add.7，最后访问日期：2018 年 8 月 30 日。

制度的其他使用者更有效地参与并受益于这一制度。[1]总的来看，改革努力应当着眼于整体方针，确保透明、包纳性过程，同时不迷失可持续发展的大目标。[2]鉴于 PCA 成员所持立场的差异，PCA 不对这一领域特定改革的可取性持任何观点。PCA 认为，各国政府在考虑到本国政策倾向和利益的情况下选择其认为最适当的争端解决机制，乃是各国政府的专有权利。[3]综上可知，上述政府间国际组织支持 ISDS 机制的改革，多数认为多边改革是一种重要的改革方案。

2. 学术界的观点

有的学者认为，目前国际投资制度具有两个关键特征：首先，此制度为国际公法制度；其次，此制度类似于公共法，因为它主要关注的是投资者的待遇，即个别投资者与国家之间的关系。这些特征决定了 ISDS 机制要解决合法性问题需要多边机制。[4]有的学者认为，虽然 TTIP 暂时没有谈判成功，但它代表着在多边一级开始寻找解决方案的机会，这从长远来看可能是应对这一系统性挑战的唯一途径。[5]有的学者认为，欧盟委员会已决定在一定程度上将 UNCITRAL 多边法院的发展纳入与传统仲裁精英有关的机构。多边法院可能具有解决现有 ISDS 机制批评者所提出的具体问题的一些特征，其中许多是合理的。多边投资法院如何能够使其自身成为解决投资争端的真正国际司法场所，而不会导致不公正，一个关键的合法性特征是向投资者以外的利益相关者开放法院。[6]有的学者假设未来的多边投资法院将由新的和不同类型的国际投资仲裁员组成，并侧重于法院创建过程中需要解决的多样性问题。多样性与独立公正原则之间的联系提供了另一个共同点，这将是 MIC 的一项

---

〔1〕《A/CN. 9/WG. III/WP. 196——荷兰、秘鲁和泰国政府提交的意见书》，第 2 页载 http://undocs.org/zh/A/CN. 9/WG. III/WP. 196，最后访问日期：2020 年 11 月 16 日。

〔2〕《A/CN. 9/918/Add. 7——投资人与国家间争端解决框架—意见汇编》，第 8~9 页，载 https://undocs.org/zh/A/CN. 9/918/Add. 7，最后访问日期：2018 年 8 月 30 日。

〔3〕《A/CN. 9/WG. III/WP. 143——投资人与国家间争议解决领域可能的改革—国际政府间国际组织的评论意见》，第 4 页，载 https://undocs.org/zh/A/CN. 9/WG. III/WP. 143，最后访问日期：2018 年 8 月 30 日。

〔4〕 Anthea Roberts, "Clash of Paradigms: Actors and Analogies Shaping the Investment Treaty System", *American Journal of International Law*, 107 (2013), pp. 63–68.

〔5〕 Romain Pardo, "ISDS and TTIP-A Miracle Cure for a Systemic Challenge?", *European Policy Centre Policy Brief*, Jul. 14, 2014.

〔6〕 Rob Howse, "Designing a Multilateral Investment Court: Issues and Options", *Yearbook of European Law*, 36 (2017), p. 236.

第五章　投资者与东道国争端解决机制的改革趋向

至关重要的职责。[1]有的学者认为，ISDS 机制是一个复杂的多层次系统性挑战，需要多边解决方案。[2]还有学者提出了 ISDS 的创新理念和创新改革，并认为中国已具备了 ISDS 机制的创新平台，投资规则的设置路径可从双边发展到区域再到多边，增强多边文本的实施。[3]综上，多数学者赞同 ISDS 机制的多边化改革。

自从 MAI 无疾而终后，投资法改革的主流思路是程序制度多边化。《华盛顿公约》和《毛里求斯公约》都是程序法方面的多边协定。被欧盟奉为投资法改革圭臬的 ICS 也是一种程序多边化探索。[4]而目前学界探讨 ISDS 机制的改革也多是程序法方面的探索。有观点认为，不能将程序与实体分离开来，因为它们之间有着千丝万缕的联系。鉴于 UNCITRAL 的程序是政府主导的，UNCITRAL 在授权时同意应由第三工作组在行使其职权时享有广泛的酌处权，因此，如果不包括对实体问题的讨论，第三工作组将无法充分履行其职责。只有进行系统的多边化改革，才能全面解决与 ISDS 有关的问题。[5]笔者赞同上述观点，由于旧的 IIAs 继续存在，而投资者能够进行投资结构调整以从这些条约中受益，因此，前述三种 ISDS 机制的改革模式只涉及部分国家的改革，只会产生有限的影响。而且可持续发展原则要求纳入投资法，这不是发展的障碍，而是作为东道国实现其发展目标的工具。可持续发展原则还要求外国投资在国内和国际两个层面都受到有效监管，这需要在 ISDS 机制改革中规定东道国监管权，以避免环境和社会受到伤害。因此，各国需要对 ISDS 机制进行系统的、多边化的改革。UNCITRAL 第三工作组倡导的 ISDS 机制的多边改革主要是程序方面的改革，囿于篇幅，加之实体法改革涉及很广，包括 IIAs、各国投资法、国际投资仲裁规则等，本书仅根据 ISDS 机制的多边化改

---

〔1〕 Katia Fach Gómez, "Diversity and the Principle of Independence and Impartiality in the Future Multilateral Investment Court", *The Law and Practice of International Courts and Tribunals*, 17 (2018), p. 78.

〔2〕 Romain Pardo, "ISDS and TTIP — A Miracle Cure for a Systemic Challenge?" *European Policy Centre Policy Brief*, Jul. 14, 2014.

〔3〕 参见漆彤：《多边 vs. 双边：投资争议解决机制改革新动向短评》，载 http://www.sohu.com/a/157131849_652123，最后访问日期：2017 年 8 月 30 日。

〔4〕 参见孙英哲：《新一代国际投资协定 ISDS 改革研究》，对外经济贸易大学 2018 年博士学位论文，第 54 页。

〔5〕 《A/CN. 9/WG. III/WP. 176—南非政府提交的意见书》，第 5 页，载 https://undocs.org/zh/A/CN. 9/WG. III/WP. 176，最后访问日期：2019 年 8 月 10 日。

革趋势探讨完善现行 ISDS 机制的程序问题。

二、ISDS 机制多边化的程序完善

ISDS 机制的任何改革都应当处理与 ISDS 法律框架的关系。[1]由于 ISDS 机制的各个程序之间联系紧密,相互影响,因此对程序改革也应采取整体办法,进行系统完善。

（一）增进仲裁裁决的一致性和可预见性

针对 ICSID 仲裁裁决一致性的缺乏,有的学者提出通过判例法,即采用准先例,以及在裁决中参照其他决定来解决,但这被证明不是十分有效的。这是由于对一些关键概念的解释一直存在不确定性,例如,投资的界定,以及投资是否必须为东道国利益而为之。有的学者提出采取一种共同解释的方法,对条约条款作出对仲裁庭具有约束力的共同解释,即使投资条约没有规定条约解释的可能性,缔约方仍可根据《维也纳条约法公约》第 31 条第 3 款自由澄清其条约的内容。[2]但在实践中很少使用共同解释,因为条约[3]一旦订立,条约缔约方就会发现很难就条约解释达成一致意见。有的学者建议采取其他程序性手段（例如,允许非争端条约缔约方提交材料）,而且国家就本国法律顾问提交材料向其发出指示的一致性至关重要,可作为实现一致性和协调性的另一项措施。还有的学者建议建立上诉机制或多边法院,例如,世界贸易组织是系统争端解决机构,该机构包括一个特设小组和一个常设上诉机构。[4]这些措施试图在现有国际投资条约机制下实现裁决的协调性和一致性,既不可行也不可取,因为基础投资条约制度本身就不统一,这将会导致

---

[1]《A/CN.9/917—争议解决领域今后可能开展的工作:投资人与国家间争议解决领域的改革》,第 5~6 页,载 https://undocs.org/zh/A/CN.9/917,最后访问日期:2018 年 8 月 30 日。

[2]《A/CN.9/WG.Ⅲ/WP.160—多米尼加共和国政府提交的投资人与国家间争端解决制度改革闭会期间区域会议概要》,第 5 页,载 https://undocs.org/zh/A/CN.9/WG.Ⅲ/WP.160,最后访问日期:2019 年 8 月 30 日。

[3] 而且这种条约实质性保护标准和程序性条款清晰明确,纳入对仲裁庭的详细并且可能是强制性的指导意见（如有约束力的解释）。

[4]《A/CN.9/930/Add.1/Rev.1—第三工作组（投资人与国家间争议解决制度改革）第三十四届会议工作报告—第二部分》,第 5 页,载 https://undocs.org/zh/A/CN.9/930/Add.1/Rev.1,最后访问日期:2019 年 8 月 10 日。

以统一的保护标准为基础的一致、协调制度可能存在缺陷。[1]

故上述措施可能不足以为现有（而非未来）条约提供一种综合解决办法，需要一种系统性解决办法处理仲裁裁决的一致性和协调性缺失问题，除了可能包括先例机制[2]、共同解释机制和上诉机制以外，可采取的系统解决办法还需要考虑其他机制来解决仲裁裁决的一致性问题，[3]即有必要发展一种非统一制度，例如，拟订《择入公约》，可按照《实施税收协定相关措施以防止税基侵蚀和利润转移的多边公约》的模式实施改革方案。[4]该模式为并行实施各种改革方案提供了很大的灵活性。《毛里求斯公约》也建立了类似的机制。而且《择入公约》的机制将有效地减轻各国修正目前 3000 个 IIAs 的程序性负担。[5]此外，建立仲裁员名册可能需要修订仲裁规则[6]以及与处理投资争端案件的机构开展密切合作。建立常设机制或机构将需要拟定规约，以便确定法庭的甄选、提名和运作模式[7]，这两项改革方案都需要拟定一部《择入公约》，以便二者适用于现行投资条约。[8]因此，应当制定以《择入公约》为基础的系统性的整体综合解决办法，以便能够增进仲裁裁决的一致性，从

---

[1]《A/CN.9/930/Add.1/Rev.1—第三工作组（投资人与国家间争议解决制度改革）第三十四届会议工作报告—第二部分》，第 4 页，载 https://undocs.org/zh/A/CN.9/930/Add.1/Rev.1，最后访问日期：2019 年 8 月 10 日。

[2] 此种系统也可能促进仲裁员问责制，而广泛的问责制标准不能取代法院系统的补充和反应迅速的立法制度。See Lisa Diependaele, Ferdi De Ville, Sigrid Sterckx, "Assessing the Normative Legitimacy of Investment Arbitration: The EU's Investment Court System", *New Political Economy*, 24（2019），p.52.

[3]《A/CN.9/930/Add.1/Rev.1—第三工作组（投资人与国家间争议解决制度改革）第三十四届会议工作报告—第二部分》，第 4 页，载 https://undocs.org/zh/A/CN.9/930/Add.1/Rev.1，最后访问日期：2019 年 8 月 10 日。

[4]《A/CN.9/WG.III/WP.173—哥伦比亚政府提交的意见书》，载 https://undocs.org/zh/A/CN.9/WG.III/WP.173；《A/CN.9/WG.III/WP.175—厄瓜多尔政府提交的意见书》，载 http://undocs.org/zh/A/CN.9/WG.III/WP.175，最后访问日期：2019 年 8 月 10 日。

[5]《A/CN.9/918—投资人与国家间争端解决框架—意见汇编》，第 3 页，载 https://undocs.org/zh/A/CN.9/918，最后访问日期：2018 年 8 月 30 日。

[6]《A/CN.9/WG.III/WP.162—投资人与国家间争议解决制度的可能改革—泰国政府的评论意见》，载 https://undocs.org/zh/A/CN.9/WG.III/WP.162，最后访问日期：2019 年 8 月 10 日。

[7]《A/CN.9/WG.III/WP.159/Add.1—欧洲联盟及其成员国提交的意见书》，载 https://undocs.org/zh/A/CN.9/WG.III/WP.159/Add.1，最后访问日期：2019 年 8 月 10 日。

[8] 日内瓦国际争端解决中心关于《毛里求斯公约》是否可以作为进一步改革模式的研究文章，也对有关《择入公约》的建议进行了分析。参见 Gabrielle Kaufmann-Kohler、Michele Potestà：《〈毛里求斯公约〉能否通过引入一种常设投资法庭或上诉机制，成为投资者与东道国间仲裁改革的一种模式？分析和路线图》，2016 年 6 月 3 日，第七节，第 75~93 页，载 https://uncitral.un.org/sites/uncitral.un.org/files/media-documents/uncitral/en/cids_research_paper_mauritius.pdf，最后访问日期：2019 年 8 月 10 日。

而提高可预见性。

(二) 提高仲裁员的资格要求

针对仲裁员缺少独立性和公正性的问题,应从制度层面提高仲裁员的资格要求。设立关于仲裁员的行为守则、资质要求和惩戒机制,避免存在仲裁员与律师身份重叠的情形。仲裁员的行为守则应包括遵守法律和职业道德。仲裁员的资质要求应包括具备履行职能所需的专业知识和经验(例如,具备国际公法方面的专门知识,了解公共政策要求,达到国内司法人员的资质标准)、多样性(语言、性别和地域方面)、仲裁员可投入时间,还应对仲裁员建立全系统范围的披露要求和回避程序,[1]以确保仲裁员的中立性和可问责性[2],增进仲裁裁决的质量和公平性及其外在效应。[3]

(三) 健全仲裁机构和仲裁员的选择机制

ISDS 仲裁设立的初衷是尊重投资者自由选择国际仲裁机构和仲裁员的意愿,进行选择机制的改革也应允许当事人自由选择。UNCITRAL 第三工作组第 36 届会议在审议了投资争端法庭的成员甄选、指定及其运作事宜后作出的结论是,由 UNCITRAL 制定改革办法来处理。当然,任何一种改革方案所使用的甄选和指定方法均应保证透明度和公开性,上诉仲裁机构和仲裁员的选任可与初审仲裁庭采取不同的方式。初审仲裁机构和仲裁员由当事人选择,这是因为,各国设置国际投资仲裁机制的初衷是保护投资,当事方指定仲裁员的权利是投资者、东道国政府官员、律师或仲裁员等参与方公认的国际仲裁的传统的基本特征,也是国际仲裁核心的、最具吸引力的特征。当然,同时应对当事人选任和指定仲裁员的机制进行监管[4],以避免选择和指定的不公

---

〔1〕《A/CN.9/WG.III/WP.160——多米尼加共和国政府提交的投资人与国家间争端解决制度改革闭会期间区域会议概要》,第 7 页,载 https://undocs.org/zh/A.CN.9/WG.III/WP.160,最后访问日期:2019 年 8 月 30 日。

〔2〕《A/CN.9/964——第三工作组(投资人与国家间争端解决制度改革)第三十六届会议工作报告》,第 11、13~14 页,载 https://undocs.org/en/A.CN.9/964,最后访问日期:2019 年 8 月 30 日。

〔3〕《A/CN.9/WG.III/WP.169——投资争端法庭成员的甄选和指定》,第 5 页,载 https://undocs.org/zh/A.CN.9/WG.III/WP.169,最后访问日期:2019 年 8 月 30 日。

〔4〕另见各国政府提交的意见书所载建议:《A/CN.9/WG.III/WP.162——投资人与国家间争议解决制度的可能改革——泰国政府的评论意见》,载 https://undocs.org/zh/A.CN.9/WG.III/WP.162;《A/CN.9/WG.III/WP.163——智利、以色列和日本政府提交的意见书》,载 https://undocs.org/zh/A.CN.9/WG.III/WP.163;《A/CN.9/WG.III/WP.164——哥斯达黎加政府提交的意见书》,载 http://undocs.org/en/A.CN.9/WG.III/WP.164;《A/CN.9/WG.III/WP.178——哥斯达黎加政府提交的意见书》,载 http://undocs.org/en/A.CN.9/WG.III/WP.164;《A/CN.9/WG.III/WP.174——土耳其政府提交的意见书》,载 https://undocs.org/zh/A.CN.9/WG.III/

正。这种监管方式包括建立一个预先确定的仲裁员名单或名册以及对指定机构的作用进行审议。现在业已存在多种名册，造册方式各式各样，在此设立的名册应不同于现已设立的名册，而应明确仲裁员独立性和公正性的操守要求和标准[1]，或者通过新的裁定人任命制度。使用预先确定的仲裁员名单或名册，可以在当前仲裁框架内使用，可以有机构（指定机构）参与[2]，也可以作为半常设审裁机构的一部分加以使用。当然在投资争端法庭成员指定机制中还包括独立的指定机构（即用以指定法庭庭长）[3]。此外，为确保仲裁员指定机构指定的仲裁员中立公正，需增加仲裁员指定机构指定仲裁员的透明度。等条件成就时，可设立常设上诉机制。[4]从效率角度考虑，上诉仲裁庭的仲裁员应全部由仲裁机构指定，若出现仲裁员无法履职的情况，则由仲裁机构指定替代仲裁员。

（四）控制投资争端案件的费用和时间

为防范ISDS案件的费用过重和时间过长，必须从整体上审视时间和费用方面的问题。由于仲裁机制各组成部分以不同方式相互影响，因此，对时间和费用问题的解决应进行全面分析，需要细腻而非单纯的简单化解决办法。[5]具体可从以下方面来控制仲裁的费用和时间：首先，务必区分所谓的"过度"或"不合理"的时间和费用与"必要"或"合理"的时间和费用。每个案件

WP. 174；《A/CN. 9/WG. Ⅲ/WP. 175—厄瓜多尔政府提交的意见书》，载 http://undocs. org/zh/A/CN. 9/WG. Ⅲ/WP. 175；《A/CN. 9/WG. Ⅲ/WP. 177—中国政府提交的意见书》，载 https://uncitral. un. org/sites/uncitral. un. org/files/wp177c. pdf，最后访问日期：2019年8月10日。

[1] 因为投资争端的解决关系到公共利益问题。

[2] 另见各国政府提交的意见书所载建议提议：《A/CN. 9/WG. Ⅲ/WP. 162—投资人与国家间争议解决制度的可能改革—泰国政府的评论意见》，载 https://undocs. org/zh/A/CN. 9/WG. Ⅲ/WP. 162；《A/CN. 9/WG. Ⅲ/WP. 163—智利、以色列和日本政府提交的意见书》，载 https://undocs. org/zh/A/CN. 9/WG. Ⅲ/WP. 163；《A/CN. 9/WG. Ⅲ/WP. 164—哥斯达黎加政府提交的意见书》，载 https://undocs. org/zh/A/CN. 9/WG. Ⅲ/WP. 164；《A/CN. 9/WG. Ⅲ/WP. 178—哥斯达黎加政府提交的意见书》，载 http://undocs. org/en/A/CN. 9/WG. Ⅲ/WP. 164；《A/CN. 9/WG. Ⅲ/WP. 174—土耳其政府提交的意见书》，载 https://undocs. org/zh/A/CN. 9/WG. Ⅲ/WP. 174，最后访问日期：2019年8月10日。

[3] 《A/CN. 9/WG. Ⅲ/WP. 163—智利、日本和以色列政府提交的意见书》，载 https://undocs. org/zh/A/CN. 9/WG. Ⅲ/WP. 163，最后访问日期：2019年8月10日。

[4] 另见以下意见书所载建议：《A/CN. 9/WG. Ⅲ/WP. 159/Add. 1—欧洲联盟及其成员国提交的意见书》，载 https://undocs. org/zh/A/CN. 9/WG. Ⅲ/WP. 159/Add. 1，最后访问日期：2019年8月10日。

[5] 《A/CN. 9/930/Rev. 1—第三工作组（投资人与国家间争议解决制度改革）第三十四届会议工作报告—第一部分》，第9页，载 https://undocs. org/zh/A/CN. 9/930/Rev. 1，最后访问日期：2019年8月10日。

在所需要的合理的时间和费用上是不同的,因此,一刀切的规则并不适宜。其次,应当平衡兼顾裁决的质量与减少时间和费用的期望。关于"不合理"的时间和费用,可采取一些程序性机制来控制,其中包括索赔分两步程序处理、快速驳回无依据索赔、合并并行索赔以及就费用分担制定明确和确定的规则,并考虑到相称性以及当事人的行为。关于"合理"的时间和费用,可考虑使用程序时间表等工具和现代技术来确定。再次,采取费用分担办法减轻争端双方的负担。现在正在出现一种基于按比例分担费用的做法。费用裁决可按胜诉方索赔要求的成功部分的比例反映胜诉方的相对成功度。某个机构报告说,最近下达的近一半仲裁裁决是在当事人之间分担费用的。最后,针对投资人可能会使用空壳公司进行索赔的现象,可采取费用担保的方法予以防范。[1]总之,需要通过采取系统性解决办法提高仲裁的可预见性和增加对仲裁程序本身的控制能力来降低总体费用和减少时间。

(五)引入程序透明度标准和法庭之友

首先,为确保仲裁裁决的公正性,应引入仲裁程序透明度标准。仲裁保密原则是国际商事仲裁制度应遵循的原则。[2]投资仲裁不同于商事仲裁,性质上是公法仲裁,需虑及东道国的公共利益。随着投资仲裁的不断发展,人们对投资仲裁透明度的要求越来越高。因此,投资仲裁程序透明度的概念也应扩大,不仅应在仲裁结果,还应在与第三方出资安排、仲裁员任命以及仲裁员报酬等诸多方面,适当加入仲裁程序的透明度标准。引入仲裁程序的透明度标准,可从两个方面进行:一是在 IIAs 中实施透明度标准,或者在仲裁规则中拟订软性法律文书的引入,以鼓励当事人和仲裁庭在条约或其他适用的法律或仲裁规则没有明文禁止的情况下适用这些标准。前一种做法更好,可以避免和克服前文所述的裁决不一致、仲裁员不公正、费用过高等各种问题。二是通过已经建立的透明度机制,增进公众对 ISDS 机制的认识。因为国家和投资者的可获信息不对称,增进公众对 ISDS 机制的认识,对于解决该制

---

[1]《A/CN.9/930/Rev.1—第三工作组(投资人与国家间争议解决制度改革)第三十四届会议工作报告—第一部分》,第9页,载 https://undocs.org/zh/A/CN.9/930/Rev.1,最后访问日期:2019年8月10日。

[2] 参见刘京莲:《阿根廷国际投资仲裁危机的法理与实践研究——兼论对中国的启示》,厦门大学出版社2011年版,第82页。

度在人们眼中缺乏合法性的问题至为关键。[1]

其次,允许法庭之友参与ISDS程序。这是因为,现行ISDS机制允许外国投资者通过私人和保密程序质疑国家法律和法规、审查ISDS仲裁庭决定的可能性有限。外国投资条约提供的关于投资者保护和条约适用范围等问题的规定含糊不清;投资保护对更广泛的社会问题存在潜在的不利影响。而法庭之友的参与可以解决以上问题,并具有以下功能:①法庭之友可以向利益可能受到裁决影响而不能成为仲裁程序当事方的利益相关方提供应有的程序。②法庭之友可以向法庭提供专业法律知识,尤其是仲裁员核心权限之外的事项。③法庭之友可以提供事实信息,以支持将公共利益问题提交法院。法庭之友可以代表公共利益考虑。虽然不期望地方和社区组织向ISDS仲裁庭提供法律专业知识,但影响争端结果的相关公共利益事项的事实信息通常在社区组织的直接知识范围内。例如,仲裁法庭在边境木材有限公司等诉津巴布韦案(Border Timbers and others v. Zimbabwe)[2]中的裁决说明了这一点。

(六)明确规定第三方出资和反请求

首先,明确规定第三方出资的定义和监管。近期的投资条约寻求对第三方出资进行界定,通常采用一种宽泛做法,目的是为审查潜在的利益冲突提供基础。目前关于是否以及在多大程度上应当允许或监管第三方出资的争论仍在进行。因此,应对第三方出资作出明确定义,[3]且需事先做出定义安排。在拟定第三方出资定义的各项要素时,宜考虑下列问题:争端方律师以无偿安排、胜诉酬金安排或附条件收费安排的形式提供资金;[4]不同类型的保险合同,包括事后保险;第三方出资人的股权投资。根据最近缔结的投资条约

---

[1]《A/CN. 9/930/Rev. 1—第三工作组(投资人与国家间争议解决制度改革)第三十四届会议工作报告—第一部分》,第13页,载https://undocs.org/zh/A/CN. 9/930/Rev. 1,最后访问日期:2019年8月10日。

[2] Border Timbers and others v. Zimbabwe (ICSID Case No. ARB/10/25),https://investmentpolicy.unctad.org/investment–dispute–settlement/cases/377/border–timbers–and–others–v–zimbabwe,Aug. 10, 2019。

[3] 另见秘书处关于第三方出资的说明,《A/CN. 9/WG. III/WP. 157—秘书处关于第三方出资的说明》,第5~10段,载http://undocs.org/en/A/CN. 9/WG. III/WP. 157;《A/CN. 9/935—第三工作组(投资人与国家间争议解决制度改革)第三十五届会议工作报告》,第90段,载https://undocs.org/zh/A/CN. 9/935,最后访问日期:2019年8月10日。

[4] 律师通常须遵守行业信息披露相关要求和职业操守准则。

中第三方出资的定义可知,[1]目前存在不同类型的第三方出资,其定义因不同的法律渊源而有所不同。[2]一般采取排除法进行定义,以避免第三方出资的目的与争端有关。某些定义侧重于第三方出资人在接受案件时承担的风险,以及出资人对案件的控制程度,而不是财务安排的形式。[3]为避免对仲裁裁决的公正性和独立性产生影响,对第三方出资可采取范围较广的定义模式,例如,"第三方出资系不属于争端方但与争端一方签订协议的自然人或法人提供任何资金,以捐赠或赠款形式或为根据争端结果换取报酬而支付部分或全部程序费用。"同时,第三方资助,尽管有挑唆诉讼之嫌,但毕竟人家出钱维护的是投资者的合法权利,而且单凭东道国一己之力也难以进行规范,因为资金来自第三国,需要国际合作加强对第三方出资的监管。关于监管方法可由 UNCITRAL 第三工作组制定。[4]

其次,确立反请求制度。为国家提出反请求提供一种机制是确保被申请方国家与申请方投资人之间适当平衡的一个重要方面,也是促进程序效率、公正性和法治的一个重要方面。允许国家提出反请求有可能杜绝并行程序,

---

[1] 最近缔结的投资条约所载列的定义包括以下内容:CETA(自 2017 年 9 月 21 日暂行)第 8.1 条:"第三方出资系不属于争端方但与争端一方签订协议的自然人或法人提供任何资金,以捐赠或赠款形式或为根据争端结果换取报酬而支付部分或全部程序费用。"EVIPA(2019 年 6 月 30 日签署)第 3.28 条:"i.'第三方出资'系不属于争端方但与争端一方签订协议的自然人或法人提供任何资金,为根据争端结果换取报酬而支付部分或全部程序费用,或不属于争端方的自然人或法人以捐赠或赠款形式提供任何资金。"EUSIPA(2018 年 10 月 19 日签署)第 3.1 条:"……2. 在本节中,除非另有规定:……(f)'第三方出资'系不属于争端方但与争端一方签订协议的自然人或法人提供任何资金,用于支付部分或全部程序费用,以换取该争议方可能有权获得的程序收益或潜在收益的份额或其他利益,或以捐赠或赠款形式提供任何资金。"《加拿大—智利自由贸易协定》(自 2019 年 2 月 5 日生效)第 G-23 条之二:"……3. 在本条中,第三方出资系不属于争端方但与争端一方签订协议的人提供任何资金,以捐赠或赠款形式或为根据争端结果换取报酬而支付部分或全部程序费用。"《斯洛伐克双边投资示范条约》(引自《国际商事仲裁理事会与玛丽女王学院关于国际仲裁第三方出资问题专门工作队报告》,第 62 页):"磋商请求必须包含已向或同意向投资人提供与索赔相关的任何财务或其他援助,或对索赔结果拥有利益的任何政府、个人或组织的身份信息。"另见国际律师协会理事会 2014 年 10 月 23 日通过的《国际律师协会关于国际仲裁中利益冲突的准则》第 7(a)条,其中要求披露"仲裁员与当事方(或同一公司集团的另一家公司,或对该仲裁当事方具有控制性影响的个人)之间的任何直接或间接关系,或仲裁员与对仲裁裁决有直接经济利益或负有赔偿当事方责任的任何个人或实体之间的任何直接或间接关系"。

[2] 参见《国际商事仲裁理事会与玛丽女王学院关于国际仲裁第三方出资问题专门工作队报告》,第 17 页。

[3] 《A/CN. 9/WG. Ⅲ/WP. 172——第三方出资——可能的解决办法》,第 5 页,载 https://undocs. org/zh/A/CN. 9/WG. Ⅲ/WP. 172,最后访问日期:2019 年 8 月 10 日。

[4] 《A/CN. 9/WG. Ⅲ/WP. 172——第三方出资——可能的解决办法》,第 6 页,载 https://undocs. org/zh/A/CN. 9/WG. Ⅲ/WP. 172,最后访问日期:2019 年 8 月 10 日。

从而可能对延续时间和费用以及对包括第三方资金在内的一些其他程序问题产生积极影响。虽然被申请国在投资者与东道国间争端解决程序中提出反请求与投资条约中的实质性义务密切相关，但还是存在国家提出反请求的可能性，唯须存在提出反请求的依据（或基本条款）。[1]

第三节　投资者与东道国争端解决机制多边化的中国应对

一般来说，国际体系已经超越了西方国家在国际法，特别是在投资条约中，占主导地位的时代。在 ISDS 机制改革的关键问题上，西方国家存在分歧，例如，出现了欧盟系统式改革、美国渐进式改革和南非范式改革等多种模式。发展中国家在投资条约政策和改革方面正在国际舞台上展示着自己的实力，它们的不同做法也增加了实现多边化的可能性。[2] UNCITRAL 第三工作组正在组织各国和政府间国际组织探讨进行 ISDS 机制的多边化改革，对作为双向投资大国[3]的中国影响深远，中国各界都已积极参与改革讨论，选择适应中国国情的改革模式，以争取在国际投资规则制定中的话语权。

一、ISDS 机制多边化对中国的影响

ISDS 机制的改革正向多边化发展，涉及中国的投资仲裁案例也在增加，这将会对中国 IIAs 的签订与修改以及中国的投资政策产生巨大的影响。

（一）中国 IIAs 中 ISDS 条款的现状

在国际投资规则尚未形成统一共识的背景下，在中国国际投资规则发展中出现了 BITs 与 FTAs 并存的现象，大部分 FTAs 已经出现单独的投资章节，补充了 BITs 的规定，对国际投资活动进行了规范。当前中国国际投资规则以

---

〔1〕《A/CN.9/930/Add.1/Rev.1—第三工作组（投资人与国家间争议解决制度改革）第三十四届会议工作报告—第二部分》，第 2 页，载 https://undocs.org/zh/A/CN.9/930/Add.1/Rev.1，最后访问日期：2019 年 8 月 10 日。

〔2〕 Anthea Roberts, "Investment Treaties: The Reform Matrix", *American Journal of International Law*, 112 (2018), p.196.

〔3〕 2016 年中国首次成为第二大投资国，2017 年中国成为第二大资本输入国。参见肖灵敏：《中欧国际投资规则中投资定义的反思——以中国与欧盟双边投资协定谈判为视角》，载《社会科学家》2018 年第 10 期，第 127 页。

双边投资协定与区域投资协定两种形式为载体正在逐步融合，其中 ISDS 规则也逐渐一致。

1. 中国 IIAs 中 ISDS 条款的融合

如前所述，中国 BITs 中 ISDS 条款的发展经历了三个阶段和三种模式。中国 FTAs 正逐渐增加，其中的投资章节出现了与 BITs 融合的现象。FTAs 更多地强调该区域内国家在国内法与国际公法之间调和的共性，FTAs 中的投资规范一直是各缔约方谈判的敏感区和关键点，往往很难达成共识。而 BITs 中缔约双方可作出较灵活和更特别的规范安排，在一定程度上分散了 FTAs 中关于投资规则的分歧。随着现有 BITs 的存续与不断修订更新，有关国际投资领域内的关键问题在缔约国之间形成了过渡性拓展。随着国际投资领域所关注的主要原则与内容的界定的进一步深化，缔约方不断形成共识。在此背景下，缔约方之间通过在 BITs 层面上的前期适应与调整，再在 FTAs 谈判与商签的过程中增加"投资章节"对"投资"进行规范，将会缓解缔约各方的分歧焦点与敏感程度，也使得 FTAs 逐步与已有 BITs 融合的趋势成为必然。当前中国 BITs 与 FTAs 的融合形式有两种：一是一国与一国模式，如中国-马尔代夫 FTA、中国-韩国 FTA 等；二是一国与多国模式，如中国-东盟 FTA。[1]

2014 年 5 月 17 日生效的《中日韩投资协定》，是三国之间的第一份涉及跨国投资行为的制度设计，在承袭国际立法先例的基础上确立了 ISDS 机制，在结构和内容上跟通常的投资协定基本一致，包括了开头的投资定义和适用范围，最惠国待遇、国民待遇、征收、转移、代位、税收、一般例外、争端解决等条款也一应具备。同时对于友好协商、东道国救济、国际仲裁等安排也以框架性的规定呈现在协定文本中，从而为中日韩三国的投资者-东道国争端解决提供了基本的规则支撑。[2] 该协定中的 ISDS 机制在制度设计上与中国-日本 BIT、中国-韩国 BIT、日本-韩国 BIT 的立法体例一脉相承[3]，是对原有

---

〔1〕 参见王光、卢进勇：《中国双边投资协定：历史演进与发展趋势》，载《国际经济合作》2019 年第 2 期，第 59 页。

〔2〕 参见王春婕：《〈中日韩投资协定〉ISDS 机制研究：现状、问题及前瞻》，载《东岳论丛》2017 年第 7 期，第 93 页。

〔3〕 中国-日本 BIT 签署于 1988 年；中国-韩国 BIT 签署于 1992 年，2007 年修订；日本-韩国 BIT 签署于 2002 年。

BITs 相关内容的整合，创新较少，有重复之嫌。[1]

2. 中国自由贸易协定中投资规则的升级

截至 2018 年 9 月 13 日，中国已与 25 个国家和地区达成了 17 个 FTAs[2]，其中就有 12 个包含关于投资保护和促进的专门规定（表 5-6）。

根据表 5-7 可知，从内容上看，FTAs 中的投资规则在一定程度上可以说是 BITs 的升级，或不低于原有 BITs 的标准。例如，中国与澳大利亚、秘鲁、新西兰、巴勒斯坦和东盟签署的 FTAs 中，提供了更自由的 ISDS 方式。中国与马尔代夫、韩国签署的 FTAs 中有专门的投资章节，其主要内容与 BITs 类似。中国和冰岛、瑞士、哥斯达黎加、格鲁吉亚签署的 FTAs 采用了适用缔约国之间 BITs 的做法。[3]中国-马尔代夫 FTA 中的投资章节纳入了全面的 ISDS 机制。中国-新加坡 FTA 在投资方面依照《中国-东盟投资协议》[4]，规定了 ISDS 规则。但中国-新加坡 FTA 还规定，条款经过必要修改后纳入本协定；若《中国-东盟投资协议》与本协定不一致，优先适用本协定条款。

表 5-6　中国签订的自由贸易协定情况[5]

FTA	签订时间（年）	投资章节的序号	投资章节是否已有独立 BIT	是否升级
中国-马尔代夫 FTA	2017	10	无	是
中国-格鲁吉亚 FTA	2017	12	1993 年签订 1995 年生效	加入现有 BIT

---

[1] 参见王春婕：《〈中日韩投资协定〉ISDS 机制研究：现状、问题及前瞻》，载《东岳论丛》2017 年第 7 期，第 94 页。

[2] 参见孙维维：《商务部确认收到美方磋商邀请 马云宣布明年交班———一周热点回顾》，载 https://m.yicai.com/news/100027056.html？from＝groupmessage，最后访问日期，2018 年 9 月 16 日。

[3] 张智勇：《自由贸易区的所得税问题研究：中国的视角》，载《中外法学》2015 年第 5 期，第 1250 页。

[4] 《中国-东盟投资协议》第 14 条（缔约方与投资者间争端解决）第 4 款规定："如果按第 3 款规定提出磋商和谈判的书面请求后 6 个月内，争端仍未解决，除非争端所涉双方另行同意，则应当根据投资者的选择，将争端：（一）提交有管辖权的争端缔约方法院或行政法庭；或（二）如果争端所涉缔约方和非争端所涉缔约方均为《国际投资争端解决中心公约》的成员，则可根据《国际投资争端解决中心公约》及《国际投资争端解决中心仲裁程序规则》提交仲裁；或（三）如果争端所涉缔约方和非争端所涉缔约方其中之一为《国际投资争端解决中心公约》的成员，则可根据 ICSID 附加便利规则提交仲裁；或（四）根据联合国国际贸易法委员会的规则提交仲裁；或（五）由争端所涉方同意的任何其他仲裁机构或根据任何其他仲裁规则进行仲裁。"

[5] 王光、卢进勇：《中国双边投资协定：历史演进与发展趋势》，载《国际经济合作》2019 年第 2 期，第 55 页。

续表

FTA	签订时间（年）	投资章节的序号	投资章节是否已有独立BIT	是否升级
中国-澳大利亚FTA	2015	9	1988年签订 1988年生效	表5-7（❶）
中国-韩国FTA	2015	12	1992年生效 2007年更新	表5-7（❷）
中国-瑞士FTA	2013	无	1987年生效 2010年更新	否
中国-冰岛FTA	2013	8	1994年签订 1997年生效	加入现有BIT
中国-哥斯达黎加FTA	2010	9	2007年签订 2016年生效	加入现有BIT
中国-秘鲁FTA	2009	10	1994年签订 1995年生效	表5-7（❸）
中国-新加坡FTA	2008	10	1985年签订 1986年生效	参考东盟[1]
中国-新西兰FTA	2008	11	1988年签订 1989年生效	表5-7（❹）
中国-智利FTA	2012	补充协定	1995年生效 2012年废除	废除现有BIT
中国-巴基斯坦FTA	2006	9	1989年签订 1990年生效	表5-7（❺）
中国-东盟FTA	2009	投资协定	集中签订于20世纪90年代	表5-7（❻）

[1] 依照《中国-东盟投资协议》，条款经过必要修改后纳入本协定。若《中国-东盟投资协议》与本协定不一致，优先适用本协定条款。

表 5-7 FTA 形式的投资规则升级（相较于 BIT 形式）[1]

自贸协定[2]	主要升级内容[3]（相较于已生效的 BIT）			
	投资范畴	投资待遇	投资促进	投资争端
❶	(1) 增加间接投资。 (2) 增加投资定义部分的列举清单内容。 (3) 增加再投资收益。 (4) 增加投资形式改变不影响投资性质。	在准入阶段给予投资及投资者：国民待遇+负面清单；最惠国待遇+负面清单。		ISDS 机制更自由
❷	(1) 增加间接投资。 (2) 增加投资定义部分的列举清单内容。	(1) 在准入阶段给予投资及投资者：国民待遇+负面清单+最惠国待遇。 (2) 将最低待遇标准作为参考，并给出具体的公平公正待遇标准。		
❸		(1) 给予投资及投资者：国民待遇+负面清单；准入阶段+最惠国待遇+独立条款。 (2) 损失补偿部分增加国民待遇标准。 (3) 将最低待遇标准作为参考，并给出具体的公平公正待遇标准。		ISDS 机制更自由
❹	(1) 增加间接投资。 (2) 增加投资定义部分的列举清单内容。 (3) 增加投资形式改变不影响投资性质。	(1) 给予投资及投资者：国民待遇+负面清单；准入阶段+最惠国待遇+独立条款。 (2) 损失补偿部分增加国民待遇标准。 (3) 给出具体的公平公正待遇标准。	强调投资促进与投资便利化	ISDS 机制更自由

[1] 王光、卢进勇：《中国双边投资协定：历史演进与发展趋势》，载《国际经济合作》2019 年第 2 期，第 58 页。

[2] 相较于传统的双边投资协定实践，以自由贸易协定为载体的投资规则实践模式在涉及的议题范围与内容、参与成员的数量与构成等方面，成为国际投资规则实践的另一种形式。

[3] 投资章节现在已经是自由贸易区谈判和签订协议的重要内容，主要内容涉及投资范畴、投资待遇、投资保护与促进、投资争端解决机制等。除了上述传统议题内容外，自由贸易协定中通常还涉及一些新的议题，如"劳工标准""环境措施""透明度""禁止性业绩要求"等。

续表

自贸协定	主要升级内容（相较于已生效的BIT）		投资促进	投资争端
	投资范畴	投资待遇		
❺	增加投资形式改变不影响投资性质。	（1）给予投资及与投资有关的活动：国民待遇，最惠国待遇+独立条款。 （2）损失补偿部分增加国民待遇标准。		ISDS机制更自由
❻	（1）增加投资收益保护。 （2）增加投资形式改变不影响投资性质。	（1）给予投资及投资者：国民待遇+负面清单；准入阶段+最惠国待遇+负面清单+独立条款。 （2）损失补偿部分增加国民待遇标准，资本转移部分增加最惠国待遇标准，给出具体的公平公正待遇标准。	强调投资促进与投资便利化	ISDS机制更自由

中国目前签署的上述BITs和FTAs中大多以"岔路口条款"[1]确立了投资者与东道国争端解决路径。这种路径存在较大问题，难以适应保护中国投资者利益的现实需求。例如，中国-南非BIT第8条约定：仅在发生涉及国有化、征收或受到其效果等同于国有化或征收措施补偿款争端的，双方6个月内未能协商解决时可将争端提交临时仲裁庭处理，其他争端只有在双方均同意的条件下方可诉诸国际仲裁。虽然此类条款字面上没有排除双方对于其他争端解决机制的选择权，但通过对可仲裁范围及程序优先性的限制在现实中制造了不小的障碍，很难给投资者真正提供法律保障。[2]

（二）ISDS机制多边化对中国投资仲裁的影响

中国从2000年实施"走出去"战略以来，参与国际经济合作的力度加大，中国逐步成为双向投资大国。随着"一带一路"倡议的推进，ISDS机制多边化对中国IIAs的签署和修订以及中国的投资政策都将产生深远的影响。

---

[1] 经统计发现，在60份中国与"一带一路"沿线国家签订的有效的投资协定中，有36份BITs规定了"岔路口条款"，占比60%。参见张炳南：《论"一带一路"倡议下的岔路口条款研究》，载《河北法学》2018年第11期，第158页。

[2] 参见王军杰、石林：《论"一带一路"沿线"投资者-东道国"争端解决的路径与机制》，载《西南民族大学学报（人文社科版）》2018年第6期，第100页。

1. 对中国 IIAs 的签署和修订的影响

如前所述，中国政府作为被申请人的 ISDS 案件有 3 件，中国投资者作为申请人的 ISDS 案件有 6 件，很明显中国应对 ICSID 仲裁的经验不足。[1]研究上述案例发现，在 ISDS 机制多边化趋势下，中国在今后修改旧的 IIAs 或谈判、签署新的 IIAs 时，需对如下问题高度重视并采取相应对策。

（1）对港澳地区投资者问题以及中外 BIT 是否延伸适用于港澳地区投资作出明确规定。因为在谢业深诉秘鲁案[2]和世能诉老挝案[3]这两个案件中，涉及的两个 BITs 均签署于中国对香港特别行政区、澳门特别行政区恢复行使主权之前，被诉东道国均表示反对 BITs 对其适用，中国外交部门基本支持了被诉东道国的立场，但两案投资者的诉请均得到了仲裁庭的支持。[4]新加坡法院因此撤销了世能诉老挝案的仲裁裁决，另外也撤销过 PCA 作出的斯威斯堡等诉莱索托案的仲裁裁决。[5]因此，中国今后在新签署或更新中外 BITs 时，应适时征询港澳特区的意见，将 BITs 的保护范围扩大，从而纳入符合某些条件的港澳地区投资者。[6]另外我们可以参考英国、荷兰等这一类具有海外法域的国家与外国所签 BITs 的经验，加上一条"除非双方互换照会，否则 BITs 仅适用于中国内地"的类似规定，[7]从而在国际法上逐渐形成中外 BITs 不适用于中国内地以外中国法域的国际法律实践，避免就中外 BITs 是否适用于港澳地区投资者问题引发争端。

---

[1] 参见梁肖然：《美国双边投资协定范本争议解决条款分析——以对 ICSID 仲裁管辖权之认可为视角》，载《河北法学》2016 年第 3 期，第 114 页。

[2] Tza Yap Shum v. Peru (ICSID Case No. ARB/07/6), at https://investmentpolicy.unctad.org/investment-dispute-settlement/cases/255/tza-yap-shum-v-peru, Nov. 13, 2020.

[3] Sanum Investments v. Laos (II) (ICSID Case No. ADHOC/17/1), at https://investmentpolicy.unctad.org/investment-dispute-settlement/cases/797/sanum-investments-v-laos-ii, Nov. 13, 2020.

[4] 参见梁咏：《国际投资仲裁中的涉华案例研究——中国经验与完善建议》，载《国际法研究》2017 年第 5 期，第 98~101 页。

[5] 参见景昊：《新加坡撤销投资仲裁裁决第一案——SDM 等诉莱索托投资争端案》，载 http://blog.sina.com.cn/s/blog_81b887550102ymhi.html，最后访问日期：2019 年 8 月 19 日。

[6] 例外条件可能包括最终投资地国与香港特别行政区之间签署了 BIT，则不能援引中国内地与最终投资地国的 BIT。

[7] 例如，1986 年中英 BIT 第 10 条就"领土的延伸"特别指出："在本协定签字之时或其后任何时候，缔约双方可互换照会同意将本协定的规定延伸适用于由联合王国政府负责国际关系的领土。"由此可以推论，如果双方没有互换照会，则中英 BIT 不能延伸适用于联合王国政府的海外领地。英国、荷兰等有海外领地的国家对外商签 BIT 多采用此种规定。

（2）对新旧 BITs 之间的适用问题予以更多重视。平安诉比利时案的焦点就是新旧 BITs 过渡期间 BITs 的适用问题。在 1984 年和 2005 年中国与比利时卢森堡经济联盟曾分别签署过 BIT（以下分别简称"1984 年中比 BIT"和"2005 年中比 BIT"），这两个 BITs 在 ISDS 机制上存在重大差别。仲裁庭认为，相关争端产生于 2005 年中比 BIT 生效之前，而且平安保险公司已经援引 1984 年中比 BIT 提请争端解决，自然无权再援引 2005 年中比 BIT 中的救济条款。中国已经至少与 15 个国家更新了 BITs 或签订了 BIT 议定书，除了与尼日利亚、斯洛伐克、古巴的 BIT 修订外，其他 12 项修订的 BITs 中均涉及新旧 BITs 的适用问题，主要存在三种模式（表5-8）。

表 5-8 过渡期间的中国 BIT 适用模式[1]

模式	规定	与中国重签 BIT 的国家（年）
1	BIT 适用于其生效前或生效后作出的投资，但是不适用于在其生效前已经发生争端的投资。	罗马尼亚（1994）、葡萄牙（2005）、韩国（2007）、乌兹别克斯坦（2011）
2	BIT 适用于其生效前或生效后进行的投资，但是对 BIT 生效前已经发生的争端不予以适用。	捷克（2005）、瑞士（2009）
3	BIT 应适用于缔约任何一方投资者在缔约另一方领土内的所有投资，不论其是在本协定生效之前还是之后作出的。但是，本协定不得适用于在本协议生效前已进入司法或仲裁程序的与投资有关的任何争端或索偿。	荷兰（2001）、德国（2003）、芬兰（2004）、比利时与卢森堡（2005）、西班牙（2005）、法国（2007）

在以往国际投资争端解决实践中，BITs 可以适用于在其生效之前已发生的投资，但是一般不适用于在其生效前已经发生争端的投资。中国在重签 BITs 中并没有先入为主的明确态度，虽然总体上与主要欧洲国家（模式3）签署的 BITs 中的态度基本一致，这似乎反映了中国政府在过渡期的新旧 BITs 适用问题方面的决策，更多会参照缔约对方对于这一问题的态度。中国大量

---

[1] 梁咏：《国际投资仲裁中的涉华案例研究——中国经验和完善建议》，载《国际法研究》2017 年第 5 期，第 103~104 页。

的 BITs 都是签署于 20 世纪 90 年代中后期及 20 世纪初，目前相当比例的 BITs 已届或邻近 20 年重新签署或重新协商的期限，在重新签署或重新协商 BITs 的过程中，中国政府应重视新旧 BITs 的适用问题。

（3）尽可能明确 MFN 条款仅适用于实体问题，以免仲裁庭扩大自由裁量权。近年来，ICSID 在解释 BITs 中的 MFN 条款时，存在着将 MFN 条款的适用范围扩大化的趋势，特别是将此项实体性权利向程序性权利扩张。[1]例如，在 2000 年马菲兹尼诉西班牙案（Maffezini v. Spain）[2]中，ICSID 仲裁庭支持了投资者的做法，即依据 MFN 条款对程序性事项的适用，绕开阿根廷与西班牙 BIT 规定的等待期间，直接向 ICSID 提起仲裁。虽然仲裁庭在谢业深诉秘鲁案、北京城建诉也门案、安城诉中国案和普拉玛诉保加利亚案（Plama v. Bulgaria）[3]等案件中排除了类似主张，但是在实践中不排除仲裁庭支持的可能。例如，《中德投资协定》第 3 条第（4）项规定了 MFN 条款，[4]就有可能被投资者利用，将该条款适用于程序性事项。因此，中国今后在修改和签署 BITs 时，要明确 MFN 条款不能适用于程序性事项。

（4）高度关注 ISDS 机制，坚持单一 BIT 范本原则，将不可仲裁事项纳入例外条款，适度强化中外 BITs 对东道国法律的补充和纠正作用，相对缩小用尽行政复议程序的争端范围。[5]目前中国投资者起诉东道国和中国政府被诉的国际投资仲裁案件时有发生；而随着"一带一路"倡议的推进，"一带一路"国家因地缘特征、宗教信仰和法律规定的不同，将会产生大量的 ISDS 争端。投资者利益的保护无疑更多寄希望于争端解决条款的合理安排，[6]但中

---

[1] 参见杜涛：《从"海乐·西亚泽诉中国案"看投资者与国家争议解决中当地诉讼与国际仲裁的竞合问题》，载《经贸法律评论》2019 年第 3 期，第 142 页。

[2] Maffezini v. Spain（ICSID Case No. ARB/97/7），at https://investmentpolicy.unctad.org/investment-dispute-settlement/cases/19/maffezini-v-spain, Jan. 10, 2019.

[3] Plama v. Bulgaria（ICSID Case No. ARB/03/24），at https://investmentpolicy.unctad.org/investment-dispute-settlement/cases/133/plama-v-bulgaria, Jan. 10, 2019.

[4] 即"缔约一方给予缔约另一方投资者在其境内的投资及与投资有关活动的待遇，不应低于其给予任何第三国投资者的投资及与投资有关活动的待遇"。

[5] 参见梁咏：《国际投资仲裁中的涉华案例研究——中国经验和完善建议》，载《国际法研究》2017 年第 5 期，第 113~114 页。

[6] 参见刘沁佳：《中国与"一带一路"沿线国家 BITs 争端解决条款研究——以投资者与东道国争端为视角》，载《法治现代化研究》2018 年第 3 期，第 55 页。

国现行 ISDS 机制的全面同意模式很可能使中国在处理投资争端时处于不利地位,[1]因此必须对此高度重视,及时更新旧 BITs 的规定。

2. 对中国投资政策的影响

在当前的 BITs 实践中,中国作为双向投资国面临着两种选择:一方面作为外国投资者的东道国需要更加规范外资管制,以提升吸引外资的质量与水平;另一方面作为中国投资者的母国,更需要缔结高标准的 BITs,以提升对中国投资者海外利益的保护。[2]在进一步追求以可持续发展为导向的 IIAs 改革中,在 ISDS 机制的多边化走向中,中国的政策制定者需要考虑以下问题:①由于中国新旧 IIAs 的 ISDS 条款规定不一致,急需将旧条约现代化,使其符合 ISDS 机制的多边化趋势和可持续发展目标。②中国目前的投资条约改革是间歇性地进行的,经常侧重于单独解决 ISDS 制度的某一具体方面,投资争端解决的程序改革与实体规则的改革不同步。在 IIAs 的多边化趋势下,中国需要对 IIAs 的实质性规则和程序性规则同时进行全面改革。③虽然中国已对一些 IIAs 进行了创新改革,但尚需在 ISDS 实践中进行检验才能知道其效果如何,而且仲裁员如何在 ISDS 程序中解释这些改进条款,也仍待实践的考验。④成功的改革需要一个透明和包容的过程。中国政府需与他国政府及国际机构等利益相关方进行接触谈判,提高谈判人员和决策者的技能和经验。中国政府决策者需进行双边或区域 IIAs 改革的能力建设,向在进行以可持续发展为导向的 IIAs 改革的同行学习,并分享 IIAs 改革的经验和最佳实践。[3]

二、ISDS 机制多边化的中国对策

UNCTAD 在追求可持续发展的 IIAs 改革方面支持正在进行的决策进程。2019 年 11 月的高级别 IIAs 会议将为评估迄今为止的改革努力提供机会。[4]在

---

[1] 参见梁肖然:《美国双边投资协定范本争议解决条款分析——以对 ICSID 仲裁管辖权之认可为视角》,载《河北法学》2016 年第 3 期,第 123 页。

[2] 参见王光、卢进勇:《中国双边投资协定:历史演进与发展趋势》,载《国际经济合作》2019 年第 2 期,第 52 页。

[3] World Investment Report 2019, p. 114, at https://unctad.org/en/PublicationsLibrary/wir2019_en.pdf, Aug. 16, 2019.

[4] World Investment Report 2019, p. 114, at https://unctad.org/en/PublicationsLibrary/wir2019_en.pdf, Aug. 16, 2019.

此机会下，中国应根据ISDS机制多边化的趋势，采取相应的对策，完善中国IIAs中ISDS的改革问题。ISDS改革问题的关键是确立改革模式，目前鉴于中国在国际立法和裁决方面一贯谨慎而渐进的做法，宜采取灵活的开放性的半系统式改革模式。所谓半系统式改革，是指在坚持促进投资自由化的同时，以可持续性发展为导向，平衡投资者与东道国利益，保留投资协定仲裁，加入东道国规制权、设立上诉机构、明确仲裁机构与仲裁员选任机制和程序透明度标准，辅之以调解等替代性争端解决措施和便利预防措施，为将来ISDS机制的多边化改革奠定基础。目前中国采取该模式已具备必要性和可行性，需采取相应的路径对该模式进行科学构建，努力建立一个独立的、公正的ISDS机制。

（一）采取半系统式改革的必要性与可行性

中国采取半系统式改革的要旨无疑符合当今国际投资规则可持续性发展的目标和当下中国对外投资的立场，也符合平衡投资者与东道国之间的权益、中国对外投资条约谈判策略和应对国际法对国内法挑战的需要。而且中国采取半系统式模式在理论上、实践上和政策上已具备可行的条件。

1. 采取半系统式改革的必要性

（1）符合东道国与投资者权益平衡的需要。IIAs在不同时代具有不同的特征，现代IIAs中包含许多改革内容，这揭示了各国政府对IIAs设计和改革具有决定作用。而IIAs的发展变化与资本输出国和资本输入国的身份转变密切相关。IIAs的内容更多是以资本输出国的投资保护需求以及投资自由化目标为主要政策考量，发达国家IIAs范本对IIAs体系的演进具有榜样作用。故IIAs演化具有明显的权力依赖特征。只有符合权力对比的权利义务分配约定才能最终落实成为"行动中的国际法"，国际投资立法遵循权力平衡导向的分配主义路径。[1]二战之后，国际投资秩序是以美国和西欧为首的西方国家为主导的，但如今国际政治经济形势已经发生了很大的转变。现在西方国家和许多发展中国家已不单纯是资本输出国或资本输入国，例如，欧美等国家和

---

[1] 参见王鹏：《国际投资协定的政治经济学：一项研究议程》，载《人大法律评论》2018年第2期，第298页。

包括中国在内的一些发展中国家都成了双向投资国。[1]只考虑投资者利益的传统 IIAs 已不符合时代发展的需要，加之 ISDS 仲裁本身的缺陷引发了 ISDS 机制的正当性危机，各国都在开始反思 ISDS 机制对本国立法权的影响，在修订或签署 IIAs 时加入东道国规制权条款以平衡东道国与投资者的利益，来保证 ISDS 仲裁裁决的公正性。由于中国过去是资本输入国，在 21 世纪之前签署的旧 IIAs 中的投资规则较少关注东道国的利益，加之投资仲裁实践中仲裁庭侧重保护投资者的利益，导致投资者与东道国利益进一步失衡。中国现在作为双向投资大国，改革方案既要维护东道国的合法监管权，又要保护投资者的权益，增强争端当事方对 ISDS 机制的信心。[2]因此，中国有必要在今后 IIAs 的修订和签署中采取半系统式改革，适当加入东道国规制权条款以平衡投资者与东道国的利益。

（2）符合中国对外投资条约谈判策略的需要。IIAs 演化中的权力依赖特征是对国际政治经济现实环境的应激。在权力中性领域中的功能主义路径虽然能够更加有效地降低信息成本，呈现出来的各国 IIAs 偏好虽然形式多样，但无疑都是以分配主义为主、功能主义为辅，偏好差别的呈现主要是基于一国的国家战略与国内制度。美国特朗普政府奉行单边主义，采取保守的投资政策，优先关注更具国内影响的贸易。例如，美国已退出 TPP 和 TTIP 谈判，与墨西哥、加拿大重新签署了 USMCA，之前美国的 IIAs 坚持 ISDS 机制，但目前倾向于改革传统的 ISDS 仲裁机制。欧盟则在双边和多边层面积极推进 ICS，并将 ICS 纳入 CETA、EVFTA、EVIPA 和 EUSIPA 中。美欧竞争加剧，TTIP 谈判已停滞。中国尝试在 WTO 框架和"一带一路"倡议的背景下推进投资便利化谈判，但是举步维艰。各方的规则偏好使得共识之路任重道远。国际投资立法正处在大国制度竞争中。中美 BIT 和中欧 BIT 谈判进展缓慢，体现了中国与美欧的分歧与竞争。[3]中国学界普遍认为，由于中欧美都是双向投资重要大国，都重视在改革 ISDS 机制时寻求在保护对外投资和保持国家

---

〔1〕 参见余劲松：《国际投资条约仲裁中投资者与东道国权益保护平衡问题研究》，载《中国法学》2011 年第 2 期，第 143 页。

〔2〕 《ACN. 9/WG. III/WP. 177—中国政府提交的意见书》，第 3 页，载 https://uncitral. un. org/sites/uncitral. un. org/files/wp177c. pdf，最后访问日期：2019 年 8 月 10 日。

〔3〕 参见王鹏：《国际投资协定的政治经济学：一项研究议程》，载《人大法律评论》2018 年第 2 期，第 275、298 页。

规制权之间的平衡。[1]半系统式改革以平衡东道国与投资者权益为原则，能使中欧美在该点上达成共识。因此，中国在与美国、欧盟等国家或政府间国际组织进行IIAs中投资规则的谈判时，采取半系统式模式的谈判政策，在坚持本国利益的立场上，能提高谈判成功的几率。

（3）衔接中国国内相关法律制度与国际投资规则的需要。随着中国成为第二大资本输出国，以及中美BIT和中欧BIT谈判以及ISDS机制改革多边化的深入探讨，ISDS仲裁机制对中国的相关立法和司法实践逐渐产生了重要影响。[2]这就要求中国及时应对，对国内相关法律制度进行适时调整。而中国采取的半系统式改革中设立的上诉机制与大多数国家的改革意见相同，与ISDS机制的多边化改革趋同。上诉机制与中国签署的IIAs以及国内立法、司法机制的冲突不大，国内相关立法亦可通过修订程序予以适时调整。中国采取半系统式改革符合中国及其投资者的利益需要，并以此为契机推动中国相关法律机制与国际投资规则接轨，更好地融入国际治理框架。

2. 采取半系统式改革的可行性

（1）中国已具备较成熟的相关政策和理论。首先，中国政府政策上支持ISDS机制的改革。从2017年7月开始，UNCITRAL第三工作组组织各国和政府间国际组织讨论ISDS机制的现存问题、改革必要性和潜在的改革方案。经过2年的讨论，工作组认为当前的ISDS机制存在需要改革的问题，决定同时研究制定多个潜在的改革方案，包括体制性改革方案。[3]中国欢迎此项改革动议。中国政府一直坚定奉行多边主义，推动建设相互尊重、公平正义、合作共赢的新型国际关系。[4]习近平总书记早在2013年举行的G20集团领导人第八次峰会上就提出："要探讨完善全球投资规则，引导全球发展资本合理流动。"2016年9月，G20集团领导人杭州峰会达成了《全球投资指导原则》，

---

[1] 参见环中投资仲裁团队：《投资仲裁的新发展与贸仲投资仲裁规则》，载 https://mp.weixin.qq.com/s/oo-suoYLzQMC7JZU7x6NpQ，最后访问日期：2019年8月20日。

[2] 参见薛源：《投资者与东道国争端仲裁与我国法律机制的衔接》，载《国际商务（对外经济贸易大学学报）》2017年第5期，第120页。

[3] 《A/CN.9/WG.III/WP.177—中国政府提交的意见书》，第2页，载 https://uncitral.un.org/sites/uncitral.un.org/files/wp117c.pdf，最后访问日期：2019年8月10日。

[4] 《A/CN.9/WG.III/WP.177—中国政府提交的意见书》，第2页，载 https://uncitral.un.org/sites/uncitral.un.org/files/wp117c.pdf，最后访问日期：2019年8月10日。

提出："争端解决程序应公平、开放、透明，有适当的保障机制防止滥用权力。"上述努力为推进 ISDS 机制改革进程指明了方向。[1]半系统式改革就是以建立独立、开放、透明的 ISDS 机制为目标，最终实现多边化改革。其次，目前中国在国际投资法、投资仲裁等领域已经具备一定的理论研究基础。虽然 ISDS 机制改革可能对中国造成负面影响，但中国学者们都赞同中国应当积极参与 ISDS 机制改革，并在将来签署或修改的 IIAs 中推广改革成果。近年来，各种与投资仲裁相关的研讨活动相继在中国大量展开。例如，于 2019 年 2 月 23 日召开的中国国际投资仲裁常设论坛，旨在促进中国学术界和实务界对国际投资法律与仲裁的研究，服务于"一带一路"倡议、推动我国开放新格局以及更加积极主动参与全球经济治理的需要。这些具有广泛影响力的研讨活动促进了专家学者们及投资仲裁的从业者们对国际投资仲裁的进一步了解和研究，也让理论界和实务界一致认识到，推进国际投资仲裁在中国的发展、提高中国在国际投资仲裁中的参与度任重道远。中国仍需以国际投资仲裁常设论坛为平台不断深化研究相关理论，进而在 IIAs 谈判以及国际投资争端解决领域表明中国立场，发出中国声音。[2]

（2）中国已具有一定的仲裁实践经验和仲裁规则。首先，中国已积累了国际投资仲裁实践经验。自 1987 年首起基于条约的国际投资争端发生以来，目前已知的国际投资争端已经发生 1023 起。现行 ISDS 机制对保护外国投资者权益、促进跨国投资发挥了重要作用，也有利于国际投资治理的法治化建设，避免投资者与东道国之间的经济纠纷升级为国家间的政治矛盾。[3]中国虽然涉案较少，但能从中得到借鉴和启发。在国际投资仲裁中，中国政府与中国投资者都有过被诉或起诉的经历，积累了一定的实践经验，能从中发现问题并解决问题。而且中国培养了一批政府和私人执业的国际律师骨干，先后有法官在 WTO 上诉机构任职，习惯于处理 WTO 争端，积累了丰富的经验，

---

〔1〕《A/CN.9/WG.Ⅲ/WP.177——中国政府提交的意见书》，第 2 页，载 https://uncitral.un.org/sites/uncitral.un.org/files/wp117c.pdf，最后访问日期：2019 年 8 月 10 日。

〔2〕参见环中投资仲裁团队：《投资仲裁的新发展与贸仲投资仲裁规则》，载 https://mp.weixin.qq.com/s/oo-suoYLzQMC7JZU7x6NpQ，最后访问日期：2019 年 8 月 20 日。

〔3〕《A/CN.9/WG.Ⅲ/WP.177——中国政府提交的意见书》，第 2 页，载 https://uncitral.un.org/sites/uncitral.un.org/files/wp117c.pdf，最后访问日期：2019 年 8 月 10 日。

第五章 投资者与东道国争端解决机制的改革趋向

这些律师现在也能处理投资条约问题。此外,中国对ISDS机制的新改革[1]为中国投资者提供了许多新的选择,它们是为"一带一路"建设而设立的,但不限于该领域投资引起的争端。[2]其次,中国国内仲裁机构相继出台创新的有中国特色的投资仲裁规则,受理国际投资争端。例如,深圳国际仲裁院2016年版仲裁规则和2019年版仲裁规则将投资者争端纳入受案范围[3],推动了中国国际投资仲裁的实践和发展。2017年9月,中国国际经济贸易仲裁委员会(以下简称"贸仲委")出台了中国第一部《国际投资争端仲裁规则》(以下简称《规则》),该《规则》自2017年10月1日起施行,是世界第三部机构性的投资仲裁规则,完善了中国的投资仲裁制度,提高了中国仲裁机构在投资仲裁领域的参与度。[4]为解决ISDS仲裁裁决的合法性问题,《规则》进行了具有中国特色的创新:设立了增强国际投资争端解决程序透明度的机制;[5]明确规定了第三方出资问题;[6]为当事人提供了一个费用相对

---

[1] 中国正在对ISDS机制进行三种新改革:①中国正在扩大现有仲裁机构的管辖权,例如,深圳国际仲裁院与中国国际经济贸易仲裁委员会将外商投资争议纳入仲裁范围。②中国正在建立新的法院审理国际商事案件。最高人民法院首次在深圳设立了国际商事法庭,第二次在西安市设立了国际商事法庭。这种国际商事法庭的管辖权将排除因条约而引起的投资者-国家争端,但仍可能允许对投资者与东道国政府之间的合同所引起的案件作出法律上的裁决。为了实现这一目标,法院将成立一个国际商事专家委员会,并选择主要的国际商事调解和仲裁机构与之合作。③中国正在建立联合仲裁中心,以解决与其他地区,特别是与中国大量投资的地区的投资者、国家和商事纠纷。例如,中国政府和50个非洲国家将建立中非联合仲裁中心。目前建立了五个中心:三个在中国(上海、北京、深圳)和两个在非洲(约翰内斯堡和内罗毕)。See Chen Huiping, "China's Innovative ISDS Mechanisms and Their Implications", *American Journal of International Law*, 112 (2018), pp. 207-209.

[2] Chen Huiping, "China's Innovative ISDS Mechanisms and Their Implications", *American Journal of International Law*, 112 (2018), pp. 207-209.

[3] 2019年版仲裁规则第2条第2款规定:"仲裁院受理一国政府与他国投资者之间的投资争议仲裁案件。"第3条第5款规定,当事人将第2条第2款投资仲裁案件交付仲裁院仲裁的,仲裁院按照《联合国国际贸易法委员会仲裁规则》及《深圳国际仲裁院关于适用〈联合国国际贸易法委员会仲裁规则〉的程序指引》管理案件。该指引第3条规定:"当事人对仲裁地有约定的,从其约定。当事人没有约定,仲裁地为香港,除非仲裁庭另有决定。"

[4] 参见环中投资仲裁团队:《投资仲裁的新发展与贸仲投资仲裁规则》,载https://mp.weixin.qq.com/s/oo-suoYLzQMC7JZU7x6NpQ,最后访问日期:2019年8月20日。

[5] 《规则》第32条规定,除非当事人另有约定或仲裁庭另有决定,开庭审理应公开进行。第55条规定,仲裁相关资料与信息(除机密信息和其他受保护信息)可由贸仲委公开。具体而言,可公开的资料与信息包括:仲裁申请书、仲裁答辩书、仲裁反请求申请书、当事人或第三方的书面意见。当部分或者全部程序需要保密时,第32条则明确了各方当事人、仲裁庭和其他仲裁参与人均负有保密义务。

[6] 《规则》第27条规定,获得资助的当事人应在签署资助协议后立即通知另一方当事人、仲裁庭以及管理案件的仲裁中心。获得资助的当事人有义务披露有关第三方资助安排的事实、性质、第三方的名称和住址。仲裁庭也有权命令获得资助的当事人披露相关情况。

较低的国际投资争端解决方案;[1]规定了核阅机制;[2]吸纳贸仲委"仲裁与调解相结合"的一贯原则;实行注重仲裁员国籍分布的专有名册制度;贯彻灵活、高效、经济的仲裁理念,体现机构仲裁的特色优势。[3]2019年10月1日起施行的《北京仲裁委员会/北京国际仲裁中心国际投资仲裁规则》,也同《规则》一样,作出了类似创新性投资仲裁规则。[4]

(3) 中国已具备制定国际投资规则的能力。根据我国近年签署的双边和区域性投资协定以及自由贸易协定中投资章节的规定,ISDS机制的改革呈现半系统式的改革趋势。例如,中国在2012年签署的中国-加拿大BIT已开始进行ISDS机制的半系统式改革,其中规定了文件公开和法庭之友参与等透明度规则。中国所签订的许多投资协定中都规定了ISDS机制,迄今为止,中国作为被申请人的案件只有3起。中国相关的缔约实践似乎表明ISDS机制对中国的现实影响并不如学者所预期的那么显著。[5]谈判国在自由贸易协定中的话语权基础是基于本国谈判目标的规则建构能力,要在形式一致性以及实践有效性上能够应对冲突规则的竞争。如前所述,中国已签署的17个FTAs中有12个包含关于投资保护和促进的专门规定,从这些FTAs的内容可知,中国已具备了一定的规则制定和规则竞争能力。[6]

(二) 半系统式改革的实施路径

对于现行ISDS机制存在的问题,中国采用了目前通行的分别由贸易和投资协定来处理的机制,但该机制也有不足之处。故中国需修改机制模式,采取半系统式改革,在坚持促进投资自由化的同时,平衡投资者与东道国利益,

---

[1] 《规则》采用了与贸仲委普通仲裁规则相当的收费模式。案件登记费为人民币25 000元(约3800美元),机构管理费与仲裁员报酬是以争议金额为基础按照特定比例计算的。

[2] 《规则》第49条规定,仲裁庭应于签署裁决书以前,将裁决书草案提交贸仲委核阅,贸仲委可以在不影响仲裁庭独立性的前提下,就裁决书相关问题提请仲裁庭注意。

[3] 首先,《规则》赋予了当事人充分的意思自治(如第2条)。其次,在整个程序设计上体现了仲裁的高效性,例如,第26条规定了先期驳回或反请求,第31条规定了合并仲裁。

[4] 《北仲发布国际投资仲裁规则(附全文+制定说明)》,载 https://mp.weixin.qq.com/s/jufx9LZ9UYZ2ZWvsK-IcEw,最后访问日期:2019年9月14日。

[5] 参见王春婕:《〈中日韩投资协定〉ISDS机制研究:现状、问题及前瞻》,载《东岳论丛》2017年第7期,第93页。

[6] 参见王燕:《"一带一路"自由贸易协定话语建构的中国策》,载《法学》2018年第2期,第150页。

从完善现行 BITs 和 FTAs、构建区域性的合作机制、与多边体制相衔接等方面入手，[1]灵活运用半系统式改革模式，视不同国家的情况予以调整。该模式的总体实施路径是：以可持续发展为目标，坚持投资者与东道国利益平衡原则，设立开放性的 ISDS 机制，从双边到区域到多边逐渐推进，以期进一步解决现行 ISDS 机制的缺陷。

1. 坚持投资者与东道国利益平衡原则

ISDS 机制的制度性问题难以通过成员国彼此间的 BITs 予以解决，而是需要通过完善 ISDS 的多边规则和机制建设予以解决，研究、制定平衡的争端解决规则。此次改革应当弥补现行 ISDS 机制的主要缺陷，促进国际投资领域的法治化进程。[2]因此，中国在与外国进行 ISDS 机制谈判时，应在坚持促进投资自由化的同时，平衡投资者与东道国利益，建立公正透明的 ISDS 机制，这始终是谈判的核心分歧所在。[3]如前所述，目前世界上三种主要的改革模式在进行改革时也都坚持投资者与东道国利益的平衡。其他一些国家目前对 ISDS 机制的改革模式持等待观望的态度，这些国家可能将自己视为规则接受者而不是规则制定者，这使其有动力对不同的方法持开放态度，以便其在和不同的强大的制定者签订条约时，能够灵活地在条约中采用改革措施中的某一套。中国在 IIAs 谈判中极有可能成为规则制定者，并在一项或多项改革战略中发挥关键作用。例如，中国目前需要升级与"一带一路"倡议国家的投资协定。虽然中国与沿线国家大多签订了投资条约，但大多数都是早期投资条约，保护程度有限，仲裁追索权有限。因此，中国应在坚持投资者与东道国利益平衡原则进行 IIAs 谈判时，加入东道国规制权条款，在保证东道国监管权的同时，切实促进本国投资者"走出去"又有效保护本国利益，[4]采取半系统式模式升级这些早期条约。

---

〔1〕 参见张智勇：《自由贸易区的所得税问题研究：中国的视角》，载《中外法学》2015 年第 5 期，第 1249 页。

〔2〕 《A/CN.9/WG.III/WP.177——中国政府提交的意见书》，第 3 页，载 https://uncitral.un.org/sites/uncitral.un.org/files/wp117c.pdf，最后访问日期：2019 年 8 月 10 日。

〔3〕 参见石静霞、马兰：《〈跨太平洋伙伴关系协定〉（TPP）投资章节核心规则解析》，载《国家行政学院学报》2016 年第 1 期，第 81 页。

〔4〕 参见温先涛：《〈中国投资保护协定范本〉（草案）论稿（三）》，载《国际经济法学刊》2012 年第 2 期。

2. 设置开放性的 ISDS 机制

中国对完善 ISDS 机制的可能方案持开放态度。因此，中国在采取半系统式改革与其他国家或地区进行 IIAs 中 ISDS 规则的谈判时，应坚持其开放性和灵活性。具体做法如下：规定仲裁前磋商程序；区别不同国家选用不同的仲裁方式；兼采替代性争端解决措施；设立争端预防和便利化机制；明确仲裁员的选任机制；确立程序透明度标准；限制法庭之友参与投资仲裁。

（1）规定仲裁前磋商程序。中国支持纳入仲裁前磋商程序，明确磋商主体为投资者和东道国的中央政府，并将磋商规定为双方的强制性义务。很多 IIAs 已经纳入了类似规则，并对化解投资争端产生了十分积极的作用。在启动仲裁程序前，3~6 个月的磋商程序有助于解决投资争端。投资者与东道国可以利用该程序更清晰地了解彼此的诉求，了解涉案措施和东道国法律规定，并探讨可能的解决方案，从而尽量避免将争端升级到仲裁程序。[1]

（2）区别不同国家选用不同的仲裁方式。近期的 IIAs 和仲裁规则已经开始尝试对上诉机制作出规定，或制定与潜在上诉机制进行对接的条款。[2] 例如，美国与智利、秘鲁、巴拿马、阿曼、摩洛哥和新加坡等发展中国家签署的 FTAs，欧盟签署的 EVFTA、EVIPA 和 EUSIPA。毛里求斯仲裁和调解中心和北京国际仲裁中心两个仲裁机构的仲裁规则中都规定了上诉机制。而且 ICSID 仲裁机制虽然存在前述缺陷，但裁决的自愿执行率达到 80%。[3] 因此，中国在与其他国家进行 IIAs 中投资章节的谈判时，对于《华盛顿公约》的缔约方，可通过"条约仲裁"的方式接受 ICSID 管辖和常设上诉仲裁机构。对于《华盛顿公约》的非缔约方，由于其裁决执行效力无法保证，可以考虑采取临时仲裁途径。[4] 目前中国仲裁机构已设立了临时仲裁规则，例如，贸仲委于 2015 年设立了《中国国际经济贸易仲裁委员会紧急仲裁员程序》。2015

---

[1]《ACN. 9/WG. III/WP. 177—中国政府提交的意见书》，第 5 页，载 https://uncitral.un.org/sites/uncitral.un.org/files/wp177c.pdf，最后访问日期：2019 年 8 月 10 日。

[2]《A/CN. 9/WG. III/WP. 177—中国政府提交的意见书》，第 4 页，载 https://uncitral.un.org/sites/uncitral.un.org/files/wp117c.pdf，最后访问日期：2019 年 8 月 10 日。

[3] Rolf Knieper：《中德仲裁法律圆桌会议发言节选》，载 https://mp.weixin.qq.com/s/uqYWXvNSqpizfBbv_KbGCg，最后访问日期：2019 年 11 月 6 日。

[4] 参见王军杰、石林：《论"一带一路"沿线"投资者-东道国"争端解决的路径与机制》，载《西南民族大学学报（人文社会科学版）》2018 年第 6 期，第 101 页。

年《中国（上海）自由贸易试验区仲裁规则》、上海仲裁委员会的《2018年仲裁规则》和2019年2月21日起施行的《深圳国际仲裁院仲裁规则》都设立了紧急仲裁员程序。但《中华人民共和国仲裁法》尚未承认临时仲裁，而半系统式模式中允许临时仲裁，这需要对《中华人民共和国仲裁法》进行修改，规定仲裁庭的自裁管辖权。[1]

（3）兼采替代性争端解决措施。相比于投资仲裁，投资调解强调"以和为贵"，可以为东道国和投资者提供高度灵活性和自主性，调解员也有更多的机会采取具有创造性和前瞻性的方法来促进投资争端解决，有利于当事方达成双赢结果，并避免冗长的仲裁程序和高昂的诉讼成本。从更广泛的争端解决实践经验看，采用调解等替代性争端解决措施将更有利于维护投资者与东道国政府的长期合作关系，有助于东道国通过合适的措施保护外国投资，从而起到定分止争、避免矛盾激化的作用。[2]因此，中国应当积极探索建立更加有效的投资调解机制。

（4）设立预防和便利化措施。中国海外投资规模正在迅速扩大，中国急需防范投资风险、化解投资纠纷。争端预防符合中国的和谐理念，契合中国的"合作、开放和包容"精神。将和谐理念引入投资关系中，可事先防止争端的发生，有利于推动中国国际投资活动和"一带一路"建设。中国可在投资便利化框架下重点建设争端的事前管理和预防机制，进而提出一整套有关国际投资规则体系改革的中国方案。[3]近年来，如巴西等一些新兴经济体和发展中国家已经开始注重通过缔结条约在投资便利化领域开展技术转移和能力建设。中国可借鉴其模式，联合"一带一路"沿线国家的主管机关，推动设立专门的"投资争端预防合作中心"，作为统一管理争端预防工作的实体机构并建立相应的工作机制。相对于其他敏感议题，国际社会在投资政策透明度、行政程序效率和国际协调等投资便利化合作议题上存在广泛共识，合作阻力较小。因此，中国构建ISDS机制的半系统式改革应当从投资便利化和争

---

[1] 参见薛源：《投资者与东道国争端仲裁与我国法律机制的衔接》，载《国际商务（对外经济贸易大学学报）》2017年第5期，第126页。

[2] 《ACN.9/WG.III/WP.177——中国政府提交的意见书》，第4页，载https://uncitral.un.org/sites/uncitral.un.org/files/wp177c.pdf，最后访问日期：2019年8月10日。

[3] 参见漆彤：《论"一带一路"国际投资争议的预防机制》，载《法学评论》2018年第3期，第79页。

端预防入手。[1]

（5）明确仲裁机构和仲裁员选任机制。关于仲裁机构和仲裁员选任机制，中国可参照伦敦一些行业协会仲裁的比较成熟的做法，初审仲裁庭的仲裁机构和仲裁庭仲裁员由当事人选任，上诉仲裁庭的仲裁员则全部由仲裁机构指定，若出现仲裁员无法履职的情况则由仲裁机构指定替代仲裁员。因为赋予当事人选择仲裁机构和仲裁员的权利是一项被广泛接受的制度安排，对增强争端当事方特别是投资者的信心具有重要帮助。而其他国际公法或国际经贸领域的争端解决机制大多保留了类似做法，允许争端当事方选择其信任的专家审理案件。因此，中国应在 ISDS 机制一审环节允许当事方指定仲裁员。[2] 同时，仲裁员的选定要有广泛的代表性。从目前的情况来看，亚洲仲裁员比例只占1%，中国籍的仲裁员就更少，而不同教育、历史与法律背景的仲裁员的思想碰撞可以让仲裁裁决更加平衡且更加公正。[3] 由于投资争端往往涉及复杂的事实和法律问题，在一审环节确定仲裁庭的组成需要考虑很多因素。例如，仲裁员的法律背景、经验、国籍、精力投入以及个案可能需要的特殊专业知识。考虑到 ISDS 机制的公法属性，仲裁员应具有国际公法背景或有关投资条约的专业法律知识，避免潜在的利益冲突，防止出现仲裁员不当兼任执业律师造成有失公平的情形。不同文化背景的国家对仲裁员的利益冲突或事项冲突往往存在不同理解，故需要进一步明确利益冲突和事项冲突的具体内涵。当然在赋予当事方指定仲裁员权利的同时，需要对仲裁员的资质、遴选和回避程序进行完善，增加仲裁员选择机制的透明度和合理性。[4]

（6）明确程序透明度标准。中国于 2010 年修订的《中华人民共和国保守国家秘密法》和于 2019 年修订的《政府信息公开条例》均显示出中国已经对透明度的原则性规定表示理解，甚至持基本支持的态度。ICSID 或 UNCITRAL

---

〔1〕 参见漆彤：《论"一带一路"国际投资争议的预防机制》，载《法学评论》2018 年第 3 期，第 100 页。

〔2〕 《A/CN.9/WG.III/WP.177—中国政府提交的意见书》，第 4 页，载 https://uncitral.un.org/sites/uncitral.un.org/files/wp117c.pdf，最后访问日期：2019 年 8 月 10 日。

〔3〕 参见张月姣：《中德仲裁法律圆桌会议发言节选》，载 https://mp.weixin.qq.com/s/EcOPVfLYxwZBjYUwXOX7Yg，最后访问日期：2019 年 11 月 22 日。

〔4〕 《A/CN.9/WG.III/WP.177—中国政府提交的意见书》，第 4 页，载 https://uncitral.un.org/sites/uncitral.un.org/files/wp117c.pdf，最后访问日期：2019 年 8 月 10 日。

是许多条约对投资争端仲裁提交的主要选项，这两个仲裁体系在美国、欧盟等国家和政府间国际组织的影响下展开了对透明度的改革。这些改革的主要观点和中国可能存在不一致，中国有必要在对外缔结投资条约时加以注意，就以下四个方面要予以规定：①在谈判中对于一些技术性过于前沿或者复杂的问题（如保密信息的判定依据等），需要谨慎评估其带来的法律风险。同时，要提防 MFN 条款被适用于程序性事项，中国在今后缔结或者修改 BITs 时宜将 MFN 条款明确排除适用于程序性事项。②注重透明度的例外规定。这一内容在国际仲裁规则关于透明度的规定不利于我国时尤为重要。例如，UNCITRAL 透明度规则对文件和审理公开的程度要求较高，有可能使我国的一些保密利益受到损害。在这种情形下，加强条约中保密信息的规定，按照条约优先的规定，可以缓解 UNCITRAL 透明度规则要求对中国产生的压力。另外，作为透明度例外，对于如何处理信息保密以及相关程序，可以考虑借鉴美国的 BIT 范本，在条约中将保密信息的定义、范围规定清楚。③信息公开的主体以仲裁庭为宜。无论是 ICSID 规则抑或是 UNCITRAL 透明度规则，信息公开的主体都是仲裁机构。为了与国际仲裁规则保持一致，同时减轻我国政府的负担，如果条约中规定了投资争端提交 ICSID 或 UNCITRAL 解决，那么信息公开宜交予相关仲裁机构。④规范第三方资助规定的透明度纪律，相关方应持续披露有关资助情况，避免仲裁员和第三方资助者之间发生直接或间接的利益冲突。如未履行披露义务，应明确相关方承担的法律后果。

（7）限制法庭之友参与投资仲裁。鉴于目前中国民间组织力量较弱，中国在签署或修订投资条约时，应对法庭之友参与投资仲裁进行必要限制。但法庭之友参与国际仲裁已是大势所趋，WTO 中早有法庭之友的实践。例如，1998 年海虾海龟案[1]中，作为法庭之友的非政府组织提交的报告得到了肯定。[2]因此，积累非政府组织参与公共议题的能力和经验是中国的当务之急，尤其需要提高本国非政府组织参与国际投资争端仲裁的相关能力和经验。当

---

[1]《WT/DS58 1997 年印度等诉美国——海虾-海龟（Shrimp-turtle）案》，载 http://sms.mofcom.gov.cn/aarticle/wangzhanjianjie/tansuosikao/200406/20040600236182.html，最后访问日期：2020 年 11 月 16 日。

[2] 参见赵维田主编：《美国——对某些虾及虾制品的进口限制案》，上海人民出版社 2003 年版，第 970 页。

然也要参照 ICSID 规则对非争端方参与的相关规定，对仲裁庭的裁量权作出具体限制，以防止法庭之友阻碍仲裁的推进。[1]

3. 从双边到区域到多边逐渐推进改革

由于中国根本上不能脱离国际投资仲裁已经形成的基本规则，《华盛顿公约》、UNCITRAL 仲裁规则等投资争端解决规则并非无可置疑，但其国际公信力必然高于双边及国内仲裁规则，被各国接受的可能性更大。[2]因此，中国半系统式改革首先应在双边层面推广，以此为基础结合国内国外政治经济情势加以改进；接着在区域层面推动；然后通过支持多边化改革，最终促成多边机制的建立。

（1）在双边层面推进 BITs 中 ISDS 条款的谈判与修订。中国在今后进行的 BITs 谈判中，适用半系统式改革可对不同类型的国家采取不同的对策。例如，对发达国家和发展中国家、加入与未加入《华盛顿公约》的国家、采取不同 ISDS 机制改革模式的国家或地区（如美国、欧盟和南非）进行区别对待，按照最符合本国利益的方式缔结 BITs。[3]同样，对已缔结的旧 BITs 也可采取同样的方式予以修订。但相比于区域主义和多边主义，双边主义存在以下不足：①双方创建的规则仅适用于两个国家之间，不利于创建统一的区域或全球规则框架促进国家之间的公平竞争，更不利于区域或全球经济的发展与革新。[4]②双边投资规则下，东道国对某国投资者大规模的征收将会引发一系列投资争端，进而影响到区域甚至全球经济的稳定。[5]③双边主义存在基于国籍的歧视行为，不利于维护区域和国际投资关系的安全与平衡。[6]④双

---

〔1〕 参见赵骏、刘芸：《国际投资仲裁透明度改革及我国的应对》，载《浙江大学学报（人文社会科学版）》2014 年第 3 期，第 161 页。

〔2〕 参见董静然：《双边投资协定与多边投资规则构建的互动研究》，载《国际经济法学刊》2018 年第 3 期，第 81 页。

〔3〕 参见黄德明、杨帆：《试析欧盟各机构对 ISDS 机制的态度及对中欧投资谈判的影响》，载《东北农业大学学报（社会科学版）》2015 年第 3 期，第 44 页。

〔4〕 Giorgio Barba Navaretti, Anthony J. Venables, *Multinational Firms in the World Economy*, Princeton: Princeton University Press, 2004, pp. 25-38.

〔5〕 Philipp Genschel, Thomas Plümper, "Regulatory Competition and International Cooperation", *Journal of European Public Policy*, 4 (1997), pp. 628-629.

〔6〕 John R. Oneal, Bruce M. Russet, "The Classical Liberals Were Right: Democracy, Interdependence and Conflict", *International Studies Quarterly*, 41 (1997), p. 267.

边主义项下的国际投资规则的稳定性和可预见性较弱，容易产生投资风险。[1]例如，欧盟目前在BIT谈判中提出了ICS，以取代现有《华盛顿公约》多边主义下的ISDS机制，但现实可行性不强，最主要的原因在于：在双边主义下，会存在多个国际投资法庭，法律解释的一致性和可预见性问题无法得到保障，投资规则必将呈现碎片化的态势。[2]因此，中国在双边层面推行ISDS机制的半系统式改革，应尽量避免双边主义的不足，从而向各国推广成功的双边实践经验。

（2）在区域层面推动区域投资规则的构建进程。从区域层面看，目前中国签订了12个含有投资章节的FTAs，与中国签署的BITs存在融合现象，但其中的ISDS条款在解决ISDS案件时问题凸显。若中国采取半系统式的改革模式，将进一步促进双边投资规则与区域性投资规则的融合，解决其中的ISDS条款缺陷。现在中国应积极推进《区域全面经济伙伴关系协定》（RCEP）和中日韩自贸区谈判，这样能及早在区域经贸合作中获得现实的突破和经验的积累，以寻求更多支持和助力，抗衡美国单边主义威胁和美国、欧盟、日本等对中国市场经济国家地位的质疑、封锁和经贸打压。例如，USCMA的"毒丸条款"对中国加入CPTPP构成了潜在的法律障碍。中国一方面应坚定对中国特色社会主义市场经济的制度自信；[3]另一方面应进一步完善国内相关制度，掌握国际投资规则的话语权，以事实回应质疑，以行动突破规锁。同时，在"一带一路"倡议的推进下，对中国的ISDS机制改革模式进行仲裁机构的分支设计，可共享"一带一路"争端解决机制的平台。这样不仅可以为"一带一路"争端解决机制积累更多的实践经验，还可以让"一带一路"投资争端解决机制与国际投资仲裁的普遍规则互动，以便为多边投资规则的构建打下基础。[4]

---

[1] Jeswald W. Salacuse, "The Emerging Global Regime for Investment", *Harvard International Law Journal*, 51（2010），p. 450.

[2] 参见董静然：《双边投资协定与多边投资规则构建的互动研究》，载《国际经济法学刊》2018年第3期，第69页。

[3] 参见习近平：《毫不动摇鼓励支持引导非公有制经济发展 支持民营企业发展并走向更加广阔舞台》，载《新华每日电讯》2018年11月2日，第1版。

[4] 参见董静然：《双边投资协定与多边投资规则构建的互动研究》，载《国际经济法学刊》2018年第3期，第81页。

（3）在多边层面支持 UNCITRAL 组织的 ISDS 机制多边化改革。相比于双边和区域投资协定来说，多边投资规则更符合世界经济的发展趋势和世界各国的共同利益。多边投资规则是未来 IIAs 投资规则的发展方向，双边和区域投资协定只是多边投资规则进程中的一个阶段。虽然多边投资规则的谈判历经坎坷，但其谈判内容为双边和区域投资协定的发展提供了重要的指导。如今，双边和区域投资协定又从内容的趋同化、投资仲裁法律解释实践等方面为多边投资规则的构建提供了坚实的基础。双边、区域和多边投资规则的发展是一种相互协调、相互促进的良性发展。[1] 此次 ISDS 机制的多边改革进程由政府主导，并鼓励其他国际机构和公众参与。制定多边规则需要各国的共同努力，多边机制的生命力也取决于各国的共同参加。UNCITRAL 第三工作组同时考虑所有问题和解决方案建议是一个能够兼顾各方需求的务实安排，但需要在程序上保留一定的灵活性，避免忽视部分重要的改革方案建议。[2] 中国应积极支持多边改革，参与构建全球投资治理体系，发出中国声音和利益诉求。中国对半系统式改革的探讨，将为未来的多边投资规则构建提出中国方案。

---

[1] 参见董静然：《双边投资协定与多边投资规则构建的互动研究》，载《国际经济法学刊》2018 年第 3 期，第 67 页。

[2] 《ACN.9/WG.III/WP.177—中国政府提交的意见书》，第 5 页，载 https://uncitral.un.org/sites/uncitral.un.org/files/wp177c.pdf，最后访问日期：2019 年 8 月 10 日。

结　语
Conclusion

　　ISDS 机制是解决投资者与东道国争端的重要制度。目前 ISDS 的法律框架主要包括 IIAs、国际仲裁规则和国内相关立法。IIAs 中包含的争端解决条款通常要求仲裁作为 ISDS 的首选方法。然而依《华盛顿公约》设立的 ICSID 仲裁机制在实践中存在重大缺陷，导致了 ISDS 机制的正当性危机。因此，理论界和实务界都在探讨 ISDS 机制的改革问题。引起 ISDS 机制改革的原因是多方面的。自 2012 年以来，IIAs 的改革经历了三个阶段。IIAs 的实践改革和理论探讨主要集中在是否应当设立一个常设的投资仲裁法庭和规定上诉机制的问题上，尽管在细节上存在更多区分，但在整体上大致呈现了改良派、改革派、废止派和中间派等派别。目前部分国家或政府间国际组织已经对 ISDS 机制的改革问题提出三种主要模式，即以美国为代表的渐进式改革、以欧盟为代表的系统式改革和以南非为代表的范式改革。

　　以美国为代表的渐进式改革体现在美国 BIT 范本和 TIPs 的投资条款中。美国 2004 年与 2012 年 BIT 范本均对用尽当地司法救济的程序性限制表示了反对，明确要求适用国际层面的 ISDS 机制。美国签署的 FTAs 多数设立了 ISDS 机制，并进行了改良。TPP 与美国 2012 年 BIT 范本中的 ISDS 条款非常相似，略有变化；现在美国已退出 TPP 的谈判。首次用专章形式详细规范 ISDS 机制的 NAFTA，曾有效地处理了投资者与国家间的贸易投资争端，但已被修改为 USMCA。美国渐进式改革仍可能对 ISDS 机制的今后发展产生潜在的影响，也将对中美新一轮 BIT 谈判产生重大影响。ISDS 条款是中美 BIT 谈判的焦点，中国应谨慎对待。

　　以欧盟为代表的系统式改革主要表现在欧盟提出的 TTIP 建议文本、CETA、EVFTA、EVIPA 和 EUSIPA 中。欧盟的集中观点就是建立 ICS 以替代现行 ISDS

机制，试图以强化国家规制权、保证仲裁员的专业性和独立性、增强裁决的一致性和准确性、提高透明度等措施来使公众重拾对投资争端解决机制的信任。但从其目前的 ICS 制度设计来看，面临着诸多挑战，却也给业已"统治"投资仲裁 50 多年之久的 ICSID 仲裁机制带来一定的冲击，其在消除国际商事仲裁制度运用于投资争端解决的弊端、平衡投资者私人利益与东道国公共利益、防止投资者对投资仲裁程序的滥用等方面所做的努力，都对 ISDS 机制的发展起到了极大的推动作用。ICS 对中欧 BIT 的签订、中国及其海外投资者产生了重要影响。中欧 BIT 谈判对于我国参与甚至引导 ISDS 机制改革来说是一个重要的窗口，中国应当抓住这个机会，积极地参与到规则制定活动中，从而使未来的投资争端解决机制能够更加符合中国的发展趋势。[1]

以南非为代表的范式改革是将外国投资争端诉诸南非法律和法院，以保护其政府为其人民的目标服务的能力。在经历了第一次以条约为基础的投资争端解决的失败后，南非寻求以国内立法保护以及在国内法院进行调解和争端解决，来取代投资条约和投资者-国家仲裁。早期的南非投资协定保留了国际仲裁的选项，但是晚近的经贸协定均取消了 ISDS 条款，保留的仲裁条款限于解决缔约国之间的争端。南非 2015 年出台的《促进和保护投资法案》将成为保护南非外国投资的唯一基础。南非涉及的投资仲裁案件不多，南非作为被申请人的 ISDS 案件仅有 1 起，南非投资者提起的 ISDS 案件有 3 起。南非范式改革对于保护本国及其投资者的利益具有优势，但它仍存在有待解决的问题。中国与南非都属于金砖国家，但对投资仲裁的立场存在差异，存在差异的主要原因在于两国的经济发展定位以及对国家主义的态度不同。中国已经步入全面接受国际投资仲裁管辖的时代，而南非坚持在用尽当地救济之前提下有限度地接受投资仲裁。在中国-南非 BIT 存在被终止或更新的可能时，明智的做法是，两国根据互惠原则，就保护投资者的一般原则达成协议。

新一代 IIAs 的制定和修订历程，反映了 IIAs 整体向着可持续发展和平衡东道国管制权与投资者利益的方向发展。2018 年签署的新 IIAs 中的 ISDS 条款包含了若干 ISDS 改革内容和改革方法，呈现出多边化趋势，但也面临着挑战

---

[1] 参见邓婷婷：《中欧双边投资条约中的投资者-国家争端解决机制——以欧盟投资法庭制度为视角》，载《政治与法律》2017 年第 4 期，第 111 页。

结 语

与风险，各国应作出相应的政策选择。UNCITRAL 第三工作组组织的对 ISDS 机制改革问题的探讨主要从程序方面进行，很多国家和政府间国际组织都提交了关于 ISDS 机制改革方案的意见，其中多数意见支持多边化改革。学术界多数观点也支持 ISDS 机制的多边化改革。由于篇幅限制，本书仅对 ISDS 机制改革多边化趋势下的程序完善进行了探讨。进行多边程序改革应采取整体办法，进行系统完善：增进仲裁裁决的一致性；提高仲裁员的资格要求；健全仲裁机构和仲裁员的选择机制；控制投资争端案件的费用和时间；引入程序透明度标准和法庭之友；明确规定第三方出资和反请求，以解决 ISDS 机制的正当性危机。中国正在进行 RCEP、中日韩自由贸易区、中欧 BIT 和中美 BIT 谈判，正处于国际投资规则的重大战略机遇期。中国应支持 UNCITRAL 的多边改革，并根据本国国情，在进行 ISDS 条款谈判时采取半系统式的改革模式。目前中国已具备实施该模式的必要性和可行性。实施该模式的总体路径是：以可持续发展为目标，坚持投资者与东道国利益平衡原则，设立开放性的 ISDS 机制，从双边到区域到多边逐渐推进，以期进一步解决现行 ISDS 机制的缺陷。

国际投资关系绝非一方对他方的"施舍"或"恩赐"。形成一国的投资环境固然有政治、经济、社会、文化因素，但是皆以法的因素为主导并直接对投资者予以影响。[1] 关于国际投资的法律保护，应顾及资本输入国、资本输出国和投资者三方利益，才能真正促进国际投资活动的发展，维护公平公正的国际经济秩序。中国在 IIAs 谈判过程中应当顺应国际规则发展趋势，继续支持多边规则治理，参照 IIAs 的最新发展成果改革创新 ISDS 机制，提出中国模式，营造稳定公平的营商环境，在争取国际投资规则话语权的同时为"一带一路"建设注入新动力。在中欧 BIT、中美 BIT 和 RCEP 谈判中，中国应扬长避短，尽最大努力使国际投资制度朝着符合自身利益的方向发展。

---

[1] 参见姚梅镇：《姚梅镇文集》，武汉大学出版社 2010 年版，第 33、62 页。

参考文献

一、著作及译著类

1. 王海浪：《ICSID 管辖权新问题与中国新对策研究》，厦门大学出版社 2017 年版。
2. 银红武：《中国双边投资条约的演进——以国际投资法趋同化为背景》，中国政法大学出版社 2017 年版。
3. 白中红：《〈能源宪章条约〉争端解决机制研究》，武汉大学出版社 2012 年版。
4. 姚梅镇：《姚梅镇文集》，武汉大学出版社 2010 年版。
5. 叶兴平、王作辉、闫洪师：《多边国际投资立法：经验、现状与展望》，光明日报出版社 2008 年版。
6. 单文华：《欧盟对华投资的法律框架：解构与建构》，蔡从燕译，北京大学出版社 2007 年版。
7. 李万强：《ICSID 仲裁机制研究》，陕西人民出版社 2002 年版。

二、编著类

1. 韩立余主编：《国际投资法》，中国人民大学出版社 2018 年版。
2. 陈安主编：《国际投资法的新发展与中国双边投资条约的新实践》，复旦大学出版社 2007 年版。
3. 卢进勇、余劲松、齐春生主编：《国际投资条约与协定新论》，人民出版社 2007 年版。
4. 赵维田主编：《美国——对某些虾及虾制品的进口限制案》，上海人民出版社 2003 年版。

三、杂志类

1. 胡洋：《〈美国-多米尼加-中美洲自由贸易协定〉若干法律问题研究——以"中美贸易"为视角》，载《牡丹江大学学报》2019 年第 7 期。

2. 陈咏梅、何圳申:《中国外商投资法的变革及其与国际协定的协调》,载《国际商务研究》2019 年第 6 期。

3. 杜涛:《从"海乐·西亚泽诉中国案"看投资者与国家争议解决中当地诉讼与国际仲裁的竞合问题》,载《经贸法律评论》2019 年第 3 期。

4. 张倩雯:《多元化纠纷解决视阈下国际投资仲裁裁决在我国的承认与执行》,载《法律适用》2019 年第 3 期。

5. 王光、卢进勇:《中国双边投资协定:历史演进与发展趋势》,载《国际经济合作》2019 年第 2 期。

6. 陶立峰:《金砖国家国际投资仲裁的差异立场及中国对策》,载《法学》2019 年第 1 期。

7. 孙南翔:《〈美墨加协定〉对非市场经济国的约束及其合法性研判》,载《拉丁美洲研究》2019 年第 1 期。

8. 廖凡:《从〈美墨加协定〉看美式单边主义及其应对》,载《拉丁美洲研究》2019 年第 1 期。

9. 王学东:《从〈北美自由贸易协定〉到〈美墨加协定〉:缘起、发展、争论与替代》,载《拉丁美洲研究》2019 年第 1 期。

10. 张力:《OHADA 国家投资协定中争端解决新机构研究》,载《财会月刊》2018 年第 15 期。

11. 陈珺、杨帆:《投资法庭机制探究及我国的应对——以欧盟〈TTIP 协定〉投资章节建议案为例》,载《学习与实践》2018 年第 11 期。

12. 刘瑛:《投资者-东道国争端解决机制海外研究综述》,载《国外社会科学》2018 年第 6 期。

13. 王军杰、石林:《论"一带一路"沿线"投资者-东道国"争端解决的路径与机制》,载《西南民族大学学报(人文社科版)》2018 年第 6 期。

14. 王燕:《欧盟新一代投资协定"反条约挑选"机制的改革——以 CETA 和 JEEPA 为分析对象》,载《现代法学》2018 年第 3 期。

15. 刘沁佳:《中国与"一带一路"沿线国家 BITs 争端解决条款研究——以投资者与东道国争端为视角》,载《法治现代化研究》2018 年第 3 期。

16. 张正怡:《论晚近区域协定中投资争端解决机制的创新及其启示——以 TPP、TTIP、CETA 为例》,载《国际商务(对外经济贸易大学学报)》2018 年第 3 期。

17. 董静然:《双边投资协定与多边投资规则构建的互动研究》,载《国际经济法学刊》2018 年第 3 期。

18. 漆彤:《论"一带一路"国际投资争议的预防机制》,载《法学评论》2018 年第 3 期。

19. 王鹏：《国际投资协定的政治经济学：一项研究议程》，载《人大法律评论》2018 年第 2 期。
20. 王燕：《"一带一路"自由贸易协定话语建构的中国策》，载《法学》2018 年第 2 期。
21. 廖凡：《投资者-国家争端解决机制的新发展》，载《江西社会科学》2017 年第 10 期。
22. 王春婕：《〈中日韩投资协定〉ISDS 机制研究：现状、问题及前瞻》，载《东岳论丛》2017 年第 7 期。
23. 叶斌：《〈欧盟与加拿大全面经济贸易协定〉对投资者诉国家争端解决机制的司法化》，载《国际法研究》2016 年第 6 期。
24. 薛源：《投资者与东道国争端仲裁与我国法律机制的衔接》，载《国际商务（对外经济贸易大学学报）》2017 年第 5 期。
25. 梁咏：《国际投资仲裁中的涉华案例研究——中国经验和完善建议》，载《国际法研究》2017 年第 5 期。
26. 欧阳新：《试论欧盟新设投资法庭制度及对中国的影响——兼与 ICSID 仲裁机制比较分析》，载《广东外语外贸大学学报》2017 年第 4 期。
27. 邓婷婷：《中欧双边投资条约中的投资者-国家争端解决机制——以欧盟投资法庭制度为视角》，载《政治与法律》2017 年第 4 期。
28. 魏艳茹：《越南-欧盟自贸区投资上诉机制研究》，载《广西大学学报（哲学社会科学版）》2017 年第 3 期。
29. 杨帆：《试析投资者-国家争端解决机制当代改革的欧盟模式——以欧盟 TTIP 建议案中常设投资法院机制为例》，载《国际经济法学刊》2016 年第 3 期。
30. 杨帆：《试析欧盟法律秩序自主性对国际争端解决机制的影响——兼评投资法庭机制在欧盟的合法性》，载《时代法学》2017 年第 2 期。
31. 叶斌：《欧盟 TTIP 投资争端解决机制草案：挑战与前景》，载《国际法研究》2016 年第 6 期。
32. 黄世席：《欧盟国际投资仲裁法庭制度的缘起与因应》，载《法商研究》2016 年第 4 期。
33. 梁凯然：《美国双边投资协定范本争议解决条款分析——以对 ICSID 仲裁管辖权之认可为视角》，载《河北法学》2016 年第 3 期。
34. 张庆麟、黄春怡：《简评欧盟 TTIP 投资章节草案的 ISDS 机制》，载《时代法学》2016 年第 2 期。
35. 石静霞、马兰：《〈跨太平洋伙伴关系协定〉（TPP）投资章节核心规则解析》，载《国家行政学院学报》2016 年第 1 期。
36. 陈兆源、田野、韩冬临：《双边投资协定中争端解决机制的形式选择——基于 1982—

2013 年中国签订双边投资协定的定量研究》，载《世界经济与政治》2015 年第 3 期。

37. 张智勇：《自由贸易区的所得税问题研究：中国的视角》，载《中外法学》2015 年第 5 期。

38. 黄德明、杨帆：《试析欧盟各机构对 ISDS 机制的态度及对中欧投资谈判的影响》，载《东北农业大学学报（社会科学版）》2015 年第 3 期。

39. 杨帆：《ISDS 机制在欧盟的困境及使用当地救济的回归》，载《太原理工大学学报（社会科学版）》2015 年第 3 期。

40. 王彦志、王菲：《印度 2015 年双边投资条约范本草案评析——White Industries v. India 案裁决阴影下的重大立场变迁》，载《国际经济法学刊》2015 年第 2 期。

41. 肖军：《中欧 BIT 的投资者-东道国争端解决机制——基于中加 BIT 与 CETA 的比较分析》，载《西安电子科技大学学报（社会科学版）》2015 年第 2 期。

42. 梁开银：《美国 BIT 范本 2012 年修订之评析——以中美 BIT 谈判为视角》，载《法治研究》2014 年第 7 期。

43. 江清云：《中欧双边投资协定谈判的现状、问题与应对》，载《德国研究》2014 年第 4 期。

44. 赵骏、刘芸：《国际投资仲裁透明度改革及我国的应对》，载《浙江大学学报（人文社会科学版）》2014 年第 3 期。

45. 朱伟东：《南非〈投资促进与保护法案〉评析》，载《西亚非洲》2014 年第 2 期。

46. 包晋：《NAFTA 下美国关于"公平与公正待遇"的国家实践——争端解决的视角》，载《国际经济法学刊》2014 年第 1 期。

47. 王健、李秀芬：《南非投资环境及风险防范》，载《中国经贸导刊》2013 年第 23 期。

48. 漆彤、聂晶晶：《论中国双边投资协定的模式变迁》，载《武大国际法评论》2013 年第 1 期。

49. 曾莉：《美国 2012BIT 范本评析》，载《云南大学学报（法学版）》2013 年第 1 期。

50. 温先涛：《〈中国投资保护协定范本〉（草案）论稿（三）》，载《国际经济法学刊》2012 年第 2 期。

51. 高波：《论欧盟国际投资条约中的 ISDM 问题》，载《商业研究》2012 年第 12 期。

52. 刘京莲：《国际投资仲裁正当性危机之仲裁员独立性研究》，载《河北法学》2011 年第 9 期。

53. 郭玉军：《论国际投资条约仲裁的正当性缺失及其矫正》，载《法学家》2011 年第 3 期。

54. 肖芳：《〈里斯本条约〉与欧盟成员国国际投资保护协定的欧洲化》，载《欧洲研究》

2011 年第 3 期。

55. 余劲松:《国际投资条约仲裁中投资者与东道国权益保护平衡问题研究》,载《中国法学》2011 年第 2 期。

56. 蔡从燕:《国际投资仲裁的商事化与"去商事化"》,载《现代法学》2011 年第 1 期。

57. 刘笋:《国际投资仲裁裁决的不一致性问题及其解决》,载《法商研究》2009 年第 6 期。

58. 张辉:《美国国际投资法理论和实践的晚近发展——浅析美国双边投资条约 2004 年范本》,载《法学评论》2009 年第 2 期。

59. 余劲松、詹晓宁:《论投资者与东道国间争端解决机制及其影响》,载《中国法学》2005 年第 5 期。

四、文集类

1. 宋锡祥、张贻博:《〈欧盟-日本经济伙伴关系协定〉的最新动向及中国的应对之策》,中国欧洲学会欧洲法律研究会 2018 年第十二届年会论文集。

2. 梁咏:《欧盟投资法庭机制对 ISDS 机制的发展与中国的选择》,中国欧洲学会欧洲法律研究会 2017 年第十一届年会论文集。

3. 王淑敏:《美国 2012 年双边投资协定示范文本评述》,中国国际经济贸易法学研究会 2012 年第一次会员代表大会暨中国与国际经济法律秩序的变革研讨会论文集。

五、学位论文类

1. 孙英哲:《新一代国际投资协定 ISDS 改革研究》,对外经济贸易大学 2018 年博士学位论文。

2. 罗心曲:《TTIP 协定投资法庭机制草案研究》,武汉大学 2017 年硕士学位论文。

3. 余海鸥:《全球行政法视野下投资仲裁机制(ISDS)的合法性研究》,武汉大学 2015 年博士学位论文。

4. 施扬:《论美国 FTA 中投资争端解决机制的发展变化》,中国政法大学 2011 年硕士学位论文。

5. 石慧:《以条约为基础的投资者与国家间仲裁机制的评判》,华东政法学院 2007 年博士学位论文。

六、报纸类

1. 习近平:《毫不动摇鼓励支持引导非公有制经济发展支持民营企业发展并走向更加广阔

舞台》，载《新华每日电讯》2018年11月2日，第1版。

2. 刘晓红：《金砖国家间多元化争议解决机制的构建》，载《上海法治报》2015年11月16日，第A07版。

3. 高臻：《饱受争议的ISDS机制》，载《21世纪经济报道》2015年11月5日，第4版。

4. 李妍：《"金砖国家"引领国际投资变局》，载《国际商报》2011年1月4日，第A2版。

七、中文网站类

1. World Investment Report 2020, at https://unctad.org/en/PublicationsLibrary/wir2020_en.pdf, Nov. 7, 2020.

2. 2020 ICSID Annual Report, at https://icsid.worldbank.org/sites/default/files/publications/ICSID_AR20_CRA_Web.pdf, Nov. 5, 2020.

3. 《A/CN.9/WG.III/WP.188——俄罗斯联邦政府提交的意见书》，第3页，载http://undocs.org/zh/A/CN.9/WG.III/WP.188，最后访问日期：2020年10月16日。

4. 《A/CN.9/917——争议解决领域今后可能开展的工作：投资人与国家间争议解决领域的改革》，载https://undocs.org/zh/A/CN.9/917，最后访问日期：2019年8月30日。

5. 《A/CN.9/918/Add.7——投资人与国家间争端解决框架——意见汇编》，载https://undocs.org/zh/A/CN.9/918/Add.7，最后访问日期：2019年8月30日。

6. 《A/CN.9/930/Rev.1——第三工作组（投资人与国家间争议解决制度改革）第三十四届会议工作报告第一部分》，载https://undocs.org/zh/A/CN.9/930/Rev.1，最后访问日期：2019年8月30日。

7. 《A/CN.9/WG.III/WP.143——投资人与国家间争议解决领域可能的改革——国际政府间国际组织的评论意见》，载https://undocs.org/en/A/CN.9/WG.III/WP.143，最后访问日期：2019年8月30日。

8. 《A/CN.9/WG.III/WP.145——投资人与国家间争议解决领域可能的改革——欧洲联盟提交的意见书》，载https://undocs.org/zh/A/CN.9/WG.III/WP.145，最后访问日期：2019年8月30日。

9. 《A/CN.9/WG.III/WP.160——多米尼加共和国政府提交的投资人与国家间争端解决制度改革闭会期间区域会议概要》，载https://undocs.org/zh/A/CN.9/WG.III/WP.160，最后访问日期：2019年8月30日。

10. 《A/CN.9/918——投资人与国家间争端解决框架——意见汇编》，载https://undocs.org/zh/A/CN.9/918，最后访问日期：2019年8月30日。

11. 《A/CN.9/964——第三工作组（投资人与国家间争端解决制度改革）第三十六届会议工

作报告》，载 https://undocs.org/en/A/CN.9/964，最后访问日期：2019 年 8 月 30 日。

12. 《A/CN.9/WG.III/WP.169——投资争端法庭成员的甄选和指定》，载 https://undocs.org/zh/A/CN.9/WG.III/WP.169，最后访问日期：2019 年 8 月 30 日。

13. 《A/CN.9/918/Add.1——投资人与国家间争端解决框架——意见汇编》，载 https://undocs.org/zh/A/CN.9/918/Add.1，最后访问日期：2019 年 8 月 10 日。

14. 《A/CN.9/918/Add.2——投资人与国家间争端解决框架——意见汇编》，载 https://undocs.org/zh/A/CN.9/918/Add.2，最后访问日期：2019 年 8 月 10 日。

15. 《A/CN.9/918/Add.3——投资人与国家间争端解决框架——意见汇编》，载 https://undocs.org/zh/A/CN.9/918/Add.3，最后访问日期：2019 年 8 月 10 日。

16. 《A/CN.9/918/Add.4——投资人与国家间争端解决框架——意见汇编》，载 https://undocs.org/zh/A/CN.9/918/Add.4，最后访问日期：2019 年 8 月 10 日。

17. 《A/CN.9/918/Add.5——投资人与国家间争端解决框架——意见汇编》，载 https://undocs.org/zh/A/CN.9/918/Add.5，最后访问日期：2019 年 8 月 10 日。

18. 《A/CN.9/918/Add.6——投资人与国家间争端解决框架——意见汇编》，载 https://undocs.org/zh/A/CN.9/918/Add.6，最后访问日期：2019 年 8 月 10 日。

19. 《A/CN.9/WG.III/WP.157——秘书处关于第三方出资的说明》，载 http://undocs.org/en/A/CN.9/WG.III/WP.157，最后访问日期：2019 年 8 月 10 日。

20. 《A/CN.9/WG.III/WP.159/Add.1——欧洲联盟及其成员国提交的意见书》，载 https://undocs.org/zh/A/CN.9/WG.III/WP.159/Add.1，最后访问日期：2019 年 8 月 10 日。

21. 《A/CN.9/WG.III/WP.161——摩洛哥政府提交的意见书》，载 https://undocs.org/en/A/CN.9/WG.III/WP.161，最后访问日期：2019 年 8 月 10 日。

22. 《A/CN.9/WG.III/WP.162——投资人与国家间争议解决制度的可能改革——泰国政府的评论意见》，载 https://undocs.org/zh/A/CN.9/WG.III/WP.162，最后访问日期：2019 年 8 月 10 日。

23. 《A/CN.9/WG.III/WP.163——智利、以色列和日本政府提交的意见书》，载 https://undocs.org/zh/A/CN.9/WG.III/WP.163，最后访问日期：2019 年 8 月 10 日。

24. 《A/CN.9/WG.III/WP.164——哥斯达黎加政府提交的意见书》，载 https://undocs.org/zh/A/CN.9/WG.III/WP.164，最后访问日期：2019 年 8 月 10 日。

25. 《A/CN.9/WG.III/WP.166——投资人与国家间争端解决制度的可能改革》，载 https://undocs.org/zh/A/CN.9/WG.III/WP.166，最后访问日期：2019 年 8 月 10 日。

26. 《A/CN.9/WG.III/WP.172——第三方出资——可能的解决办法》，载 https://undocs.org/zh/A/CN.9/WG.III/WP.172，最后访问日期：2019 年 8 月 10 日。

27. 《A/CN.9/WG.III/WP.173—哥伦比亚政府提交的意见书》，https://undocs.org/zh/A/CN.9/WG.III/WP.173，最后访问日期：2019年8月10日。

28. 《A/CN.9/WG.III/WP.174—土耳其政府提交的意见书》，载 https://undocs.org/zh/A/CN.9/WG.III/WP.174，最后访问日期：2019年8月10日。

29. 《A/CN.9/WG.III/WP.175—厄瓜多尔政府提交的意见书》，载 http://undocs.org/zh/A/CN.9/WG.III/WP.175，最后访问日期：2019年8月10日。

30. 《A/CN.9/WG.III/WP.176—南非政府提交的意见书》，载 https://undocs.org/zh/A/CN.9/WG.III/WP.176，最后访问日期：2019年8月10日。

31. 《A/CN.9/WG.III/WP.177—中国政府提交的意见书》，载 https://uncitral.un.org/sites/uncitral.un.org/files/wp177c.pdf，最后访问日期：2019年8月10日。

32. 《A/CN.9/WG.III/WP.178—哥斯达黎加政府提交的意见书》，载 https://undocs.org/zh/A/CN.9/WG.III/WP.178，最后访问日期：2019年8月10日。

33. 《A/CN.9/930/Add.1/Rev.1—第三工作组（投资人与国家间争议解决制度改革）第三十四届会议工作报告》，载 https://undocs.org/zh/A/CN.9/930/Add.1/Rev.1，最后访问日期：2019年8月10日。

34. 《A/CN.9/935—第三工作组（投资人与国家间争议解决制度改革）第三十五届会议工作报告》，载 https://undocs.org/zh/A/CN.9/935，最后访问日期：2019年8月10日。

35. 《2018年世界投资报告（要旨与概述）》，载 https://unctad.org/en/PublicationsLibrary/wir2018_overview_ch.pdf，最后访问日期：2019年8月9日。

36. 邵宇、陈达飞：《美-墨-加协议（USMCA）全解及其对中国的启示》，载 http://www.nifd.cn/ResearchComment/Details/1104，最后访问日期：2019年8月3日。

37. 刘明礼：《欧越自贸协定对欧盟的战略意义》，载 https://mp.weixin.qq.com/s/r4NeyuGCxG7Z4TYmLVgxJQ，最后访问日期：2019年7月11日。

38. 商务部：《中欧投资协定谈判进入了一个新的阶段》，载 http://www.chinanews.com/cj/2018/11-15/8677962.shtml，最后访问日期：2019年5月22日。

39. 曾建知译：《程序、政策和进程：寻找投资者与国家争端解决规则改革共识——ICSID秘书长关于投资者与国家争端解决规则改革的演讲》，载 http://wemedia.ifeng.com/60071155/wemedia.shtml，最后访问日期：2019年5月19日。

40. 范晓宇：《国际争端调解机制的晚近发展综述》，载 https://mp.weixin.qq.com/s/iH9KI1TNNXgnkd00GMXkSg，最后访问日期：2018年12月9日。

41. 陈新：《欧盟为何与中美洲草签联系协定（国际论坛）》，载 http://world.people.com.cn/GB/8212/165037/165038/14248150.html，最后访问日期：2018年12月6日。

42. 何丹、高佳琦：《NAFTA 2.0：USMCA 或将成为美未来贸易谈判模版》，载 http:// www.iis.whu.edu.cn/index.php?id=2294，最后访问日期：2018 年 11 月 30 日。

43. 孙维维：《商务部确认收到美方磋商邀请 马云宣布明年交班——周热点回顾》，载 https://m.yicai.com/news/100027056.html?from=groupmessage，最后访问日期：2018 年 9 月 16 日。

44. 2017 年世界投资报告（要旨和概述），载 https://unctad.org/en/PublicationsLibrary/wir2017_overview_ch.pdf，最后访问日期：2018 年 8 月 30 日。

45. 环中投资仲裁团队：《投资仲裁的新发展与贸仲投资仲裁规则》，载 https://mp.weixin.qq.com/s/oo-suoYLzQMC7JZU7x6NpQ，最后访问日期：2019 年 8 月 20 日。

46. 景昊：《新加坡撤销投资仲裁裁决第一案——SDM 等诉莱索托投资争端案》，载 https://mp.weixin.qq.com/s/D3rn6QroqUxsyStVV_cYuA，最后访问日期：2019 年 8 月 19 日。

47. 漆彤：《多边 vs. 双边：投资争议解决机制改革新动向短评》，载 http://www.sohu.com/a/157131849_652123，最后访问日期：2017 年 8 月 30 日。

八、外文案例类

1. Jetion and T-Hertz v. Greece, at https://investmentpolicy.unctad.org/investment-dispute-settlement/cases/975/jetion-and-t-hertz-v-greece, Oct. 1, 2019.

2. Foresti v. South Africa (ICSID Case No. ARB (AF) /07/1), at https://investmentpolicy.unctad.org/investment-dispute-settlement/country/195/south-africa, Aug. 20, 2019.

3. Lone Pine Resources Inc. v. Canada (ICSID Case No. UNCT/15/2), at https://investmentpolicy.unctad.org/investment-dispute-settlement/country/35/canada, Aug. 20, 2019.

4. Philip Morris v. Uruguay (ICSID Case No. ARB/10/7), at https://investmentpolicy.unctad.org/investment-dispute-settlement/country/225/uruguay, Feb. 28, 2019.

5. Philip Morris v. Australia (PCA Case No. 2012-12), See UNCTAD, Investment Dispute Settlement Navigator, at https://investmentpolicy.unctad.org/investment-dispute-settlement/country/11/australia, Feb. 28, 2019.

6. Caratube v. Kazakhstan (ICSID Case No. ARB/08/12), at https://investmentpolicy.unctad.org/investment-dispute-settlement/cases/297/caratube-v-kazakhstan, Feb. 28, 2019.

7. Champion Holding Company and others v. Egypt (ICSID Case No. ARB/16/2), at https://investmentpolicy.unctad.org/investment-dispute-settlement/cases/701/champion-holding-company-and-others-v-egypt, Feb. 28, 2019.

8. Pac Rim Cayman Ltd v. Republic of El Salvador (ICSID Case No. ARB/09/12), at https://investmentpolicy.unctad.org/investment-dispute-settlement/cases/356/pac-rim-v-el-salvador, Feb. 28, 2019.

9. ABCI Investments v. Tunisia (ICSID Case No. ARB/04/12), at https://investmentpolicy.unctad.org/investment-dispute-settlement/cases/172/abci-investments-v-tunisia, Feb. 28, 2019.

10. CMS v. Argentina (ICSID Case No. ARB/01/8), at https://investmentpolicy.unctad.org/investment-dispute-settlement/cases/68/cms-v-argentina, Feb. 28, 2019.

11. Sempra v. Argentina (ICSID Case ARB/02/16), at https://investmentpolicy.unctad.org/investment-dispute-settlement/cases/88/sempra-v-argentina, Feb. 28, 2019.

12. LG&E et al. v. Argentina (ICSID Case No. ARB/02/1), at https://investmentpolicy.unctad.org/investment-dispute-settlement/cases/93/lg-e-v-argentina, Feb. 28, 2019.

13. Enron v. Argentina (ICSID Case No. ARB/01/03), at https://investmentpolicy.unctad.org/investment-dispute-settlement/cases/71/enron-v-argentina, Feb. 28, 2019.

14. Continental v. Argentina (ICSID Case No. ARB/03/9), at https://investmentpolicy.unctad.org/investment-dispute-settlement/cases/117/continental-casualty-v-argentina, Feb. 28, 2019.

15. Sanum Investments v. Laos (II) (ICSID Case No. ADHOC/17/1), at https://investmentpolicy.unctad.org/investment-dispute-settlement/cases/797/sanum-investments-v-laos-ii-, Feb. 28, 2019.

16. Beijing Urban Construction v. Yemen (ICSID Case No. ARB/14/30), at https://investmentpolicy.unctad.org/investment-dispute-settlement/cases/573/beijing-urban-construction-v-yemen, Feb. 28, 2019.

17. Tza Yap Shum v. Peru (ICSID Case No. ARB/07/6), at https://investmentpolicy.unctad.org/investment-dispute-settlement/cases/255/tza-yap-shum-v-peru, Feb. 28, 2019.

18. Ping An v. Belgium (ICSID Case No. ARB/12/29), at https://investmentpolicy.unctad.org/investment-dispute-settlement/cases/480/ping-an-v-belgium, Feb. 28, 2019.

19. Beijing Shougang and others v. Mongolia (PCA Case No. 2010-20), at https://investmentpolicy.unctad.org/investment-dispute-settlement/cases/367/beijing-shougang-and-others-v-mongolia, Feb. 28, 2019.

20. Hela Schwarz v. China (ICSID Case No. ARB/17/19), at https://investmentpolicy.unctad.org/investment-dispute-settlement/cases/805/hela-schwarz-v-china, Feb. 28, 2019.

21. Ansung Housing v. China (ICSID Case No. ARB/14/25), at https://investmentpolicy.unctad.org/investment-dispute-settlement/cases/602/ansung-housing-v-china, Feb. 28, 2019.

22. Ekran v. China（ICSID Case No. ARB/11/15）, at https://investmentpolicy.unctad.org/investment-dispute-settlement/cases/427/ekran-v-china, Feb. 28, 2019.

23. FEDAX v. Venezuela（ICSID Case No. ARB/96/3）, at https://investmentpolicy.unctad.org/investment-dispute-settlement/cases/11/fedax-v-venezuela, Feb. 28, 2019.

24. CSOB. v. Slovakia（ICSID Case No. ARB/97/4）, at https://investmentpolicy.unctad.org/investment-dispute-settlement/cases/15/csob-v-slovakia, Feb. 28, 2019

25. Salini v. Morocco（ICSID Case No. ARB/00/4）, at https://investmentpolicy.unctad.org/investment-dispute-settlement/cases/50/salini-v-morocco, Feb. 28, 2019.

26. Joy Mining v. Egypt（ICSID Case No. ARB/03/11）, at https://investmentpolicy.unctad.org/investment-dispute-settlement/cases/135/joy-mining-v-egypt, Feb. 28, 2019.

27. Vodafone v. India（Ⅱ）, at https://investmentpolicy.unctad.org/investment-dispute-settlement/cases/819/vodafone-v-india-ii-, Jan. 10, 2019.

28. Repsol v. Argentina（ICSID Case No. ARB/12/38）, at https://investmentpolicy.unctad.org/investment-dispute-settlement/cases/490/repsol-v-argentina, Jan. 10, 2019.

29. Yukos Universal v. Russia（PCA Case No. 2005-04/AA227）, at https://investmentpolicy.unctad.org/investment-dispute-settlement/cases/213/yukos-universal-v-russia, Jan. 10, 2019.

30. Vattenfall v. Germany（Ⅱ）（ICSID Case No. ARB/12/12）, at https://investmentpolicy.unctad.org/investment-dispute-settlement/cases/467/vattenfall-v-germany-ii-, Jan. 10 , 2019.

31. Methanex v. USA, at https://investmentpolicy.unctad.org/investment-dispute-settlement/cases/39/methanex-v-usa, Jan. 10, 2019.

32. Mondev v. USA［ICSID Case No. ARB（AF）/99/2］, at https://investmentpolicy.unctad.org/investment-dispute-settlement/cases/40/mondev-v-usa, Jan. 10, 2019.

33. Glamis Gold v. USA, at https://investmentpolicy.unctad.org/investment-dispute-settlement/cases/100/glamis-gold-v-usa, Jan. 10, 2019.

34. Grand River v. USA, at https://investmentpolicy.unctad.org/investment-dispute-settlement/cases/140/grand-river-v-usa, Jan. 10, 2019.

35. Metalclad v. Mexico［ICSID Case No. ARB（AF）/97/1］, at https://investmentpolicy.unctad.org/investment-dispute-settlement/cases/17/metalclad-v-mexico, Jan. 10, 2019.

36. Radio Corporation of America v. China（PCA, 1934-01）, at https://pca-cpa.org/cn/cases/16/, Jan. 10, 2019.

37. White Industries v. India, at https://investmentpolicy.unctad.org/investment-dispute-settlement/cases/378/white-industries-v-india, Jan. 10, 2019.

38. CSOB. v. Slovakia（ICSID Case No. ARB/97/4）, at https：//investmentpolicy. unctad. org/investment-dispute-settlement/cases/15/csob-v-slovakia, Jan. 10, 2019.

39. Vivendi v. Argentina（Ⅰ）（ICSID Case No. ARB/97/3）, at https：//investmentpolicy. unctad. org/investment-dispute-settlement/cases/13/vivendi-v-argentina-i-, Jan. 10, 2019.

40. Siemens v. Argentina（ICSID Case No. ARB/02/8）, at https：//investmentpolicy. unctad. org/investment-dispute-settlement/cases/77/siemens-v-argentina, Jan. 10, 2019.

41. Plama v. Bulgaria（ICSID Case No. ARB/03/24）, at https：//investmentpolicy. unctad. org/investment-dispute-settlement/cases/133/plama-v-bulgaria, Jan. 10, 2019.

42. Maffezini v. Spain（ICSID Case No. ARB/97/7）, at https：//investmentpolicy. unctad. org/investment-dispute-settlement/cases/19/maffezini-v-spain, Jan. 10, 2019.

九、外文论著类

1. M. Sornarajah, *The International Law on Foreign Investment*, Cambridge：Cambridge University Press, 2017.

2. Maria Nicole Cleis, *The Independence and Impartiality of ICSID Arbitrators：Current Case Law, Alternative Approaches, and Improvement Suggestions ICSID*, Leiden：Brill Nijhoff, 2017.

3. Scott Miller, Gregory N. Hicks, *Investor-State Dispute Settlement：A Reality Check*, Maryland：Roman & Littlefield, 2015.

4. Hazem Hussien Mohamed, *Restoring Consistency, Certainty and Predictability to ICSID Investment Arbitration through the Establishment of the Uniform Interpretative Board*, Michigan：ProQuest LLC, 2013.

5. Kenneth J. Vandevelde, *U. S. International Investment Agreements*, Oxford：Oxford University Press, 2009.

6. Surya P. Subedi, *International Investment Law：Reconciling Policy and Principle*, Portland：Hart Publishing, 2008.

7. Gus. Van Harten, *Investment Treaty Arbitration and Public Law*, Oxford：Oxford University Press, 2007.

8. Howard Mann, Konrad von Moltke, *A Southern Agenda on Investment? Promoting Development with Balanced Rights and Obligations for Investors, Host States and Home States*, Manitoba：International Institute for Sustainable Development, 2005.

十、外文编著类

1. James Crawford SC FBA, John S. Bell FBA（eds.）, *The Formation and Identification of Rules of*

Customary International Law in International Law, Cambridge: Cambridge University Press, 2016.

2. Jean E. Kalicki, Anna Joubin-Bret (eds.), *Reshaping the Investor-State Dispute Settlement System: Journeys for the 21st Century*, Leiden: Koninklijke Brill NV, 2015.

3. Chester Brown and Kate Mles (eds.), *Evolution in Investment Treaty Law and Arbitration*, Cambridge: Cambridge University Press, 2011.

十一、外文论文类

1. Michael Frenkel, Benedikt Walter, "Do Bilateral Investment Treaties Attract Foreign Direct Investment? The Role of International Dispute Settlement Provisions", *The World Economy*, 42 (2019).

2. Lisa Diependaele, Ferdi De Ville, Sigrid Sterckx, "Assessing the Normative Legitimacy of Investment Arbitration: The EU's Investment Court System", *New Political Economy*, 24 (2019).

3. Henrique Choer Moraes, Felipe Hees, "Breaking the BIT Mold: Brazil's Pioneering Approach to Investment Agreements", *American Journal of International Law*, 112 (2018).

4. Engela C. Schlemmer, "Dispute Settlement in Investment-Related Matters: South Africa and the BRICS", *American Journal of International Law*, 112 (2018).

5. Anthea Roberts, "Investment Treaties: The Reform Matrix", *The American Journal of International Law*, 112 (2018).

6. Anthea Roberts, "Incremental, Systemic, and Paradigmatic Reform of Investor-State Arbitration", *The American Journal of International Law*, 112 (2018).

7. Cai Congyan, "Balanced Investment Treaties and the BRICS", *American Journal of International Law*, 112 (2018).

8. M. Sornarajah, "The Unworkability of 'Balanced Treaties' and the Importance of Diversity of Approach Among the BRICS", *American Journal of International Law*, 112 (2018).

9. Chen Huiping, "China's Innovative ISDS Mechanisms and Their Implications", *American Journal of International Law*, 112 (2018).

10. Umair Ghori, "Investment Court System or 'Regional' Dispute Settlement? The Uncertain Future of Investor-StateDispute Settlement", *Bond Law Review*, 30 (2018).

11. Julia Calvert, "Civil Society and Investor-State Dispute Settlement: Assessing the Social Dimensions of Investment Disputes in Latin America", *New Political Economy*, 23 (2018).

12. Matthew Happold, Relja Radović, "The ECOWAS Court of Justice as an Investment Tribunal", *Journal of World Investment & Trade*, 19 (2018).

13. Fernando Dias Simões, "Hold on to Your Hat! Issue Conflicts in the Investment Court System", *The Law and Practice of International Courts and Tribunals*, 17 (2018).
14. Katia Fach Gómez, "Diversity and the Principle of Independence and Impartiality in the Future Multilateral Investment Court", *The Law and Practice of International Courts and Tribunals*, 17 (2018).
15. Collins C. Ajibo, "The Role of Regional Courts in the Development of International Investment Law: The Case of NAFTA Chapter 11 Dispute Settlement Framework and EctHR", *Law and Development Review*, 11 (2018).
16. Kyla Tienhaara, "Regulatory Chill in a Warming World: The Threat to Climate Policy Posed by Investor-State Dispute Settlement", *Transnational Environmental Law*, 7 (2018).
17. Rob Howse, "Designing a Multilateral Investment Court: Issues and Options", *Yearbook of European Law*, 36 (2017).
18. Han Xiuli, "The China-South Africa Bilateral Investment Treaty: National Rule of Law Versus International Rule of Law", *South African Journal of International Affairs*, 24 (2017).
19. Stephan W. Schill, "Reforming Investor-State Dispute Settlement: A Comparative and International Constitutional Law Framework", *Journal of International Economic Law*, 20 (2017).
20. Joost Pauwelyn, "The Relative Success of WTO Dispute Settlement and What Planet Would the EU Investment Court System Be On? A Rejoinder to AJIL Unbound Comments", *AJIL UNBOUND*, 109 (2016).
21. Engela C. Schlemmer, "An Overview of South Africa's Bilateral Investment Treaties and Investment Policy", *ICSID Review*, 31 (2016).
22. August Reinisch, "Will the EU's Proposal Concerning an Investment Court System for CETA and TTIP Lead to Enforceable Awards? — The Limits of Modifying the ICSID Convention and the Nature of Investment Arbitration", *Journal of International Economic Law*, 19 (2016).
23. Szilárd Gáspár-Szilágyi, "A Standing Investment Court under TTIP from the Perspective of the Court of Justice of the European Union", *The Journal of World Investment & Trade*, 17 (2016).
24. Todd Tucker, "Inside the Black Box: Collegial Patterns on Investment Tribunals", *Journal of International Dispute Settlement*, 7 (2016).
25. Gisèle Uwera, "Investor-State Dispute Settlement (ISDS) in Future EU Investment in Future EU-Related Agreements: Is the Autonomy of the EU Legal Order an Obstacle", *The Law and Practice of International Courts and Tribunals*, 15 (2016).

26. Romain Pardo, "ISDS and TTIP — A Miracle Cure for a Systemic Challenge?" *European Policy Centre Policy Brief*, Jul. 14, 2014.

27. Anthea Roberts, "Clash of Paradigms: Actors and Analogies Shaping the Investment Treaty System", *American Journal of International Law*, 107 (2013).

28. Leon E. Trakman, "Investor State Arbitration or Local Courts: Will Australia Set a New Trend?", *Journal of World Trade*, 46 (2012).

29. Kenneth J. Vandevelde, "Model Bilateral Investment Treaties: The Way Forward", *Southwestern Journal International Law*, 18 (2011).

30. Jane Y. Willems. "The Settlement of Investor State Disputes and China New Developments on ICSID Jurisdiction", *South Carolina Journal of International Law and Business*, 8 (2011).

31. SilviaKarina Fiezzoni, "The Challenge of UNASUR Member Countries to Replace ICSID Arbitration", *Beijing Law Review*, 2 (2011).

32. Anthea Roberts, "Power and Persuasion in Investment Treaty Interpretation: the Dual Role of States", *The American Journal of International Law*, 104 (2010).

33. Cai Congyan, "China-US BIT Negotiations and the Future of Investment Treaty Regime: A Grand Bilateral Bargain with Multilateral Implications", J*ournal of International Economic Law*, 12 (2009).

34. Christian Tietje et al., "Once and Forever? The Legal Effects of a Denunciation of ICSID", *Transnational Dispute Management*, 6 (2008).

35. Judith B. White, Michael T. Schmitt, Ellen J. Langer, "Horizontal Hostility: Multiple Minority Groups and Differentiation from the Mainstream", *Group Processes & Intergroup Relations*, 9 (2006).

36. Arturo B. Tamayo, "The New Federalism in Mexico and Foreign Economic Policy: An Alternative Two-Level Game Analysis of the Metalclad Case", *Latin American Politics and Society*, 43 (2001).

37. Judith B. White, Ellen J. Langer, "Horizontal Hostility: Relations Between Similar Minority Groups", *Journal of Social Issues*, 55 (1999).

38. Antonio R. Parra, "Provisions on the Settlement of Investment Disputes in Modern Investment Laws, Bilateral Investment Treaties and Multilateral Treaties on Investment", *ICSID Review*, 12 (1997).

十二、外文网站类

1. United States of America, Cases as Respondent State, at https://investmentpolicy.unctad.org/

参考文献

investment-dispute-settlement/country/223/united-states-of-america, Oct. 20, 2019.

2. United States of America, Cases as Home State of claimant, at https://investmentpolicy.unctad.org/investment-dispute-settlement/country/223/united-states-of-america, Oct. 20, 2019.

3. China, Cases as Respondent State, at https://investmentpolicy.unctad.org/investment-dispute-settlement/country/42/china, Oct. 20, 2019.

4. China, Cases as Home State of claimant, at https://investmentpolicy.unctad.org/investment-dispute-settlement/country/42/china, Oct. 20, 2019.

5. Database of ICSID Member States, at https://icsid.worldbank.org/en/Pages/about/Database-of-Member-States.aspx, Oct. 1, 2019.

6. CETA: MEPs back EU-Canada trade agreement, at http://www.europarl.europa.eu/news/en/press-room/20170209IPR61728/ceta-meps-back-eu-canada-trade-agreement, Sep. 29, 2019.

7. ICSID Convention Arbitration Rules, at https://icsid.worldbank.org/en/Pages/icsiddocs/ICSID-Convention-Arbitration-Rules.aspx, Aug. 30, 2019.

8. Treaties with Investment Provisions (TIPs), United States of America, at https://investmentpolicy.unctad.org/international-investment-agreements/countries/223/united-states-of-america, Aug. 23, 2019.

9. Bilateral Investment Treaties (BITs), United States of America, at https://investmentpolicy.unctad.org/international-investment-agreements/countries/223/united-states-of-america, Aug. 23, 2019.

10. World Investment Report 2018, at https://unctad.org/en/PublicationsLibrary/wir2018_en.pdf, Aug. 20, 2019.

11. Bilateral Investment Treaties (BITs), China, at https://investmentpolicy.unctad.org/international-investment-agreements/countries/42/china, Aug. 20, 2019.

12. UNCTAD, Investment Policy Hub, at https://investmentpolicy.unctad.org/international-investment-agreements, Aug. 20, 2019.

13. International Investment Agreements Navigator, Canada, at https://investmentpolicy.unctad.org/international-investment-agreements/treaty-files/5380/download, Aug. 20, 2019.

14. International Investment Agreements Navigator, United States of America, at https://investmentpolicy.unctad.org/international-investment-agreements/countries/223/united-states-of-america, Aug. 20, 2019.

15. Comprehensive and Progressive Agreement for Trans-Pacific Partnership (CPTPP), at https://investmentpolicy.unctad.org/international-investment-agreements/treaty-files/5673/download, Aug. 20, 2019.

16. International Investment Agreements Navigator, South Africa, at https://investmentpolicy.unctad.org/international-investment-agreements/countries/195/south-africa, Aug. 20, 2019.

17. NAFTA-Chapter 11-Investment Cases filed against the Government of Canada, at https://www.international.gc.ca/trade-agreements-accords-commerciaux/topics-domaines/disp-diff/gov.aspx? lang=eng, Aug. 16, 2019.

18. World Investment Report 2019, at https://unctad.org/en/PublicationsLibrary/wir2019_en.pdf, Aug. 16, 2019.

19. Australian Government Department of Foreign Affairs and Trade, Investor-state dispute settlement (ISDS), at https://dfat.gov.au/trade/investment/Pages/investor-state-dispute-settlement.aspx., Aug. 15, 2019.

20. Eropean Commission, Inception Impact Assessment, Establishment of a Multilateral Investment Court for investment dispute resolution, at https://ec.europa.eu/smart-regulation/roadmaps/docs/2016_trade_024_court_on_investment_en.pdf, Aug. 16, 2019.

21. Department of Foreign Affairs and Trade, Australian Government, Investor-state dispute settlement (ISDS), at https://dfat.gov.au/trade/investment/Pages/investor-state-dispute-settlement.aspx., Aug. 15, 2019.

22. EU-Japan trade agreement: a driver for closer cooperation beyond trade, at http://www.europarl.europa.eu/RegData/etudes/BRIE/2018/625118/EPRS_BRI (2018) 625118_EN.pdf, Jun. 20, 2019.

23. EU-Singapore free trade deal gets green light in Trade Committee, at http://www.europarl.europa.eu/news/en/press-room/20190124IPR24202/eu-singapore-free-trade-deal-gets-green-light-in-trade-committee, Jun. 20, 2019.

24. Agreement with Singapore set to give a boost to EU-Asia trade, at https://trade.ec.europa.eu/doclib/press/index.cfm? id=1980, Jun. 20, 2019.

25. The ICSID Caseload-Statistics (Issue 2019-1), at https://icsid.worldbank.org/en/Pages/Resources/ICSID-Caseload-Statistics.aspx, Jun. 14, 2019.

26. South Africa, Cases as Respondent State, at https://investmentpolicy.unctad.org/investment-dispute-settlement/country/195/south-africa, May. 30, 2019.

27. South Africa, Cases as Home State of claimant, at https://investmentpolicy.unctad.org/investment-dispute-settlement/country/195/south-africa, May. 30, 2019.

28. Report on Implementation of EU Free Trade Agreements, at http://trade.ec.europa.eu/doclib/docs/2018/october/tradoc_157468.pdf, Dec. 6, 2018.

29. UNCITRAL Arbitration Rule (as revised in 2010), at https://uncitral.un.org/sites/uncitral.un.org/files/media-documents/uncitral/en/arb-rules-revised-2010-e.pdf, Sep. 10, 2018.
30. United Nations Convention on Transparency in Treaty-based Investor-State Arbitration, at https://uncitral.un.org/sites/uncitral.un.org/files/media-documents/uncitral/en/transparency-convention-e.pdf, Sep. 8, 2018.
31. Aurélia Antonietti, The 2006 Amendments to the ICSID Rules and Regulations and the Additional Facility Rules, at https://icsid.worldbank.org/en/Pages/icsiddocs/ICSID-Convention-Arbitration-Rules.aspx, Aug. 30, 2018.
32. Bilateral Investment Treaties (BITs), South Africa, at https://investmentpolicy.unctad.org/international-investment-agreements/countries/195/south-africa, Aug. 30, 2018.

后 记

本书是在我的博士学位论文的基础上修改而成,在博士学位论文答辩通过之后,就有完善学位博士论文并出版的想法,旨在进一步深入比较投资者与东道国争端解决机制改革模式的优劣,论证该机制的完善路径和中国对策,以期突破博士学位论文的不足之处。但忙于工作和各种家事,本书虽历经7个月之多,还是仓促成书,自视仍存在疏漏之处。希望各位专家、学者和读者能对本书提出宝贵意见。

本书原本计划要比现在写成的还要大许多,例如,采取实证分析方法充分论证投资者与东道国争端解决机制的主要改革模式的优劣,但从UNCTAD、UNCITRAL、PCA等政府间国际组织官网和各国政府官网中查找到的相关实证资料很有限,笔者又甚少从事投资仲裁实践,只能在既有案例和已有理论研究成果的基础上进行研究,不能进行充分地实践论证。又如,本书还打算在论证未来ISDS机制改革模式多边化的发展趋势下深入探讨中国的应对之策,即对ISDS机制采取半系统式改革模式。但囿于笔者水平,理论论证不够深入,实证分析仍嫌不足,局限于依据UNCTAD、UNCITRAL等政府间国际组织官网中提供的相关案例、投资报告和法律文件以及各国和政府间国际组织对ISDS机制的可能改革提出的意见和学术界的相关理论观点;加之中国涉及的ISDS案例较少,对中国宜采取该模式的必要性和可行性的论证仍不够充分。

今后国际投资法的发展趋势及ISDS机制的未来改革动态还有很大的研究空间,中国未来将采取的ISDS机制改革的总体实施路径仍有待深入研究,这些研究都将为中国应对国际投资仲裁的发展趋势提供有价值的

后　记

参考。

　　本书得以出版，首先感谢我的博士生导师王虎华教授，在百忙之中指导本书的写作，并欣然作序。王老师学识渊博，治学严谨，工作一丝不苟，待人谦和宽厚，是我为人处事的标杆。其次感谢中国政法大学出版社的编辑和我单位的同仁为本书的写作和出版提供了大力支持和热情帮助。最后感谢本书中所引用的文献的作者们，是你们独到的学术观点为本书的写作提供了充分的理论依据。

肖灵敏
2020 年 11 月 16 日
于常德